George Soros

Andreas von Rétyi

George Soros

Der Multimilliardär, sein globales Netzwerk und das Ende der Welt, wie wir sie kennen

KOPP VERLAG

1. Auflage Februar 2016
2. Auflage Januar 2022

Lektorat: Christian Huth
Umschlaggestaltung: Stefanie Müller
Satz und Layout: Stefanie Huber

ISBN: 978-3-86445-871-2

FSC www.fsc.org
MIX
Papier aus verantwortungsvollen Quellen
FSC® C014496

Gerne senden wir Ihnen unser Verlagsverzeichnis
Kopp Verlag
Bertha-Benz-Straße 10
D-72108 Rottenburg
E-Mail: info@kopp-verlag.de
Tel.: (0 74 72) 98 06-10
Fax: (0 74 72) 98 06-11

Unser Buchprogramm finden Sie auch im Internet unter:
www.kopp-verlag.de

Inhaltsverzeichnis

Vorwort

Es ist schwer möglich, nicht irgendwann über den Namen George Soros zu stolpern. Wer nur ein wenig über diesen Mann liest, der mit seinem enormen Vermögen weltweit philanthropische Aktivitäten entfaltet, wird fasziniert sein von dessen Persönlichkeit und jenem unvergleichlichen humanitären Engagement. Noch bis ins hohe Alter hinein wird Soros nie müde, sich für sein Anliegen einzusetzen. Hier nutzt ein Börsenguru und Multimilliardär seinen hohen Einfluss und seine mehr als nur bemerkenswerten Mittel zum großen Teil, um weltweit für mehr soziale Gerechtigkeit einzutreten und eine freie, eine offene Gesellschaft zu fördern. Was wäre tatsächlich wünschenswerter als eine Welt, in der alle Menschen unter würdigen Bedingungen leben, in der Menschenrechte global geachtet, Meinungen frei und ohne Repressalien geäußert, Diktaturen und Folter beseitigt sowie moralische Werte hochgehalten werden! Endlich setzt sich ein Mann für all diese erstrebenswerten Ziele ein, um ein bleibendes Zeichen für die Zukunft zu setzen. Die von Soros gegründeten *Open Society Foundations* arbeiten heute in Dutzenden von Ländern, vor allem in Osteuropa, konsequent auf einen entsprechenden Wandel hin. Das Ideal einer offenen Gesellschaft bietet durchaus Faszinationspotenzial. Was kann erstrebenswerter sein als Freiheit, Völkerverständigung, kultureller Austausch, ein weltweit friedliches Miteinander?

Wer sich dann etwas eingehender mit der Person Soros und auch mit seinem gigantischen Netzwerk befasst, wird allerdings auf zahlreiche Ungereimtheiten stoßen, auf Widersprüche in Aussagen, Handlungen und Resultaten, die vor allem immer wieder eine beunruhigende Frage aufwerfen: Könnten sich hinter den vielfältigen Aktivitäten möglicherweise ganz andere Motive verbergen? Motive, die vielleicht gar unter einem feinmaschig gewobenen Netz äußerster Menschenfreundlichkeit weit mehr eine politisch-geostrategische Einflussnahme zu höchst eigennützigen Zwecken verbergen?

George Soros hat als Hedgefondsmanager und Megaspekulant ein zweistelliges Milliardenvermögen erworben, dabei zuweilen ganze Volkswirtschaften aus dem Gleichgewicht gebracht. Und nie schienen ihm die davon betroffenen Menschen sonderlich am Herzen zu liegen. Stets schien es ihm ausschließlich um das große Spiel, um gigantische Spekulationen und den maximalen persönlichen Profit gegangen zu sein. Er selbst sprach davon, vor allem ein Fachmann für Ungleichgewichte zu sein, die er stets für seinen eigenen Vorteil zu nutzen verstand. Er schreckte auch vor Insiderhandel nicht zurück und wurde dafür bereits verurteilt. Angesichts seines riesigen Vermögens bedeutete die damit verbundene Millionenstrafe für ihn natürlich nicht mehr als für Otto Normalverbraucher ein Ticket wegen falschen Parkens.

Vor allem also jene eine Frage drängt sich auf – die Frage, ob ein beinharter Spekulant à la Soros wirklich zum heiligen Samariter mutieren kann. Philanthropie scheint ganz allgemein ein Hobby der Multimilliardäre dieser Welt zu sein, nicht erst seit gestern. Tatsächlich stellt sich die große Preisfrage keineswegs nur bei George Soros, sondern auch bei vielen anderen Repräsentanten dieser ganz besonderen Riege. Mit teils ernüchternden Antworten. Die reichsten Menschen unseres Planeten beeinflussen und verändern die Gesellschaft in allen wesentlichen Bereichen schon lange unter jenem glänzenden Siegel der Menschenfreundlichkeit, um nichts als ihre ureigensten Interessen durchzusetzen. Gilt das alles auch für George Soros, einen der größten Philanthropen unserer Zeit? Oder ist das alles nur (r)eine »Verschwörungstheorie«?

Als mein Verleger Jochen Kopp mich fragte, ob ich mir vorstellen könne, ein Buch über George Soros und seine *Open Societys* zu schreiben, vor allem auch mit Blick auf ein potenzielles Szenario verdeckter Motive hinter der Kulisse der Philanthropie, war ich mir durchaus bewusst, mich auf kein ganz leichtes Thema einzulassen. Doch ließ mich die Sache doch nicht mehr los. Während der Arbeit an meinen Büchern zu alternativen Energien war mir bereits aufgefallen, dass Soros einerseits zwar stets als entschiedener Gegner fossiler Brennstoffe auftrat, andererseits aber selbst massiv in Kohleunternehmen investierte. Paradoxien, die bei Soros geradezu an der Tagesordnung stehen, sich aber bald durch reine Spekulation erklären. Doch wie weit gehen solche zunächst undurchsichtigen Aktivitäten? Führen sie gar bis in globale politische Geschehnisse herein, die teils von ihm selbst bewirkt werden? Kann es sein, dass Soros ganze Länder und Kontinente mit seinen philanthropischen Aktivitäten und unter dem Vorwand gesellschaftlicher Öffnung destabilisiert, um wirtschaftliche Spekulationen im größten Stil zu betreiben und ganz nebenher Finanzmärkte und Weltpolitik völlig in seinem Sinne zu beeinflussen? Verfolgt er mit seinem Netzwerk einen perfiden Plan, um letztlich auch Europa zu schwächen? Sollen seine umfangreichen Migrationsinitiativen genau dies bewirken? Warum setzt er sich mehr für die Migration selbst als für eine Ursachenbekämpfung vor Ort ein? Wie weit geht die »Doppelpersönlichkeit« Soros? Treibt er ein doppeltes Spiel?

So reihte sich bald Frage an Frage. Wer sie *offen* stellt, wie dies in einer *offenen* Gesellschaft eigentlich selbstverständlich sein sollte, wird allerdings heute zunehmend auch sehr pauschal mit Unterstellungen des Populismus konfrontiert. Das geschieht bemerkenswert schnell, sofern einmal Meinungen geäußert oder auch nur angedeutet werden, die nicht vollends der geltenden Political Correctness folgen. Diesbezüglich entfernt sich unsere Gesellschaft leider zusehends von Presse- und Meinungsfreiheit. Die Geschichte zeigt, dass hier ganz offenbar ein Kausalzusammenhang besteht: Immer dann, wenn ein »großer Plan« umgesetzt werden soll, darf nur noch eine Meinung gelten, jede andere wird mit allen zur Verfügung stehenden Mitteln bekämpft. Es ist in vielerlei Hinsicht erschreckend zu beobachten, wie sich die Geschichte wiederholt.

Aber zurück zur Ausgangsfrage. Was lässt sich hier als wahrer Hintergrund der Aktivitäten von George Soros herausschälen? Um in diesen Dschungel zumindest ein wenig Licht zu bringen, habe ich mich entschlossen, fast vollständig offene Quellen zu bemühen, die heute jedem »mündigen Bürger« (noch) zugänglich sind. Das durchaus ambivalente Internet bietet auch gute Chancen, sich bei kritischer Grundhaltung unabhängig vom uniformen Mainstream zu informieren, der seinerseits in diesem Buch allerdings gewiss auch nicht zu kurz kommt.

Beide Medien, Buch wie Internet, können sich hervorragend ergänzen, was jeder Leser auch weidlich nutzen sollte – nicht umsonst finden sich in diesem Buch sehr zahlreiche Quellenverweise, die nicht nur wesentliche Zitate belegen, sondern auch zur weiteren Lektüre unmittelbar zugänglicher Quellen und der Originalliteratur von oder über George Soros anregen sollen. Dabei konnte natürlich unmöglich allein der sonst ohnehin massiv dominierende Mainstream einfließen. Vielmehr ging es mir darum, gerade auch jene oft als »unseriös« charakterisierten Medien einzubringen und zu zitieren. Warum? Ganz einfach: Weil der Begriff der »Seriosität« einen sehr willkommenen, sehr bequemen Deckmantel abgibt, um missliebige Ansichten und Erkenntnisse auszugrenzen. Klar ist: Nur das, was der stillschweigend definierten politischen Korrektheit entspricht, darf auch das Gütesiegel »seriös« erhalten, während alternative Medienberichte a priori als »unseriös« eingestuft werden. So einfach geht das. Wie seriös aber ist die Darstellung der sogenannten »Qualitätsmedien«? Darüber wurden mittlerweile sehr erhellende Bücher publiziert. Fakten und Wahrheiten spielen im Alphajournalismus, nicht selten eine untergeordnete Rolle, entscheidend ist vielmehr die konforme Meinungsprägung. Immer weniger Menschen lassen sich allerdings noch an der Nase herumführen. Umso größer wird die Zahl der angeblichen »Verschwörungstheoretiker«. Anders als mit derlei diffamierenden Termini können sich heute offenbar weder Politik noch Medien der wachsenden Zahl kritisch orientierter Zeitgenossen erwehren. Die federführenden Kräfte spüren diesen Gegenwind, und genau deshalb versuchen sie, die Meinungsvielfalt in dieser Gesellschaft zu ersticken. Was aber, wenn das Gros der Bevölkerung dann doch zum Lager jener »Verschwörungstheoretiker« überläuft?

Die Situation erinnert an den alten Witz vom Geisterfahrer, der auf der Autobahn unterwegs ist und eine entsprechende Verkehrswarnung im Radio aufschnappt, um daraufhin verwundert auszurufen: »Was, *ein* Geisterfahrer? *Tausende*!« Doch eine stumpfe Kategorisierung nach altem Muster und die zunehmende Einschränkung der Meinungsfreiheit zeitigen gefährliche Wirkungen, so auch, dass sich selbst gemäßigtere Kreise mehr und mehr der Mitte entfremden und genau jener malignen Entwicklung weiter Vorschub leisten, die es doch angeblich zu verhindern gilt. So dumm, diese Rückkopplung nicht zu erkennen, können die »Verantwortlichen« eigentlich nicht sein.

Nun, jedenfalls blieb für das vorliegende Buch gar nichts anderes übrig, als eben auch zahlreiche alternative Medienberichte zu berücksichtigen, um der sonst blühenden Einseitigkeit zu begegnen und demgegenüber Informationen aufzugreifen, die in unseren deutschen oder westlichen Medien sonst nirgends vermittelt werden. So geht es auch mit vielen Informationen zu George Soros und den Aktivitäten seines kaum mehr durchschaubaren Netzwerks. Diese Vorgehensweise bildet ein kleines, jedoch erforderliches Gegengewicht zur übrigen und üblichen Darstellung.

Nun darf man sich gewiss nie einbilden, die Wahrheit völlig klar und sauber herausfiltern zu können. Dazu ist die Situation auch im Falle von George Soros viel zu komplex. Natürlich hat sein Handeln durchaus stets Methode. Soros arbeitet intelligenter und subtiler als die meisten Politiker. Er macht es Kritikern gewiss nicht leicht. Insgesamt wäre es wohl sehr naiv, Beweise für ein spezifisches Szenario erwarten zu wollen. So geht es auf den folgenden Seiten überhaupt nicht darum, Soros »vorführen« oder »überführen« zu wollen. Dieses Buch versucht keineswegs nachzuweisen, dass Soros die Welt kontrolliert, sondern unternimmt eine sicherlich persönlich gefärbte Bestandsaufnahme ohne jeden Anspruch, eine wissenschaftliche Arbeit sein zu wollen. Es geht also nicht um eine felsenfeste These oder gar Theorie, eine Beweisführung im strikten Sinne. Die Indizienlage scheint dennoch bemerkenswert.

Viele Informationen stammen aus erster Hand. Es handelt sich um Aussagen, wie sie Soros selbst getroffen hat, es dreht sich um Fakten aus seinem Umfeld, ebenso um nachweisliche Aktivitäten, um Selbstdarstellungen seines Netzwerks oder auch um finanzielle Verflechtungen, die wesentliche Schlüsse zulassen, so auch, wenn solche scheinbar unabhängigen Nichtregierungsorganisationen deutlich mit der US-Regierung an einem Strang ziehen. Aus all diesen Informationen lassen sich bemerkenswerte Zusammenhänge ableiten und Folgerungen ziehen. Das Buch soll ein Stück weiterhelfen, entsprechende Querverbindungen herzustellen, wobei logischerweise immer wieder auch die ganz persönliche Meinung des Autors einfließt. Doch muss am Ende jeder seine Wahrheit selbst finden. So auch, wenn es um die eine große Frage geht, welchen Einfluss der aus Ungarn stammende US-Amerikaner George Soros auf die weitere Entwicklung von Europa wirklich nimmt, welche Rolle er bei den Umwälzungen spielt, die auch zu den immensen Flüchtlingsströmen nach Europa geführt haben, und was er letztlich damit bezweckt. Manche werden entgegnen, dies sei doch sonnenklar, und sie werden keinen Zweifel daran hegen, Soros als

Motor einer globalen Verschwörung zu betrachten. Andere werden wiederum Partei für Soros ergreifen und sich entrüsten, wie ein Philanthrop seines Formats mit der prinzipiellen Möglichkeit einer solchen konspirativen Tätigkeit in Verbindung gebracht werden kann. So soll es sein, denn in einer demokratischen, einer offenen Gesellschaft sollen alle Meinungen frei ausgesprochen werden können.

In gewisser Weise ähnelt dieses Buch einer Art Brennglas. Dieses Brennglas sammelt zunächst einige wesentliche biografische Aspekte zur Person Soros, um zumindest die wichtigsten Stationen seiner märchenhaften Erfolgsgeschichte und auch seines persönlichen Hintergrundes nachzuzeichnen. Dabei wird ein erstaunlicher Charakter beleuchtet, ohne letztlich über diesen Charakter endgültig urteilen zu wollen. Um diesem Anspruch gerecht zu werden, mit welchem Resultat auch immer, müsste man in das tiefste Innere eines Menschen blicken können, was kaum je möglich ist. Doch dürfen bestimmte Wesenszüge, die für eine bessere Einschätzung der Sachlage entscheidend sind und teils von George Soros selbst angesprochen wurden, nicht unerwähnt bleiben. Ebenso wenig die großen Schachzüge, mit denen Soros sein Vermögen anhäufte, wobei allerdings seine Wirtschaftsstrategien ganz und gar nicht Hauptbestandteil dieses Buches sind. Weit mehr geht es um das von Soros errichtete Netzwerk und dessen Einflussnahme in der Welt. Hier kommen dann zunehmend kritische Stimmen zu Wort, die einen eklatanten Unterschied zwischen Sein und Schein attestieren und aufzeigen wollen, welche Ziele George Soros ganz offenbar wirklich verfolgt.

Mehr und mehr laufen dann sämtliche Strahlen hinter der Linse zusammen, um sich im aktuellsten Brennpunkt des Geschehens zu vereinen: Europa. Darauf fokussiert das Buch in den letzten Kapiteln, um einer angesichts der erbitterten öffentlichen Bestrebungen, nur eine Meinung gelten zu lassen, durchaus heiklen Frage nachzugehen: ob denn nicht auch hier alles anders ist, als es uns durch die etablierten Medien und die agierende Politik vermittelt wird.

Als Autor dieses Buches kann ich in diesem Kontext nur davor warnen, politische Zuordnungen vorzunehmen, wie dies der überaus praktische und entsprechend verbreitete Modus Operandi geworden ist. Damit verbindet sich allerdings nichts anderes als eine unwürdige, billige und unfaire Vorgehensweise, die nur darauf abzielt, sich missliebiger Meinungen zu entledigen. Die Wahrheit allerdings kennt keine Parteien, nicht »links« oder »rechts«. Kleinkariertes Parteiengezänk ist angesichts der aktuellen Weltsituation völlig fehl am Platz. Meiner persönlichen Meinung nach existiert derzeit zudem nicht eine einzige politische Partei, die über ihren Tellerrand hinausblickte und deren Programm uneingeschränkt akzeptabel wäre. Faktisch scheint aber ohnehin niemand an der Wahrheit interessiert zu sein. Es ist ein Trauerspiel, was sich gegenwärtig in Politik, Medien und Öffentlichkeit abspielt.

Mit der aktuellen Situation Europas und der möglichen Beteiligung von George Soros an den jüngsten Veränderungen auf dem Kontinent sowie damit potenziell verbundenen Absichten seitens des Megaspekulanten befasst sich dann das abschließende Kapitel, gleichsam direkt im Brennpunkt des Geschehens. Wie gesagt: Die Indizien sprechen bereits eine recht deutliche Sprache, auch wenn natürlich nicht mit absoluter Sicherheit belegt werden kann, welche Motive George Soros im Einzelnen antreiben und wie weit seine Beteiligung wirklich geht. Doch sollten kritische Stimmen nicht überhört werden, was leider im Mainstream fast permanent geschieht. Angesichts der aufgeführten, fast vollständig offenen Quellen verfügt jeder Interessierte dann über die Möglichkeit, sich weiter mit der Thematik zu befassen und letztlich dann eine hoffentlich doch etwas differenziertere Sicht der Dinge zu erhalten. Damit hätte das Buch schon eine wesentliche Aufgabe erfüllt. Am Ende bliebe nur zu hoffen, dass Menschen sich wirklich uneigennützig für andere einsetzen, ohne sie im »höheren« – welchen auch immer – oder eben sehr eigenen Interesse zu instrumentalisieren.

Andreas von Rétyi — im Welt-Winter 2015

1 | Macht und Manipulation

Die relative Wahrheit

Niemand kann sich heute über ein Defizit an Information beklagen, sofern lediglich schiere *Quantität* gemeint ist. Was die *Qualität* betrifft, wird allerdings leider nicht nach dem *Wahrheitsgehalt* unterschieden, sondern danach, was einer allgemeinen *Konvention der Wahrheit* entspricht. Und das ist etwas ganz anderes. Die etablierten Medien liefern eine erstaunlich gleichbleibende »Qualität« hinsichtlich ihrer Uniformität. Man könnte nun erwidern: Gewiss, denn schließlich gibt es nur eine Wahrheit, und die wird uns von den Qualitätsmedien nach eingehender Faktenprüfung nun einmal offen präsentiert. Sobald anderslautende Informationen zirkulieren, können sie also zumindest diesem Schema zufolge nicht den Fakten entsprechen. Zweierlei ist dabei interessant:

In seiner Präsentation und Interpretation des Weltgeschehens zeigt sich der Mainstream so dermaßen gleichförmig, dass es geradezu verdächtige Ausmaße annimmt. Ohne steuernde, übergeordnete Instanzen kann dieses Pressesystem überhaupt nicht funktionieren. Dass dieser Verdacht berechtigt ist, hat sich über die Jahre hinweg wiederholt bestätigt. Mittlerweile bestehen gute Möglichkeiten, sich alternativ zu informieren, was allerdings doch ein wenig Eigeninitiative und kritische Reflexion verlangt. Nur dann können beispielsweise auch die schier unendlichen Quellen des weltweiten Netzes mit der stets nötigen kritischen Distanz sinnvoll zur Relativierung der uns von den großen Medienhäusern präsentierten »Fakten« genutzt werden.

Jedenfalls wacht die Öffentlichkeit allmählich auf, wenn auch nur langsam, vielleicht zu langsam. Eine wachsende Zahl an Menschen erkennt die Machenschaften im Interesse von globalen Machteliten, die ihre Finger in allen Bereichen unserer Gesellschaft im Spiel haben, um effektive Kontrolle auszuüben, von der Politik, der Justiz, der Bildung über das Finanz- und Gesundheitssystem bis in die Medien. Neben der verdächtigen Uniformität der allgemeinen Berichterstattung fällt als Zweites auf, mit welchen Mitteln auch im Westen gegen jene vorgegangen wird, die nicht mit den Wölfen heulen wollen. Auch hier findet sich einiges an Widersprüchlichkeiten. Einerseits soll suggeriert werden, wie frei unsere Wertegemeinschaft ist, und komplementär dazu, wie unsinnig unter anderem die Behauptung daherkommt, kleine, überaus machtvolle Gruppen seien in der Lage, historische Entwicklungen wesentlich zu beeinflussen.

Konspirative Aktivitäten von *Bilderberg* & Co., geheime Netzwerke, bizarre Elitenzirkel, die zunehmende Zahl von Milliardären, die den Großteil des weltweiten Kapitels in ihren Händen halten, übermächtige Einzelpersonen mit destruktiven Zukunftsplänen für die Welt – dies alles seien eher Versatzstücke eines James-Bond-Streifens als reale Szenarien.

So beeilen sich untadelige Journalisten, ihre aberranten Kollegen bestenfalls als durchgedrehte Wahrheitssucher schnell der Lächerlichkeit preiszugeben und entsprechende »Verschwörungstheorien« nach Kräften zu demontieren oder gar zu dämonisieren, oft mit einer Hingabe, dass es wiederum nur verdächtig sein kann. Immer wieder gab und gibt es regelrechte Hexenjagden auf einzelne Journalisten oder Verlage und deren Medien, vor allem, wenn sie ehemals selbst dem Mainstream-Rudel angehörten und dort seinerzeit fleißig mitheulten. Nur, wer der Kirche dient, lebt von ihr. Wer nicht, darf auf göttliche Hilfe nicht mehr hoffen.

Kinder und Narren sagen bekanntlich die Wahrheit. Ebenfalls ein alter Spruch mit solidem Fundament. Wer heute die Wahrheit sagt oder in welcher Weise auch immer gegen den Strom schwimmt, wird – zumindest in unserer Gesellschaft – zwar nicht mehr auf dem Scheiterhaufen verbrannt, doch gibt es genügend andere Möglichkeiten, die Existenz zu vernichten. Nur Kindern und Narren lässt man es eben gerade noch durchgehen, die Wahrheit zu sagen. Wer nicht zu einer der beiden Gruppen rechnet, zählt fatalerweise zur dritten: den *Selbstmördern.*

Unsere westlichen Medien und Gemeinschaften zeigen zwar gerne mit dem Finger auf die Abhängigkeit ihrer jeweiligen Pendants in so manch anderen Kulturkreisen. Dass sie selbst häufig korrupt sind, verrät selbstverständlich niemand. Gewiss, es gibt genügend Orte auf unserer Welt, wo sich ein Journalist mit Rückgrat nur allzu schnell das Genick brechen kann, und das ganz im wörtlichen Sinne. Aber auch in Deutschland macht nur derjenige eine journalistische Karriere im

»großen Strom«, dem die Wahrheit gleichgültig scheint und der wirklich bereit ist, vor allem eines zu tun: mitzuschwimmen. Unser Land ist voll solcher pawlowschen Hunde.

Wer sich beispielsweise in Russland unter kritischeren Journalisten umhört, wird schnell feststellen, dass man dort die deutschen Kollegen nicht mehr ernst nehmen will. Niemand hierzulande wage mehr, von den Vorgaben abzuweichen und die Wahrheit auszusprechen, Systemhörigkeit sei alles.

In der Zeit des Kalten Krieges – fast möchte man die 1.0 dahinter stellen, nachdem nun (und ganz nach Plan) die Version 2.0 aktuell ist, die zunehmend in die heiße Phase gleitet, nun, in jener Zeit kommentierte der Westen genüsslich das Meinungsdiktat des Ostens, das unsere aufgeklärte Öffentlichkeit nur kopfschüttelnd und aufrichtig entsetzt wahrnehmen konnte. Doch bis heute ist nur relativ wenigen Menschen bewusst, in welchem Umfang die Zensur auch bei uns wirkt, diktiert von einem wohl noch perfideren System.

Wenn sich aber nunmehr allmählich die Erkenntnis durchsetzt, dass mediengestützte Wahrheiten auf der Konvention ebenjener Machteliten beruhen, relativiert sich vieles an der öffentlichen Berichterstattung – und manches wird klarer.

Wie gesagt, über Mangel an Information können wir uns wahrlich nicht beklagen. Im Grunde wird uns ja wirklich nichts erspart, wir erfahren offenbar doch alles. Alles über die verheerenden Auswirkungen der Eurokrise, über die massiven Umwälzungen in den nordafrikanischen Staaten und über den erschreckenden Krieg in der Ukraine. Wir erfahren es zusammen mit dramatischen Bildern aus den betroffenen Regionen, sehen beinahe schon live, was die IS-Krieger anrichten, genau wie einst die apokalyptische Doppelattacke von *al-Qaida* vom 11. September 2001 und jetzt die grauenvollen Anschläge von Paris, Freitag, 13. November 2015. Heute sehen wir täglich Bilder von den Flüchtlingsströmen – ein regelrechter Tsunami, ausgelöst durch verheerende Kriege radikaler Elemente. Wir hören und sehen das alles, nur werden trotz sämtlicher Nachrichten und Kommentare die tatsächlichen Zusammenhänge und Hintergründe kaum oder gar nicht angesprochen.

Jeder erkennt mittlerweile: Europa gerät unter enormen Druck und wird regelrecht von allen Seiten in die Zange genommen. Innerhalb relativ kurzer Zeit hat sich die Situation dramatisch zugespitzt, wobei alles auf vollständige Destabilisierung abzielt. Uns wird nicht gesagt, dass diese brandgefährliche Entwicklung von langer Hand vorbereitet und perfekt orchestriert wurde. Destabilisierung war stets eine mächtige Waffe. Und wir haben definitiv bereits wieder Krieg. Wir haben einen Weltkrieg, der (noch) nicht mit nuklearen Mitteln geführt wird, die alle fürchten, selbst die Eliten. Doch dieser Krieg begann wieder mit Lügen, da gibt es keine Ausnahme von der alten Regel. False Flag Operations von der *Federal Reserve* oder der Lusitania-Katastrophe bis hin zu Pearl Harbor oder 9/11 – laut George W. Bush das »Pearl Harbor des 21. Jahrhunderts« – haben die Geschichte bestimmt und die Welt »geformt«. Der Westen exportiert Waffen in Krisen- und Kriegsgebiete, die Banken haben das Sagen, und Hedgefondsmanager à la George Soros betreiben seit vielen Jahren ein gefährliches Spiel ohne Grenzen. Das beklagte 2015 auch der Ex-Fraktionsvorsitzende der Linken, Dr. Gregor Gysi, und man sollte genau zuhören, was er sagt, auch zur Flüchtlingspolitik, bei der eben vor allem die Ursachen bekämpft werden müssten.[1]

Vorab noch: Es geht bei den heutigen, gigantischen Problemen längst nicht um jenes nachgerade schon peinliche und kleinkarierte Parteiengezänk, diese ewiggestrigen Standardverurteilungen und Unterstellungen, um primitives Schubladendenken, um fortwährende Populismus-Totschlagargumente und diesen ganzen, schier unerträglichen Unsinn, auf dem vor allem die Massenmedien wie ferngesteuert herumreiten. Oder auch bestimmte Comedy-Shows, die teils ein gefährliches Propagandaspiel unterstützen und damit schnell Breitenwirkung erzielen, gerade auch zur Flüchtlingskrise. Da werden beispielsweise alte Menschen im Lande befragt, und sie erklären, sie seien damals auch nicht geflohen, worauf sofort ein Cut erfolgt und der gewitzte Moderator beginnt, sich über solche Aussagen lustig zu machen: Niemand sei geflohen? Zwölf Millionen Deutsche haben sich auf der Flucht befunden, vor einem Krieg, den sie selbst verursacht hätten. Aber, wer hat den Krieg wirklich verursacht? Zivilisten? Und wohin konnten denn deutsche Bürger damals fliehen? Ins Ausland? Da schweigt dann des Sängers Höflichkeit, aber der geht gleich zum nächsten Scherz über. Wer aber mit der Kriegsgeneration spricht – und zwar keineswegs mit verblendeten Altnazis –, der wird merken, dass die Situation damals und die Situation heute sich unterscheiden wie Hund und Katz. Und überhaupt, Hand aufs Herz: Wer die Welt ohne diese entsetzlich eingefärbten Brillengläser betrachtet, wie sie von Medien und Parteien gerne und bewusst aufgesetzt werden, der wird sich auch davor hüten, nur eine jener Brillen zu gebrauchen. Der neutralere Beobachter kann per se nicht für eine bestimmte Partei eingenommen sein. Denn jede, buchstäblich jede von ihnen verfolgt spezifische Eigeninteressen. Parteien wären in der Pflicht, sich nach der Wahrheit zu richten – die allerdings in dieser komplexen Welt nicht leicht bestimmbar ist. Doch umgekehrt funktioniert es schon gar nicht, die Wahrheit richtet sich nie nach Parteien und deren Programmen, die allesamt einer unzulässigen Linearität der Interessen folgen, während diese unsere Welt mehrdimensional konstituiert ist. Die mit derlei fragmentarischen Programmen zwangsläufig verbundenen Einschränkungen können der Realität nie gerecht werden und müssen daher versagen. Andererseits kann nur der Abgleich der Informationen oder aber auch der entsprechenden Fehlinformationen, wie sie aus den unterschiedlichsten Lagern stammen, also die Betrachtung der verschiedenen »Teilmengen« der Wahrheit, dazu beitragen, der tatsächlichen Faktenlage näher zu kommen. Am wenigsten tragen dazu Radikalismus und Hetze jeglicher Couleur bei.

Noch einmal kurz zu Gregor Gysi. Bei welchem Politiker kann man schon alles unterschreiben, was er äußert? Doch mit so manchem, was Gysi auch zu außenpolitischen Aspekten erklärt, trifft er doch den Nagel schlichtweg auf den Kopf, gerade wenn es um die aktuelle Situation und den Einfluss der superreichen Eliten und des Bankensystems geht. So gerät seine Rede zur Systemkrise streckenweise geradezu zu einer Offenbarung. Er spricht von einer Diktatur der Finanzmärkte; die Hedgefonds machten vor nichts halt, würden alle noch bestehenden Dämme niederreißen und sämtliche Tabus brechen. Wir erleben laut Gysi eine Krise der Demokratie, weil wir weltweit von den Finanzmärkten abhängig seien.[2]

Was geschieht derzeit wirklich? Die Frage nach Zufall und Notwendigkeit, nach unabwendbarem Schicksal oder geplantem Manöver, muss ernsthaft gestellt werden und lässt sich heute klarer denn je beantworten. Von Verschwörungs-»Theorie« kann längst keine Rede mehr sein. Wer historische Intrigen globalen Ausmaßes heute noch als imaginäres Konzept abkanzeln will, entlarvt damit nur, selbst willfähriger Sklave eines korrupten Systems zu sein.

Allein eine einzige Tatsache schon belegt eindringlich, wie es wirklich um den vermeintlichen Qualitätsjournalismus bestellt ist, dessen Aufgabe doch die umfassende und wahrheitsgetreue Information der Öffentlichkeit sein sollte, unter simpler Berufung auf die Pressefreiheit. Jene einzige Tatsache betrifft das uniforme Schweigen der großen TV-Nachrichtenformate zu den seit 1954 bis auf eine Ausnahme jährlich stattfindenden *Bilderberger*-Treffen. Allein den alternativen Medien ist es zu verdanken, dass die Existenz dieser elitären Versammlungen einen gewissen Bekanntheitsgrad erlangte. Faktisch glückte es der *Bilderberg*-Gruppe, der ihrerseits Spitzenleute aus Politik, Wirtschaft, Medien, Militär und Gesellschaft angehören, unter tatkräftiger Unterstützung der Leitmedien, sich völlig verschwiegen und abseits der öffentlichen Wahrnehmung zu versammeln. Dies nicht nur als Fantasieprodukt konspirativer Autoren zu erkennen, erforderte einige Aufgeschlossenheit, sofern man überhaupt auf *Bilderberg* aufmerksam wurde.

Diese Gruppe, deren personelle Konstellation vor allem innerhalb des zentralen Lenkungsausschusses sich über Jahre hinweg als sehr beständig erwiesen hat, spielt eine wohl kaum zu unterschätzende Rolle bei langfristigen Planungen zur globalen Entwicklung. Die Absichten der Eliten spiegeln sich hier in bestechender Konsequenz wieder. Es ist genau, wie der amerikanische Soziologe und Gesellschaftskritiker C. Wright Mills bereits im Jahr 1962 formulierte:

»Wird der Kreis der einflussreichen Menschen bei gleichzeitiger Konzentration der Machtmittel und bei unendlich vergrößerter Tragweite der Entscheidungen immer enger, dann lässt sich der Ablauf großer Ereignisse häufig auf die Entschlüsse deutlich bestimmbarer Gruppen zurückführen.«

Triumph des Dämons

Die Geschichte belegt eindrücklich: Es treten immer wieder Menschen auf dieser Weltbühne auf, deren Ego geradezu tumorartig proliferiert und sich dabei nicht minder maligne manifestiert als ein typisches

Krebsgeschehen. Diese Persönlichkeiten kennen kein Maß und wollen der Welt ihren Namensstempel aufprägen, möglichst für alle Ewigkeit und zum eigenen Gewinn. In einigen wenigen Fällen verfügen diese Personen über unvorstellbare materielle Mittel und nutzen sie konsequent, um ihr großes Ziel zu realisieren und maximalen Einfluss zu nehmen, was meist gleichbedeutend damit ist, verheerende Umbrüche heraufzubeschwören. Solche herausragenden Gestalten gab es im Laufe der gesamten Geschichte, und sie haben die Welt tatsächlich verändert und geprägt. Gewiss nicht immer zum Vorteil der jeweiligen Gesellschaft.

Politische Ideologen, eingebildete Weltverbesserer, gefährliche Philosophen, vorgebliche Philanthropen, egomane Spielernaturen, skrupellose Monopolisten, von Macht besessene Diktatoren, korrupte Politiker, sie alle haben die Welt bereits wiederholt ins Verderben gerissen. Alle von ihnen mussten irgendwann sterben, doch gingen sie mit der Genugtuung, die Welt nachhaltig »umgestaltet« zu haben – und wenn auch nur auf historischen Zeitskalen. Auch künftig wird zwar für jeden von ihnen die Zeit kommen, auf immer vergessen zu sein, doch die – meist bittere – Erinnerung an sie lebt zumindest einige Jahrhunderte weiter.

Abb. 1: Michael von Zichy: *Triumph des Dämons der Zerstörung*

Beim Gedanken an solche Persönlichkeiten rückt mir zwangsläufig wieder ein älteres Gemälde ins Bewusstsein, das aus meinem privateren Umfeld einfach nicht wegzudenken ist. Ein Bild mit einer nicht zuletzt für die eigene Familie besonderen Geschichte. Geschaffen hat es mein Ururgroßvater Michael von Zichy, dessen Lebensspanne zu einem großen Teil ins 19. Jahrhundert fällt und der lange Jahre als Hofmaler des Zaren in Sankt Petersburg wirkte.

Das mehrere Meter große Gemälde darf als scharfe Kritik an den seinerzeitigen Herrschern verstanden werden und trägt den angemessenen Titel *Triumph des Dämons der Zerstörung* (ursprünglich: *Waffen der Dämonen*). Zichy, ein recht unbequemer Geist, der kaum jemals ein Blatt vor den Mund nahm, prangert darin Kriege, Kriegstreiberei und die Mächtigen seiner Zeit unverhohlen an, wobei er selbst den Papst sowie darüber hinaus sogar seinen eigenen ehemaligen Dienstherrn nicht ausnahm, den russischen Zaren. Über einem Schlachtfeld mit ganzen Bergen von Totenschädeln schwebt jener muskulöse Dämon mit weit ausgebreiteten Schwingen, triumphiert über das große Sterben, über Krieg, Leid und Untergang. Tod und Verdammnis sind seine unmissverständliche Botschaft. In diesem düsteren Szenario treten gut erkennbar Zar Alexander II., Kaiser Wilhelm I. und Papst Pius IX. auf.

Ursprünglich sollte dieses 1878 entstandene Ölgemälde im selben Jahr auf der Pariser Weltausstellung gezeigt werden, doch stieß das Vorhaben Zichys auf einigen Widerstand. Die Jury sandte das Bild mit einem höflich gehaltenen Schreiben an ihn zurück, und in einem Beitrag zum 50. Todestag des Künstlers erläutert die ungarische Autorin Magdolna Bényi im Jahr 1956 hierzu: »Dieser krasse Akt von politischem Opportunismus wurde durch den Umstand ausgelöst, dass das Bild eine Anklageschrift gegen die kriegstreiberischen Großmächte war, und die es lieber nicht ausstellten, waren Diener und Handlanger jener Leute, die – wie sich Zichy ausdrückte – ›immer noch mit der Verlockung der gekrönten Häupter liebäugelten‹.«[3] Der über viele Jahre hinweg an der Washingtoner Kongressbibliothek tätige Diplomat, Publizist und Pulitzer-Preisträger István von Csicsery-Rónay, ein 2011 verstorbener Onkel von mir, seinerseits Urenkel des Malers, charakterisiert den Vorfahren mit folgenden Worten: »Zichy ist eine souveräne, autonome Persönlichkeit der ungarischen Kunst, der seine Überzeugung auch am Zarenhof nur vorübergehend in sich unterdrücken konnte. Dies sein Verhalten bedeutete in der Wirklichkeit, dass er immer und überall gegen den Strom schwamm.«[4]

Zichy selbst erklärte: »In meinem langen Leben gab es den Fall noch nicht, dass ich meine Meinung, meine Überzeugung verneint und das zu sagen Würdige nicht ausgesprochen hätte.«[5] Er setzte sich stets vor allem für die Armen, Schwachen und Unterdrückten ein und prangerte auch die Judenverfolgung an, was in seiner bildhaften Darstellung zur spanischen Judenverfolgung um die Zeit von 1490 deutlich wird. Hier befand er sich auf der gleichen Linie wie sein Verwandter, der Kunst- und Wissenschaftsförderer sowie Forschungsreisende Edmund Graf Zichy zu Zich und Vásonykeö, der die meiste Zeit in Wien lebte, bei den Coburg-Husaren im Dienst der österreichischen Armee stand und später auch politisch tätig war.[6] Edmund Zichy unterstützte unter anderem den wenige Jahre vor seinem Tod gegründeten Verein zur Abwehr des Antisemitismus.[7]

Zum »Triumph des Dämonen« teilt Michael Zichy mit: »Lass mein Bild die Welt durchsausen, wie ein schmerzlicher und erschreckender Aufschrei. Vielleicht gelingt es dem Licht, die Dämonen der Zerstörung zu besiegen, die jetzt noch mit teuflischer Herrlichkeit toben … Es kann sein, dass die politische Kraft und der politische Stand unserer Heimat von einer zwischen den Staaten bestehenden Gefahr bedroht ist. Es kann sein, dass wir mit Eisen, mit der Faust besiegt werden … Die geistige Überlegenheit jedoch kann keine Art von Macht töten.«[8] Worte, die wieder eine bemerkenswerte Aktualität besitzen – oder wohl zu jeder Zeit ihre Entsprechung finden.

Zichy, der in Paris rege am künstlerischen und gesellschaftlichen Leben teilnahm und unter anderem mit Victor Hugo, den Gebrüdern Dumas und Gustave Doré befreundet war, schwamm mit seinem Dämonengemälde natürlich wieder deutlich gegen den Strom. Gegen eine Präsentation auf der Weltausstellung protestierte damals die Botschaft der Monarchie. Ebenso wollten sich die Franzosen nicht darauf einlassen und erklärten, dass Kriegsszenarien auf der Weltausstellung ohnehin unerwünscht seien. Vor allem ein Angehöriger der eigenen Familie stellte sich klar gegen das Ansinnen Michael Zichys, da er einen handfesten Skandal und diplomatische Nachteile befürchtete. Der Maler zog das Bild zwar zurück, mietete jedoch kurzerhand eigens einen Saal dafür an und stellte es unter großem Publikumserfolg aus.

So viel zu dieser alten Geschichte um den Dämon der Zerstörung.

Das Gemälde wird zum zeitlosen Sinnbild, auch für die Gegenwart. Es wird zeitlos wegen seines Gegenstands, eben zeitlos wie Konspiration und Krieg, Mord und Verwüstung, Machtgier und Verbrechen. Der Dämon triumphiert heute wie eh und je. Sein Gesicht mag sich ändern, sein Treiben hat aber von der Welt stets hohe Opfer gefordert. Ob Napoleon, Stalin, Hitler oder politische Großverbrecher der jüngeren Zeit, immer wieder tauchen Dämonen aus der Tiefe auf, die auf unterschiedlichen Wegen stets Abermillionen Menschen in Tod und Verderben reißen. In einigen Fällen und gerade im zeitlich nahen Umfeld wird es oft schwierig, Absichten zu erkennen und Motive offenzulegen. Undurchsichtige Manipulationen und eine positive öffentliche Darstellung beeinflussen die Einschätzung, angesichts gut vernetzter Systeme lassen sich die wahren Absichten oft eher ableiten als nachweisen. Da stehen dann humanitäre Konzepte zur Diskussion, weil zugrunde liegende Fakten und Zusammenhänge völlig andere Motive nahelegen. Da werden plötzlich gesteuerte Krisen zu geopolitischen Zwecken und zur persönlichen Bereicherung wieder plausibel. Da taucht so vieles aus dem Hintergrund auf, was zunächst kaum vorstellbar scheint. Wie gesagt, nicht immer sind endgültige Beweise möglich, die Gesamtsituation ist viel zu komplex. Doch die Indizienlage erweist sich als erdrückend.

Der gefährlichste Mann der Welt?

Wir unterliegen zuweilen dem Trugschluss anzunehmen, dass Einzelpersonen heute, in unserer informierten, vernetzten und durch internationales Recht gesicherten Welt kaum mehr in der Lage sein dürften, so viel Macht, Mittel und Möglichkeiten auf sich zu vereinen, um global wesentlich Einfluss zu nehmen, Krisen künstlich zu schaffen und dadurch Millionen von Menschen Schaden zuzufügen, zum ganz persönlichen Profit.

Wie sich bald zeigen wird, geschieht dies zu großen Teilen sogar im grellen Licht der Öffentlichkeit, wenn auch unter dem Deckmantel von Redlichkeit und Nächstenliebe. Schaut man sich heute in der Weltlandschaft um, auf der Suche nach jenen Gesichtern, die nun den realen Dämon der Vernichtung repräsentieren könnten, und fragt man fachkundige Beobachter zu Hintergründen der globalen ökonomischen und geopolitischen Situation sowie zu deren gezielter Beeinflussung, sucht man nach Namen, die im großen Spiel ganz oben stehen, so stößt man vor allem immer wieder auf einen, der sehr kontrovers diskutiert wird: George Soros.

Der aus Ungarn stammende, in den USA als Hedgefondsmanager höchst erfolgreiche Soros häufte ein Milliardenvermögen an und nimmt über sein weltweites Netzwerk vorgeblich gemeinnütziger, unabhängiger Nichtregierungsorganisationen erheblichen Einfluss auf die gegenwärtige Entwicklung der Weltpolitik. Beinahe unmöglich, nicht irgendwo und irgendwann doch über Soros zu stolpern. Soros ist überall, vor allem auch dort, wo man ihn gar nicht vermutet. Wie viele andere auch, las auch ich immer wieder über den Starinvestor, die »Heuschrecke« Soros, und lernte ihn zunächst kennen als den »Mann, der die Bank von England« sprengte. Und natürlich als den größten Philanthropen der Welt. Eine enorm faszinierende und beeindruckende Persönlichkeit. Interessant genug, reihte sich bald Facette an Facette. Immer wieder Soros, allerdings in unterschiedlichsten Farben und Ausprägungen, jener Megaspekulant, der nicht nur als »Sprengmeister« der BOE *(Bank of England)* berühmt wurde, sondern ebenso als der »Mann mit den tausend Gesichtern« gilt. Dies sehr begründet, wie sich bald zeigen wird. Ihn nur als janusköpfig zu beschreiben, würde ihm jedenfalls nicht gerecht werden.

Soros manifestiert sich weltweit in einem verwirrenden Netzwerk aus Stiftungen im Rahmen seiner *Open Society Foundations*, deren Name sich auf die »offene Gesellschaft« beruft, wie sie der von Soros hochverehrte Philosoph Karl Popper propagierte. Wie sich ebenfalls bald zeigen wird, will hier einiges nicht zusammengehen. Mein persönlicher Einstieg in die Welt des George Soros folgte im Kontext mit meinen Büchern zur Energie-Thematik und zu auffallend paradoxen Energieinvestitionen des Megaspekulanten. Dann aber auch, gerade mit Blick auf dessen Societynetzwerk, gleichsam über die Stephan-Báthory-Stiftung *(Stefan Batory Foundation)*. Zunächst war mir einfach nur der Name aufgefallen. Vor allem natürlich, weil er in der ungarischen Geschichte eine sehr bedeutende Rolle spielt. Zum anderen Teil war die erhöhte Aufmerksamkeit aber einfach dem Umstand geschuldet, dass die Báthory-Familie in den Reihen meiner eigenen Altvorderen über die Jahrhunderte hinweg auch recht häufig auftaucht. Alle Báthory-Linien, also Stanislofi sowie die beiden Hauptlinien Ecsed und Somlyó, sind im Sinne der Patrilinearität schon lange ausgestorben, doch ihr historisches Echo klingt noch heute wirksam nach. Ein legendärer Vorfahre soll vor über 1000 Jahren einen Drachen in den Sümpfen von Ecsed getötet haben – daran erinnert das Wappen: ein von einem grünen Drachen umschlungener Schild, auf dem drei Reißzähne prangen.

Jener Stephan Báthory stammte aus der Somlyó-Linie, war Fürst von Transsilvanien und wurde am 8. Februar 1576 als König von Polen ausgerufen. Obwohl ich keineswegs intensive genealogische Interessen verfolge, bin ich dennoch immer wieder mit meiner familiären Vergangenheit konfrontiert worden. Dabei spielt auch das im Namen längst ausgestorbene Haus Báthory eine Rolle, mit Verwandtschaften v. a. in die Ecsed-Linie der Báthory hinein. Stephan Báthory (1533–1586) stammte aus dem ungarischen Hochadel, aus der Somlyó-Linie der Báthory, war Fürst von Siebenbürgen und wurde am 8. Februar 1576 als König von Polen ausgerufen. Er war Onkel der legendären Blutgräfin Erzsébet Báthory (1560–1614), die der Ecsed-Linie entstammte und als eine der größten Massenmörderinnen der Geschichte gilt. Sie wurde einst von der eigenen Familie verurteilt, lebenslang in einem düsteren, zugemauerten Turmgemach ihrer Burg zu Čachtice eingesperrt zu werden. Dort starb sie drei Jahre nach dem Urteilsspruch. Die Rede war auch wiederholt davon, die Gräfin sei in eine Intrige verwickelt worden, da der ungarische König ihr große Summen schuldete, doch ihre Grausamkeit dürfte dennoch außer Frage stehen.

Der König von Polen hatte mit all diesen Vorgängen nicht viel zu tun, wohl aber noch weniger mit den *Open Society Foundations* von George Soros. In jedem Fall tritt Soros im Mai 1988 mit Aktivisten der polnischen demokratischen Opposition als Begründer auf. Seinem Wunsch folgend wurde die Stiftung dann nach dem aus Ungarn stammenden König benannt und gilt als die erste private Stiftung im Land. Warum ausgerechnet dieser König? Nun, er war kein Pole. Soll er als Sinnbild stehen, stellvertretend für einen ebenfalls von außen und ebenfalls aus Ungarn stammenden »König?« Das läge nahe, wird aber nirgendwo mitgeteilt.

Soros jedenfalls bekleidet den Posten als Ehrenvorsitzender der Stephan-Báthory-Stiftung, die ihrerseits Demokratie und bürgerliche Gesellschaft fördern sowie entsprechende Organisationen unterstützen soll. Auch das übrige Netzwerk des George Soros soll einzig dem Wohl der Gesellschaft dienen; die Medien werden auch nicht müde, Soros an erster Stelle als Philanthropen zu bezeichnen, noch vor seiner herausragendsten Eigenschaft, der des selbstzentrierten Megaspekulanten.

2010 schrieb der amerikanische Autor Joseph F. Farah: »Jemand fragte mich: ›Können Sie mir nicht irgendetwas Nettes über George Soros sagen?‹ – ›Ja, das kann ich‹, antwortete ich. ›Er ist 81 Jahre alt.‹«[9] Positiveres gab es für Farah nicht festzustellen. Er hält Soros für den gefährlichsten Mann der Welt. Kann es wirklich so extrem sein?

2 | Ungarische Rhapsodie: Die Soros-Chronik

György Schwartz

Wer kennt George Soros nicht? Spätestens seit 1992, als der Multimilliardär und Starinvestor durch seine Wette gegen das britische Pfund die Bank von England »sprengte«, war sein Name in aller Munde. Seine Erfolgsgeschichte gleicht streckenweise einem Roman, offenbart aber auch paradoxe und dunkle Kapitel. Soros gilt als der einzige bekannte Überlebende des Holocaust, dem sogar vorgeworfen wurde, als Jude mit den Nazis kollaboriert zu haben. Dieser Mann gleicht in jedem Falle einer Sphinx, voller Rätsel und verborgener Seiten, obwohl er doch nicht müde wird, die »offene Gesellschaft« zu predigen.

Abb. 2: George Soros auf dem *World Economic Forum,* Davos 2010

Der aus Ungarn stammende Hedgefonds-Star etablierte sich in den Vereinigten Staaten und schuf gleichsam aus dem Nichts ein Milliardenvermögen. Er gilt als echter Fuchs der Branche, als eine jener gefürchteten Heuschrecken der Weltbörse, ausgestattet mit einem brillanten Finanzverstand, gepaart mit der nötigen Portion Skrupellosigkeit und Risikobereitschaft, um an die Spitze eines erbarmungslosen Geschäfts zu gelangen. Er zählt zu jenen Legenden, die den Traum wahr werden ließen und es schafften, vom Gelegenheitsjob schließlich in die Chefetage eines Milliardenimperiums aufzusteigen. Es ist der berühmte amerikanische Traum vom Tellerwäscher zum Millionär, nur in potenzierter Form.

Heute verfügt George Soros über wohl mehr als 24 Milliarden US-Dollar. Man muss sich diese astronomische Zahl einmal auf der Zunge zergehen lassen, aber so groß ist ja keine Zunge! 24 Milliarden – schon ein Tausendstel davon reichte für ein langes, sorgloses Luxusleben aus, von dem die meisten Menschen nur träumen. Was stellt ein einzelner, bereits greiser Mann mit einem derartigen Supervermögen an? Die Frage scheint berechtigt, vor allem bei George Soros, dem die übliche High Society mit ihren diversen Methoden des Zeitvertreibs leidlich gleichgültig ist.

Soros hat andere Ambitionen, andere Intentionen. Zielstrebig verfolgt er die Idee, aktiv eine bessere Welt zu schaffen. Nein, nicht *eine*, sondern wohl exakt *seine* bessere Welt, die konkret nach seinen Regeln funktioniert, eine »Soros-Welt«, die wohl den beinahe gottgleichen Allmachtsvisionen eines Atheisten entsprechen soll.

Am 12. August 1930 wurde Soros als »György Schwartz« in Budapest geboren. Der neue Weltbürger schien vom Himmel mit Freudentränen begrüßt zu werden, denn die »fallenden Sterne« des jährlichen Laurentius-Schauers, besser bekannt als Perseiden-Meteore, ergossen sich in jener Nacht über das Firmament, während der noch fast volle Mond am selben Tag einige Sterne bedeckte. Astrologen dürften eher für bedeutungsvoll halten, dass im selben Jahr auch ein neuer Planet entdeckt und nach dem Gott der Unterwelt benannt wurde – der (Zwerg-)Planet Pluto. Zumindest in früheren Zeiten wäre das alles wohl größtenteils als schlechtes Omen gedeutet worden, doch für Schwartz sollten in späteren Jahren einige sehr helle Sterne aufgehen. Und selbst wenn György Schwartz aus einer begüterten jüdischen Familie stammte, waren seine ersten Lebensjahre nicht immer leicht.

Doch verstand er, sogar unter den widrigsten Umständen stets das Beste für sich zu erzielen, eine Eigenschaft, die er über sein gesamtes weiteres Leben bewahrte. Tatsächlich charakterisierte ihn schon früh ein ausgeprägter Egoismus, den er auch selbst in zahlreichen Interviews bestätigt, wie er sie über lange Jahre hinweg führte. Sein Vater Tivadar Schwartz war ein prominenter Anwalt und Esperanto-Schriftsteller, in mancher Hinsicht vorausschauend und einfallsreich. So entschloss er sich im Jahr 1936 zu einer Namensänderung der Familie, und zwar für Sorosz, was wesentlich weniger nach einer jüdischen Herkunft klang und später dann zu »Soros« vereinfacht wurde. Der nunmehr ungarisch wirkende Name stammte faktisch aus dem Esperanto und bedeutet so viel wie »nach oben gelangen«, »aufsteigen«, was sich in diesem Fall nur allzu klar bewahrheiten sollte. Der junge György Sorosz war gerade einmal sechs Jahre alt, stand also kurz vor der Einschulung, als sich die Familie zur Namensänderung entschloss und Tivadar Soros überlegte, die Religion komplett aufzugeben. Nur, eigentlich hatte die Familie nichts aufzugeben, da sie wohl überhaupt nicht religiös war.

Wie Soros selbst schildert, sei vor allem seine Mutter »sehr glücklich« über die Namensänderung gewesen, da sie das Judentum der Familie stets als Stigma betrachtet habe. Andererseits habe sich grundsätzlich nichts daran ändern lassen, dass andere Menschen sie weiterhin als Juden behandelten und Soros bei seinem Wechsel aufs Gymnasium nur in die jüdische Klasse aufgenommen werden konnte.[1]

Interessanterweise fühlte sich der in seinem ganzen Naturell ohnehin eher unkonventionell geartete Tivadar Soros nicht als Opfer der nationalsozialistischen Schreckensherrschaft. Sein Leben war abenteuerlich und entsprechend gefährlich verlaufen. Laut den Schilderungen seines Sohnes war er im Ersten Weltkrieg in russische Kriegsgefangenschaft nach Sibirien gekommen. Dort hatte er einen Gefangenenausbruch organisiert und war entkommen, wobei er Augenzeuge der Russischen Revolution wurde.

Während der deutschen Besatzung habe ihm diese Erfahrung natürlich sehr geholfen. Und trotz seines schon beruflich vorgegebenen Respekts für Gesetze und Vorschriften habe ihn die Lebenserfahrung gelehrt, dass gewisse Regeln in Zeiten großer Umbrüche einfach nicht mehr gelten.[2] Dann ging es vielmehr ums blanke Überleben.

Das große Abenteuer

Am 19. März 1944 tauchten plötzlich deutsche Panzer an der Donau auf, der Tag der Invasion war gekommen, die Nazis waren im Land. George Soros war damals kaum 14 Jahre alt, doch wie er sagt, fühlte er sich nicht vom Tode bedroht. Er glaubte nicht, dass der ganze »Spuk« noch lange währen würde, denn im restlichen Europa konnten die Nazis ihre Stellungen bereits nicht mehr halten, der Krieg schien dem Ende entgegenzugehen. Und doch dauerte die Besatzung ein volles Jahr. Die faschistische ungarische Organisation Eisernes Kreuz mordete noch bis zur letzten Stunde, so berichtet Soros und erinnert sich daran, wie er mitten in Budapest an einem Laternenpfahl vorbeiging, an dem zwei tote Juden »baumelten«, darunter ein Schild mit der eindeutigen Warnung: »Das geschieht mit einem Juden, der sich versteckt.«[3] *Spiegel*-Autor Gregor Peter Schmitz fragte in seinem in Buchform veröffentlichten Interview mit George Soros, ob ihn dieses Erlebnis nicht schockiert habe. Nicht zu vergessen, Soros war seinerzeit fast noch ein Kind. Die Antwort überrascht umso mehr: »Schon, aber wir hatten Vorbereitungen getroffen.«[4] Mehr als ein eher lapidar wirkendes »Schon« kam Soros nicht über die Lippen, auch noch sofort relativiert durch die Feststellung, vorgesorgt zu haben. Diese eine Bemerkung scheint einen entscheidenden Zug durchblicken zu lassen, nämlich mit bemerkenswert reduzierter Empathie ausgestattet zu sein und vor allem die eigene Person im Visier zu halten. Da wurden Angehörige einer doch zumindest nahestehenden Volksgruppe grausam hingerichtet und öffentlich zur Schau gestellt, doch schien das alles wohl halb so schlimm, wenn nur die eigene Sicherheit gewährleistet war. Für sie hatte Tivadar Soros mittels gefälschter Papiere gesorgt, um damit neben eigenen Familienangehörigen immerhin auch zahlreiche andere Menschen zu retten. Das war natürlich kein Einzelfall und durchweg nachvollziehbar. In Budapester »Wäschereien« wurden damals originale Dokumente bearbeitet und neu ausgefüllt. Die Familie Soros habe diesen Dienst allerdings so ausgiebig genutzt, dass einiges durcheinandergeraten sei – so lagen die Geburtsdaten von Geschwistern plötzlich nur um ein paar Monate auseinander, weshalb sich einige Personen nie zusammen zeigen durften. Die Familie hatte schließlich elf Verstecke eingerichtet. Bei deutschen Polizeikontrollen wurde der junge George Soros stets so ängstlich, dass er sich dabei »beinahe in die Hose machte«, auch wenn er seine (falschen) Papiere immer mitführte.[5] Ihm sei stets klar gewesen, dass es um Leben und Tod ging, in diesem Fall um sein eigenes Leben oder eben um den eigenen Tod. Und so erinnert er sich: »Ich passte immer sehr genau auf, dass mir niemand beim Pinkeln zuschaute, schließlich war ich als jüdischer Junge beschnitten.«[6]

Und doch habe er jene Zeit weitgehend als ein großes Abenteuer empfunden. In Interviews, die Jahrzehnte auseinanderliegen, bestätigt er mit den beinahe gleichen Worten, dass das Jahr 1944 vielleicht seine glücklichste Zeit gewesen sei. »Sie müssen sich in meine Lage versetzen: Ein 14 Jahre alter Junge, der solch eine einmalige Zeit miterleben durfte, unter Anleitung seines Vaters, den er bewunderte. Das war alles sehr aufregend.«[7] Sehr ähnlich äußerte er sich 20 Jahre früher in einem Gespräch mit der in Budapest geborenen Journalistin Krisztina Koenen. Die nicht ganz unumstrittene und durchaus für Soros eingenommene Autorin muss ebenfalls verwundert feststellen: »Man wird gewiss nur wenige Juden in Europa finden, die mit einem ähnlichen Enthusiasmus über diese Jahre sprechen könnten.«[8]

Persönliche Erfahrungen mit dem Bösen

Soros habe seinerzeit nach eigener Aussage ohnehin eine Art Urvertrauen in das eigene Überleben besessen. Zudem erinnert er an die Verhältnisse in seiner Kindheit, an sein deutsches Kindermädchen und eine aus dieser Zeit herrührende Schwäche für Deutschland und seine Sprache. Auch habe sein Vater stets viel Wert darauf gelegt, zwischen »den Deutschen« und »den Nazis« zu unterscheiden, nicht alle Deutschen seien demnach böse oder für die Naziverbrechen zur Rechenschaft zu ziehen. Noch nach der Invasion habe der gesprächige Tivadar Soros viel Zeit in Cafés verbracht und sich dort unter anderem sogar mit einem deutschen Offizier angefreundet, während die Familie bereits im Untergrund lebte. Der Offizier, ein Breslauer Apotheker, habe sich bei einer Gelegenheit darüber Luft gemacht, wie sehr ihn seine Aufgabe belaste, Juden zur Deportation aufzureihen, woraufhin ihn sein Gegenüber, der Jude, getröstet habe, dies sei nun einmal seine Pflicht – er würde vor einem Militärgericht verurteilt werden, sollte er sich weigern, sie zu erfüllen. Außerdem solle er sich nicht schlecht fühlen, solange er darum bemüht sei, niemandem wehzutun. So schildert George Soros diese bizarre Episode und kommentiert: »Es war schon ziemlich ironisch, dass ein Jude im Untergrund zu dieser Zeit einen deutschen Offizier trösten musste.«[9]

Noch bizarrer wird es allerdings, wenn es um einige Aktivitäten geht, wie sie George Soros selbst in jener Zeit entwickelte. Nachdem sein Vater einen gewissen Baumbach, einen Angestellten des Ungarischen Ministeriums für Landwirtschaft, bestochen hatte, den jungen György zu sich zu nehmen und als Christen auszugeben, vollführte der Sohn bald einen befremdlichen Wandel. Nunmehr stand er dem Beamten bei dessen ihm aufgetragenen Arbeit zur Seite, die darauf ausgerichtet war, das Eigentum von Juden zu beschlagnahmen. Auf den ersten Blick scheint die Situation klar. Der wie schon erwähnt erst 14-jährige Junge wurde offenbar von jenem Baumbach instrumentalisiert; er stand unter Druck, schließlich ging es wieder ums Überleben, schlichtweg darum, nicht aufzufliegen, sondern durchzustehen, was auch immer kommen möge. Wenn George Soros allerdings Jahrzehnte später auf diese Episode zu sprechen kam, ließen sich seine Erläuterungen wohl nicht ganz so leicht entschuldigen.

Der amerikanische Vietnam-Veteran und Erfolgsjournalist Steve Kroft, ein langjähriger Korrespondent der Nachrichtensendung *60 Minutes,* führte am 20. Dezember 1998 ein Interview mit George Soros. Während im Hintergrund originale Filmaufnahmen der Deportation gezeigt wurden, stellte Kroft fest: »Sie haben gesehen, wie zahlreiche Menschen zu den Todeslagern verfrachtet wurden«, worauf Soros unmittelbar erwiderte: »Ja, ich war 14 Jahre alt. Und ich würde sagen, dass damals mein Charakter geprägt wurde.« Kroft hakte nach: »In welcher Weise?« – »Dass man vorausschauend denken sollte. Man sollte Ereignisse verstehen und – und voraussehen und wenn – wenn man bedroht wird. Es war eine ungeheuerliche Bedrohung durch das Böse. Ich meine, es war eine – eine sehr persönliche Erfahrung des Bösen.« Im Gespräch bestätigte Soros, »bei der Konfiszierung von Eigentum der Juden geholfen zu haben«, so formulierte es Kroft damals, der gleich fragend hinzufügte: »Ich meine, das ist – das klingt wie eine Erfahrung, die eine Menge Menschen für viele, viele Jahre auf die Couch eines Psychiaters schickt. War das schwierig?« – »Nein, überhaupt nicht. Überhaupt nicht«, erwiderte Soros und fuhr fort: »Vielleicht sehen Sie als Kind – vielleicht sehen Sie die Verbindung nicht.

Aber es war – es stellte kein Problem dar – überhaupt kein Problem.« »Keine Schuldgefühle?«, wollte Kroft wissen. »Nein«, so Soros kurz und bündig.

Für Kroft nicht nachvollziehbar, daher beharrte er noch eine Weile auf den zu erwartenden Schuldgefühlen: »Beispielsweise in der Art ›Ich bin jüdischer Abstammung, und hier bin ich nun, sehe, wie diese Leute gehen. Ich könnte genauso gut unter ihnen sein, ich *sollte* dort sein.‹ Nichts dergleichen?« Soros dampft die Emotion weitgehend auf Sachlichkeit ein, wenn er darauf nur kurz stockend erwidert: »Nun, gewiss, ich k – ich könnte auf der anderen Seite sein, oder ich könnte derjenige sein, dem seine Habe weggenommen wird. Aber es macht keinen Sinn zu sagen, dass ich dort nicht sein sollte, denn das war – nun tatsächlich, auf komische Weise verhält sich das wie an den Märkten, nämlich dass, wenn ich nicht da wäre – dann würde ich es natürlich nicht tun, sondern jemand anderer würde dann – würde – würde es in irgendeiner Weise wegnehmen. Und so lief es darauf hinaus, dass – ob ich nun dort war oder nicht – ich nur ein Zuschauer war. Der Besitz wurde weggenommen. So hatte ich auch keine Schuldgefühle.«[10] Damit löste er also das Dilemma für sich sehr zufriedenstellend auf. Nicht jeder würde dies auf die gleiche Weise vermögen.

Nach welcher Moral lebt, denkt und empfindet ein Mensch, der sich damit beruhigen kann, ein von ihm verübtes Unrecht wäre auch ohne seine Präsenz geschehen? Dieses Empfinden dürfte kaum für eine Allgemeinheit gelten, um die eigenen Hände reinzuwaschen und sich trotz begangenen Unrechts schuldlos zu fühlen. Diese »Philosophie«, selbst keine nachteilige Rolle gespielt zu haben und nur Platzhalter für andere gewesen zu sein, findet sich bei Soros immer wieder. Sie scheint ihm offenbar zu jeder bedenklichen Aktion seinerseits verlässliches und akzeptables Argument für sein Handeln zu sein, was von vielen Gesprächspartnern auch stillschweigend hingenommen wurde und wird.

Natürlich sieht auch Soros in seinem so häufig an den Tag gelegten Schwärmen für 1944 – eine Zeit, über die er stundenlang erzählen könnte[11] – und darin, dass es das glücklichste Jahr seines Lebens gewesen sei, »eine wichtige und paradoxe Tatsache.«[12]

Dazu schreibt er: »Ich war 14 Jahre alt und bewunderte meinen Vater, der die Dinge im Griff hatte, wusste, was zu tun war, und anderen half. Wir schwebten in Lebensgefahr, aber ich war überzeugt, dass ich davon ausgenommen war. In diesem Alter glaubt man nicht, dass man wirklich verletzt werden könnte. Für einen 14-Jährigen war es das aufregendste Abenteuer, das man sich nur wünschen konnte. Diese Erfahrung hat mich nachhaltig geprägt, weil ich die Kunst des Überlebens von einem großen Meister gelernt habe. Das war auch für meine Karriere als Finanzmanager von Bedeutung.«[13]

Trotz des Hinweises, sein Vater habe vielen anderen Menschen geholfen, spricht aus diesen Zeilen ebenfalls eine hohe Ichbezogenheit. Natürlich drehte sich im späteren Leben des Starinvestors gleichsam alles um seine Person, jeder wollte wissen, wie er war – beziehungsweise, wie er zu dem wurde, was er ist. Die Menschen wollten Informationen über diesen Erfolgsmenschen, um zumindest ein wenig nachvollziehen zu können, wie dieser Mann es zu seinem Milliardenvermögen geschafft hatte. Selbst wenn Soros nicht der reichste Mann der Welt ist, einer der reichsten Menschen dieser Erde ist er allemal. Und in seinem noch zu diskutierenden, extrem vielseitigen Engagement gewiss auch einer der einflussreichsten, wenn nicht gar der Einflussreichste. Sofern auch die oft erkennbare Zentrierung auf die eigene Person eine logische Folge des völlig verständlichen allgemeinen Interesses an ihr ist, offenbart sich unabhängig davon bereits in den frühen Lebensjahren eine deutliche Egomanie und die relative Gleichgültigkeit gegenüber dem Schicksal anderer Menschen.

Eine allzu einseitige Betrachtung der Sachlage? Sicher kommen wohl die allermeisten Menschen in Situationen, die ihnen die Grenzen des Erträglichen aufzeigen. Es wäre nicht fair zu sagen, dass Soros nicht auch von solchen Momenten zu berichten wüsste. In einem Gespräch stellte ihm Byron Wien, Hedgefondsmanager und Ex-*Morgan-Stanley*-Chefstratege, die Frage, ob er denn nicht vor dem Verlassen Ungarns einige erschütternde Erfahrungen durchgemacht habe und wie sich diese Erfahrungen bei ihm ausgewirkt hätten. Zunächst antwortet Soros in üblicher Manier: »Sie waren überhaupt nicht erschütternd. Ich war mir der Gefahr bewusst, fühlte mich aber unverwundbar.« Dann fügt er hinzu: »Das Leiden um uns herum war unübersehbar, aber wir taten alles, um anderen zu helfen.«[14] Bei diesem Satz rücken sofort wieder jene »Paradoxien« des Jahres 1944 in Erinnerung, insbesondere auch die Schilderungen und Rechtfertigungen gegenüber Steve Kroft. Viel Hilfe war das nun wirklich nicht. Aber

Soros meint natürlich etwas anderes. Zur geleisteten Hilfe fällt ihm ein, wie er zusammen mit anderen Familienangehörigen Zigaretten für Juden besorgt hat, die in Judenhäusern verbleiben mussten und daher nicht anstehen konnten. Man mag sich hierzu vielleicht gewisse Gedanken machen. Soros jedenfalls weiß dann von einer wirklich erschütternden Erfahrung zu berichten: »Das vielleicht einzige Mal, wo ich körperlich litt, war direkt nach der Belagerung von Budapest, als jede Menge Leichen herumlagen. Es gab ein Opfer, dem der Schädel eingeschlagen worden war. Ich fühlte mich noch ein paar Tage später krank.«[15] Ein einziges Mal also litt Soros angesichts erschütternder Erfahrungen körperlich. Und die Frage drängt sich auf, ob dies der Fall war, weil ihm in diesem Moment die körperliche Gefahr für die eigene Person besonders deutlich bewusst wurde oder ob er mit dem Opfer mitfühlte.

Mit Beharrlichkeit zum Erfolg

Mit solchen Fragen im Gepäck wird umso interessanter zu verfolgen, wie aus George Soros der große Philanthrop wurde und welche Absichten sich mit seinen zahllosen Stiftungen und Organisationen verbinden. Dabei fällt auch auf, dass das wirklich große Interesse an der Person Soros doch meist bei jenen anzutreffen ist, die vor allem an seinen Finanzstrategien interessiert sind in der Hoffnung, mit diesem Erfolgsgeheimnis selbst weiterzukommen. Weniger exponiert und diskutiert scheint genau jener Philanthrop Soros.

Nicht dass Soros selbst kein Interesse an einer entsprechenden öffentlichen Wahrnehmung seiner Person hätte. Doch das monetäre Genie dieses »modernen Midas«, der allerdings dessen Schicksal nicht teilen muss, zieht jeden an, der am großen Spekulationsgeschäft interessiert ist. Doch für Soros war es noch ein recht weiter Weg bis zu den ersten Erfolgen.

Obwohl er immer wieder betont, wie viel er seinem Vater zu verdanken habe, schildert er auch seinen bald entstandenen Eindruck, zu sehr unter dessen Einfluss zu stehen. Und so habe er ihm gegenüber erklärt, es sei »unnatürlich, wenn ein 15-Jähriger wie ein 50-Jähriger denkt«.[16] Ein Satz, der dennoch nahelegt, dass Soros seinen Altersgenossen im Denken durchaus voraus war. Jedenfalls fragte ihn sein Vater, warum er sich denn nicht selbstständig mache, und wollte wissen, wohin György gerne gehen würde. Auch hier fiel die Antwort doch recht erstaunlich aus.

Für den jungen Soros kamen zwei Optionen in Betracht: England oder die Sowjetunion. England, weil die Familie eifrig BBC konsumierte und der Teenager von den »objektive Nachrichten« und dem »britischen Faible für Fair Play« fasziniert war.[17] Umso bemerkenswerter, wenn man sich spätere Transaktionen des Finanzgiganten zu Gemüte führt. Doch die Auffassungen von Moral und Fairness können erstaunlich variieren. Dann war da noch die Sowjetunion, über deren neues System Soros gerne alles gewusst hätte. Nachdem ihn der Vater daran erinnert hatte, selbst dort gewesen zu sein und ihm wirklich alles dazu erklären zu können, sei die Entscheidung leicht gefallen. Und so ging der junge Soros nach England, ins Land der Fairness und objektiven Nachrichten.

Zuvor war allerdings noch einiges an Bürokratie zu erledigen, außerdem galt es, einen verwandtschaftlichen Kontakt in England zu nutzen. Das sollte helfen, einen Platz in einer britischen Schule zu erhalten. Doch der Verwandte reagierte nicht auf den Brief, den er aus Ungarn erhalten hatte.

Von seinem Vater lernte György Soros spätestens damals, dass sich Beharrlichkeit im Leben auszahlt. Er riet ihm, einfach jede Woche eine Postkarte abzuschicken, dann würde der englische Verwandte schon antworten – und so kam es auch. Ebenso verhielt sich die Sache im ungarischen Passamt. Die Behörde agierte äußerst behäbig in der Sache, weshalb der Vater seinem Sprössling empfahl, sich nach dem Verantwortlichen zu erkundigen und sich bei ihm zu beschweren. Daraufhin habe der Chef des Amts sogar erklärt, er sei willens, jedem einen solchen Pass auszustellen, nur nicht »diesem widerlichen Knaben, der sich ständig beschwert«.[18] Doch am Ende setzte sich der »widerliche Knabe« durch und erhielt den Pass. Der Weg nach England schien offen. 1947 fuhr Soros mit seinem Vater nach Bern, um dort am Esperanto-Weltkongress teilzunehmen, reiste zwei Wochen später, nachdem er endlich ein Visum für England erhalten hatte, nach Ipswich zum Esperanto-Jugendweltkongress, während der Vater nach Ungarn zurückging.

Der Sohn blieb in England. Dort nannte er sich fortan nicht mehr Sorosz, sondern Soros. Anders ausgedrückt, flüchtete Soros aus Ungarn, er entfloh dem Kommunismus, der immer stärkeren Einfluss im Land gewann. Selbst wenn die Kommunisten bei der ungarischen Parlamentswahl vom 15. November 1945 nur 17 Prozent der Stimmen auf sich vereinen konnten, während die Partei der kleinen Landwirte auf 57 Prozent kam, blieben die Kommunisten auf sowjetischen Druck in der Koalitionsregierung. Als am 10. Februar 1947 der Friedensvertrag geschlossen wurde, änderte sich nichts – Sowjettruppen blieben im Land stationiert. Was folgte, waren zunehmende Verstaatlichung und der Kurs in eine stalinistische Herrschaft.

Erster Kontakt mit der »offenen Gesellschaft«

Nach seiner Ankunft in England wartete Soros auf seine Zulassung zur *London School of Economics* (LSE) und arbeitete bis dahin als Schwimmbadaufsicht im Londoner Stadtteil Brentford. Soros war als mittelloser Ausländer in der Stadt angekommen und musste seine Ausbildung und sein Auskommen selbst finanzieren. Der Vater bewerkstelligte nur anfangs noch, etwas Geld nachzuschicken. Die politischen und gesellschaftlichen Verhältnisse in Ungarn wurden in völliger Abhängigkeit von der Sowjetunion immer untragbarer. Erst nach dem großen Aufstand von 1956 sah sich die Familie Soros dann in England wieder.

Während des Studiums betätigte sich der spätere Starinvestor als Maler, Transportarbeiter und Hilfsarbeiter bei der Britischen Eisenbahn.[19]

Abb. 3: Sir Karl Popper (1902–1994)

Sein großes Interesse galt der Philosophie, und noch während seiner Wartezeit auf die LSE-Zulassung las er neben vielen anderen Schriften auch das erstmals 1945 erschienene Werk *The Open Society and Its Enemies (Die offene Gesellschaft und ihre Feinde)* des österreichisch-britischen Philosophen Sir Karl R. Popper, der Anfang 1946 nach Großbritannien kam und bald darauf an der LSE lehrte. In jenem Buch, das Soros nach eigenen Angaben als Offenbarung empfand, stellt Popper eine bezeichnende Gemeinsamkeit von Nationalsozialismus und kommunistischer Ideologie fest: die Behauptung, sich jeweils im Besitz der absoluten Wahrheit zu befinden, die allerdings nach menschlichen Maßstäben illusorisch sei. Genau aus diesem Grunde mussten beide Ideologien auf einer den Zielsetzungen angepassten und verzerrten Realität basieren und konnten einer Gesellschaft nur unter Zwang aufgeprägt werden. Anders wären solche Ideologien gar nicht umsetzbar. Die Systeme folgten ihren eigenen Gesetzen, unabhängig von den realen Verhältnissen. Dem steht für Popper die offene Gesellschaft gegenüber, die den Anspruch der absoluten Wahrheit von vornherein als irrig, weil unerreichbar erkannt hat und gleichsam für eine friedliche Koexistenz unterschiedlicher Meinungen sorgt. Dies mittels entsprechender Institutionen, die innerhalb dieser offenen Gesellschaft nötig sind, um trotz verschiedenster Interessen und Ansichten, trotz dieser Pluralität ein friedliches Miteinander zu gewährleisten. Nun hatte Soros beides mehr oder minder direkt erlebt – den Nationalsozialismus und auch den Kommunismus. Und so sympathisierte er sofort mit dem theoretischen Ansatz Poppers. Er sei »ein entschiedener Anhänger des Ideals einer offenen Gesellschaft«[20] geworden.

Die Faszination für diese philosophischen Ideen, die er später für seine weltweit aktiven *Open Society Foundations* aufgriff, täuschte nicht darüber hinweg, dass die offene britische Gesellschaft für Soros zunächst kaum hoffnungsvolle Aussichten bot. So schreibt er über die erste Zeit in England: »Das Leben in London war ernüchternd. Ich hatte kein Geld und keine Freunde. Nach meinem Abenteuerleben hatte ich eine hohe Meinung von mir selbst, doch die Leute waren nicht interessiert. Ich gehörte nicht dazu, und ich lernte die Einsamkeit kennen. Der Moment kam, an dem mir das Geld ausging.«[21] Er hatte seine kleine Mahlzeit bezahlt, danach war er pleite. Das sollte dann auch der einzige Moment in seinem ganzen Leben sein, an dem

Soros ohne einen Cent dastand. Und er nahm die Herausforderung an – »Jetzt bin ich ganz unten angelangt, und von hier kann es nur aufwärts gehen. Dies wird eine wertvolle Erfahrung sein«,[22] konstatierte er für sich und erklärte rund ein halbes Jahrhundert später selbstbewusst: »Seitdem habe ich sichergestellt, nie wieder solch einen Tiefpunkt zu erleben.«[23]

Dann ereignete sich ein Arbeitsunfall. Soros brach sich das Bein – in diesem Fall ein glücklicher Umstand, denn die Bahn musste Schadensersatz zahlen, und Soros lebte von nun an finanziell abgesichert.

Intelligenter Nepotismus

Nach Abschluss des Studiums folgte also zunächst die massive Ernüchterung, und Soros bezeichnete diese Phase später als den Tiefpunkt seines Lebens. Das Problem bestand natürlich vor allem darin, als Ausländer ohne nützliche Kontakte kaum Möglichkeiten zu haben, eine Anstellung zu finden. Das sollte er bald noch deutlicher zu spüren bekommen. Wieder schien weniger die Trennung von der Familie drückend als die grundsätzliche Tatsache, ohne hilfreiche Beziehungen dazustehen. Einziger Rettungsanker war ein zeitweiliger Kommilitone, der Soros nun einen Job in der Firma verschaffen konnte, für die er selbst ebenfalls arbeitete.

So begann Soros als Trainee bei einem Unternehmen, das die Produktpalette zwischen Modeschmuck, Souvenirs und Geschenkartikeln bediente. Nun gab es in der Firma aber gar kein entsprechendes Ausbildungsprogramm, und so startete Soros als Handlungsreisender, als Vertreter für Modeschmuck, um fortan die walisische Küste abzufahren. Das entsprach keinesfalls seinem Lebensplan. Er hatte gewiss nicht studiert, um dann einen solchen Job auszuüben, und selbst nachdem er bereits zum Multimilliardär geworden war, empfindet er jene persönliche Ära als peinlich und sogar regelrecht erniedrigend. Doch immerhin benötigte er für diese Touren einen fahrbaren Untersatz, und so bekam er von der Firma einen Ford Anglia gestellt, das damals billigste Modell des Herstellers.

Soros sollte die Waren an Tabakhändler veräußern, nur wurde er sie nicht los, da die Kunden über Großhändler organisiert waren. Die gesamte Situation glich einer Sackgasse, in der Soros festzustecken schien.

Um wieder aus dieser Malaise herauszukommen, ob nun mit oder ohne Ford Anglia, blieb nichts anderes übrig, als eine radikale Kehrtwende zu vollziehen. Soros schrieb alle in England als Merchantbanken bekannten Kreditinstitute Londons an, wobei er sich an die jeweiligen Chefs höchstpersönlich wandte. Doch das Prinzip, nicht zum Schmiedchen, sondern gleich zum Schmied zu gehen, war damals kaum gebräuchlich, zumindest dann nicht, wenn man den Schmieden wildfremd war. Und das war Soros ohne jeden Zweifel. Immerhin lud ihn der Chef von *Lazard Frères* zu einem Gespräch ein, um ihm offen und ehrlich zu sagen, wie die Chancen stünden. In London werde ein besonderes Prinzip gepflegt, Posten zu vergeben, so eröffnete er dem ehrgeizigen jungen Mann. Das Prinzip lautete in diesen Kreisen »intelligenter Nepotismus«: Von den vielen Neffen der Chefs erhielt einfach der intelligenteste die Chance, als Nachfolger im Chefsessel zu landen. So einfach und effektiv war das also. Wer das gleiche College, die gleiche Uni absolviert hatte wie der Direktor, mochte noch Aussichten haben. Aber ohne entsprechende Beziehungen lief nichts. Und außerdem stammte Soros nicht einmal aus demselben Land, wie der *Lazard*-Chef unnötigerweise auch noch betonte. Nun, er meinte es trotz allem gut mit dem seltsamen Fremden. Allerdings änderte das nichts am System.

So banal das erscheint, Soros musste irgendetwas mit irgendeinem Bankier gemein haben, um möglicherweise einen Fuß in die Türe zu bekommen. Tatsächlich landete er 1953 dann bei *Singer & Friedlander*, einer 1907 in der City of London gegründeten Merchantbank. Die Gemeinsamkeit bestand in diesem Fall in der ungarischen Herkunft des Direktoriums. Genau die ungarische Herkunft, die bei den anderen Banken zum Hindernis geriet, öffnete hier die Tore.

Allerdings war die Arbeit nicht gerade berückend, Soros verdiente noch weniger als zuvor und legte auch keine sonderlichen Leistungen an den Tag. Bei seiner Buchführung hatte er einen Kontrollzettel, auf dem an jedem Abend abschließend eine Null herauskommen sollte, doch nicht ein einziges Mal passte das Ergebnis – der neue Mitarbeiter, der zum später erfolgreichsten Ex-Angestellten von *Singer & Friedlander* werden sollte, verrechnete sich andauernd. Nach eigener Aussage war Soros in Mathematik nie sonderlich gut. Und schon während seines Studiums der Volkswirtschaftslehre an der LSE habe er die Annahmen angezweifelt, auf denen die mathematischen ökonomischen Modelle gründeten. Und »ausgerechnet« diese mathematische Niete schaffte den Sprung in die Spitzenliga der Finanzwelt! Eigentlich kaum zu glauben und – vielleicht nichts als kalkuliertes Understatement? Für gewöhnlich hängt Wohl und Wehe eines Hedgefonds von finanzmathematischen Modellen ab. Andererseits bezeichnete Soros laut dem amerikanischen Politikanalysten Tom Woods[24] die Theorien des österreichischen Ökonomen und Nobelpreisträgers Friedrich August von Hayek als »formalisiert« und »mathematisch«, während Hayek selbst die mathematische Methode sogar angriff.[25]

Nun, wie auch immer, Soros wollte seinen Job jedenfalls nicht länger ausüben und führte ein klärendes Gespräch mit dem Chef, das Unternehmen wieder verlassen zu wollen. Am selben Tag ging Soros mit einem gewissen Robert Mayer zum Mittagessen. Mayer war ein anderer Auszubildender des Unternehmens. Und er sollte das Leben des George Soros in wenigen Minuten auf immer verändern.

3 | Finger im ganz großen Spiel: »Der Mann, der die Bank von England sprengte«

Wendepunkt

Robert Mayer tauchte genau zum richtigen Moment im Leben von George Soros auf. Während des Mittagessens erzählte ihm Soros, die Firma verlassen zu wollen. Daraufhin eröffnete ihm Mayer, sein Vater besitze ein kleines Brokerunternehmen in New York und suche gerade einen neuen Mitarbeiter. An sich habe er das Soros schon früher sagen wollen, doch hielt er es nicht für angemessen, ihn abzuwerben. Nun aber hatte sich die Situation völlig geändert. Natürlich konnte Soros seine Zelte nicht schlagartig abbrechen, zögerte aber dennoch nicht lange. Schließlich führte ihn dieses Angebot in die US-amerikanische Finanzwelt und damit direkt an die Quelle. Doch da gab es zunächst noch gewisse Einstiegsprobleme: Die Behörden verweigerten ihm ein Visum. Es ging ums Alter und um die erforderliche Qualifikation. Mit seinen 26 Jahren kaufte man ihm nicht ab, ein unersetzlicher Spezialist zu sein, dessen Wissen im Land wirklich gebraucht wurde und dessen Aufgaben nicht auch ein Amerikaner erfüllen könnte.

Doch mit etwas Glück und jenen ersten Beziehungen zum Unternehmen *F. M. Mayer* klappte es dann. Im September 1956 war es soweit, George Soros traf in den Vereinigten Staaten von Amerika ein. Für die nächsten drei Jahre bis 1959 arbeitete er für *Mayer* und handelte mit Aktien – er betätigte sich als Händler, vom Investor war er laut eigener Aussage noch weit entfernt und verfügte lediglich über einen sehr geringen Aktionsspielraum. Allerdings arbeitete er auch effizient und entwickelte ein Prinzip, das er oft anwandte: Er verlegte sich auf relativ junge und unbekannte Geschäftssegmente, was gewiss einiges Gespür und einige Risikobereitschaft verlangte, ihm aber auch eine Art Monopolstellung verschaffte. Da sich noch niemand sonderlich mit den entsprechenden Gebieten auskannte, genügten relativ wenige Informationen, um bestehen zu können. Mit der Zeit erst wuchsen dann die Spezialisten heran, und genau dann zog sich Soros selbst aus dem Geschäft zurück. So bezeichnete er sich auch als »Pre-Expert«. In einigen Gesprächen spricht er von dieser Vorgehensweise, er erwähnt in offenbar schonungsloser Selbstkritik auch häufig seine Faulheit. Er habe versucht, nur das Nötige zu tun und so wenig zu arbeiten wie möglich. Gerade in den besten Jahren habe er am wenigsten tun müssen, um sich dann in schlechteren Zeiten wieder anzustrengen, erfolgreich zu sein. Schon zu seiner Zeit bei *Singer & Friedlander* sei er nicht als besonders gewissenhaft oder pedantisch aufgefallen, so sagt er.[1]

Wenn er aber in einen neuen Geschäftszweig einstieg, wollte er sich darüber auch wirklich umfassend informieren. So war er eine Art selektiver Perfektionist. Was für ihn nötig war, studierte er ausgiebig. Und was auch im Beruflichen nach seiner Einschätzung nicht unbedingt sein musste, blieb auf der Strecke. Wie allgemein bekannt, fuhr er meist extrem gut mit dieser Haltung.

Während seiner Zeit bei *F. M. Mayer* spezialisierte sich Soros auf europäische Aktien. US-Banken und institutionelle Anleger interessierten sich sehr für die neuen Entwicklungen in Europa, da lag einiges in der Luft. Nachdem die Montanunion ins Leben gerufen war, ging es zielstrebig weiter zum Gemeinsamen Markt.

Und zur bevorstehenden Gründung der Vereinigten Staaten von Europa wollten Banken und Anleger gewappnet sein. Es war die Zeit, zu der bereits die ersten Treffen der äußerst heimlichen *Bilderberg*-Gruppe stattgefunden hatten, die erstmals 1954 im gleichnamigen niederländischen Hotel zusammentraf. Nach außen dringen von diesen Treffen in aller Regel nur spärliche, einsilbige Informationen vor. Angeblich nehmen die Geheimkonferenzen keinen Einfluss auf die politische Entscheidungsfindung, doch haben sich über die vergangenen Jahrzehnte genügend Fakten angesammelt, die das klare Gegenteil anzeigen. Hier jedenfalls wurden bereits von Anfang an die europäische Einigung und der Euro diskutiert und die entscheidenden Weichen gestellt.

Soros hatte mittlerweile *F. M. Mayer* verlassen und war zu *Wertheim & Co* gegangen. Was nun die europäischen Unternehmen betraf, schildert Soros die damalige Informationslage ebenfalls als sehr dürftig. In seiner damaligen Rolle als Händler und Analyst für europäische Wertpapiere beschreibt er sich selbst als Einäugiger unter Blinden, der infolge mangelnder Fakten häufig spekulative Memoranden verfasste, womit er anderen gegenüber immer noch klar im Vorsprung war. Er hatte in jedem Fall eine Marktlücke für sich entdeckt und verstand sie zu nutzen, was dazu führte, dass ihn selbst die ganz Großen der Branche wahrnahmen und konsultierten.

Mit einiger Genugtuung stellt Soros retrospektiv für jene Zeit einen ersten großen Durchbruch fest. Er habe im Zentrum der Ereignisse gestanden, selbst Unternehmen wie *J. P. Morgan* und andere Riesen hätten ihm »aus der Hand gefressen«, denn schließlich benötigten sie die Informationen über Europa, die nur Soros liefern konnte. Niemand anderer in den USA habe sich mit dieser Materie beschäftigt, das sei echte Pionierarbeit seinerseits gewesen.[2]

In seiner Zeit bei *Wertheim & Co.* befasste sich Soros mit deutschen Banken und Versicherungen und legte *J. P. Morgan* seine Analysen vor. Für eine detailliertere Studie habe man ihm keine Zeit mehr gelassen, die Informationen genügten dem Unternehmen, um von einem wesentlichen Kursanstieg auszugehen – Soros wurde beauftragt zu kaufen, und tatsächlich boomten die europäischen Aktien. Kurz darauf wurden Investitionen ins Ausland mit einem 15-prozentigen Aufschlag belegt, das Ergebnis der vom damaligen US-Präsidenten John F. Kennedy eingeführten Zinsaufschlagsteuer. Und damit hatte Kennedy mit einem Schlag fast das komplette Geschäft von Soros zerstört. Über kurz oder lang musste er sich neu orientieren, auch wenn weiterhin noch einige lukrative Europatransaktionen möglich waren.

Der »gescheiterte Philosoph«

Ohne nun jede berufliche Station im langen Leben von George Soros nachzeichnen zu wollen, dürfte es nicht unwesentlich sein, wenigstens kurz einige weitere Landmarken auf diesem Weg zu betrachten, die ihm zu seinem Milliardenvermögen verhalfen – einem Vermögen, das ihm im Verbund mit seinem besonderen Charakter eine enorme Freiheit auch auf gesellschaftlich-politischem Terrain verschafft hat, deren Konsequenzen sich gerade in der Gegenwart in einer nicht geahnten Weise manifestieren. Nicht immer und überall tritt Soros dabei in Erscheinung, nicht immer und überall lässt sich seine Beteiligung mit Sicherheit nachweisen oder aber belegen, dass damit nachteilige Folgen für die Welt verbunden sind. Dennoch sprechen die Indizien für sich, teils sehr deutlich. Mittlerweile sind zahlreiche fachkundige Kreise von einer fatalen Wirkung der Soros-Aktivitäten auf unserem Globus überzeugt, viele Fakten und Einzelstränge an Informationen summieren sich zu einem stimmigen, besorgniserregenden Gesamtbild. Schon bald wird es genau um diese Aspekte gehen, um historische Entwicklungen, geheime Verflechtungen, geplante Krisen und Kriege, weithin gesteuerte historische Abläufe, wie sie die Welt auch im 20. und 21. Jahrhundert geformt haben. Dabei spielt auch die Philosophie von George Soros eine entscheidende Rolle, und Soros, der Bewunderer der bereits flüchtig angesprochenen Theorien von Karl Popper, hat es wohl sein Leben lang nicht aufgegeben, sich eben auch als Philosophen zu betrachten, der etwas bewirken kann. Nicht zuletzt hat er seinen Doktor 1954 an der *London School of Economics* auf diesem Gebiet gemacht.

Was seine Stationen in der Finanzwelt anbelangt, kommen dabei durchaus aufschlussreiche Fakten zum Vorschein, unter anderem auch, wie sich im Laufe der Zeit das spezifische personelle Umfeld gestaltete, welche Namen hier allmählich ins Spiel kommen und welchen Erwägungen und Methoden folgend Soros sein Imperium aufbaute. Kernfrage aber ist, was Soros mit seinem Geld und der damit verbundenen Macht anfängt, welche Projekte er ins Leben gerufen hat und wo er mit großen Summen als Philanthrop auftritt, um die Welt in seinem Sinne zu verändern. Wie sich zeigt, geht das, was er hier seit Jahren antreibt, uns alle existenziell an.

Wer vor allem daran interessiert ist, *wie* Soros vom »Tellerwäscher zum Milliardär« wurde, wer dessen Strategien verstehen und selbst gewinnbringend anwenden will, wird hier allerdings nicht gut bedient sein und sollte besser die Schriften des Börsengurus selbst zurate ziehen. In den folgenden Kapiteln sollen vielmehr zunehmend gesellschaftlich-politische, geostrategische Aspekte und die Frage nach dem künftigen Schicksal Europas und damit auch Deutschlands in den Vordergrund rücken, ohne zu detailliert darauf einzugehen, wie Soros sein riesiges Vermögen gemacht hat und wie man es ihm eventuell gleichtun könnte. Allerdings kann kaum ein Buch über Soros ohne einige Worte zu seiner herausragenden Erfolgsstory auskommen.

Während seiner Zeit bei *Wertheim & Co.* war Soros noch ein Stück weg von seiner ersten Million, von Milliarden gar keine Rede. Er beabsichtigte dort rund fünf Jahre zu bleiben, ausreichend Zeit, um 500 000 US-Dollar anzusparen und dann nach England zurückzukehren. Dort strebte er an, ein Philosophiestudium aufzunehmen.[3] Faktisch blieb er bis 1963 bei Wertheim tätig und befasste sich in dieser Zeit auch eingehend mit philosophischen Fragen. Er arbeitete sogar einen Essay aus mit dem Titel *The Burden of Consciousness (Die Last des Bewusstseins)*, den er in der Firma drucken ließ. Er sandte ein Exemplar an Popper, der positiv reagierte. Soros besuchte daraufhin seinen einstigen Hochschullehrer, rund zehn Jahre nach Ende des Studiums.

In dieser Zeit entwickelte der in den Staaten gestrandete Ungar seine Theorie der Reflexivität. Sie war, wie er sagt, das Produkt seiner eigenen Erfahrung und befasste sich, sehr pauschal gesagt, mit Wechselwirkungen zwischen Denken und Realität. Soros geht bei seinen Überlegungen davon aus, dass unser Weltverständnis nicht vollkommen sein kann, weil wir selbst Teil jener Welt sind, die wir zu begreifen suchen.[4] Er wollte damit auch aufzeigen, wie die individuellen Wahrheiten oder vorgefasste Meinungen einzelner Teilnehmer das Marktgeschehen beeinflussen und möglicherweise ökonomische Grundregeln ändern. Bei seinem Versuch, Denken und Realität in eine gegenseitige Wechselbeziehung zu stellen, gelangte er zu seinem Prinzip der Reflexivität, doch taten sich dabei etliche Schwierigkeiten auf – allein schon, weil es darum ging, etwas Neues zu einem alten Thema zu sagen, dann aber auch, weil er Probleme mit der Definition der Reflexivität hatte. Wenn er am nächsten Tag las, was er am Vortag geschrieben hatte, machte für ihn alles plötzlich keinen Sinn mehr.[5]

Wenn er auch seine Philosophie sehr ernst nahm, fragte er sich, ob andere dies ebenfalls tun würden. In einem mit »Autobiografie eines gescheiterten Philosophen« überschriebenen Buchkapitel zitiert er seinen Sohn Robert mit den Worten: »Mein Vater setzt sich hin und gibt Theorien von sich, um zu erklären, warum er dieses oder jenes tut. Aber ich weiß noch, wie ich das als Kind sah und dachte, lieber Gott, mindestens die Hälfte davon ist Quatsch.«[6] Doch um die Märkte so zu verstehen wie Soros, muss man auch die Welt zu einem guten Teil verstehen. Insbesondere, wenn man sie beeinflussen will.

Soros für seinen Teil stellte fest, dass seine Theorie auch helfen konnte zu erklären, warum die in Orwells *1984* beschriebenen Propagandatechniken im modernen Amerika so erfolgreich funktionieren konnten, wobei er sich vor allem auf die Politik des von ihm heftig bekämpften George Walker Bush nach dem 11. September 2001 bezog.[7]

Nun, während seiner philosophischen Erwägungen in den 1960er-Jahren war das alles natürlich noch kein Thema. Der »gescheiterte Philosoph« tüftelte zwischen 1963 und 1966 an einer Überarbeitung seiner Doktorarbeit und ging seinem Job beim neuen Arbeitgeber *Arnhold and S. Bleichroeder* eher desinteressiert nach, obwohl er es dort zum Vizepräsidenten geschafft hatte. Nachdem Soros damals zunehmend das Gefühl entwickelte, sich geistig im Kreise zu bewegen und somit nicht von der Stelle zu kommen, zog er einen Schlussstrich und wandte sich wieder mehr dem Geschäftsleben zu.

Die Gründung des Soros Fund Management

Arnhold and S. Bleichroeder konstituierte sich aus zwei ursprünglich deutschen Unternehmen. Da war einmal das 1864 gegründete private Bankhaus der Gebrüder Max und Georg Arnhold in Dresden. In den goldenen 20ern waren mehr als 500 Mitarbeiter für *Arnhold* tätig, damit durfte sich das Unternehmen zu den größten deutschen Privatbanken rechnen. Und hinzu kam 1931 das Berliner Bankhaus von Samuel Bleichröder, das schon seit 1803 bestand. Damit kommt erstmals auch der Name Rothschild ins Spiel. Denn Bleichröders Bank stand in engem Kontakt zum mächtigen Clan. Dies ging so weit, dass sie als Berliner Filiale der Rothschild-Bank diente. Im Vorfeld des Zweiten Weltkriegs wurde die Bank 1935 dann »arisiert«, um zwei Jahre später nach New York verlegt zu werden. Ab 1939 lautet der Firmenname dann *Arnhold and S. Bleichroeder.*

Soros arbeitete von 1963 bis 1973 für dieses Unternehmen und lernte dabei seinen späteren Geschäftspartner, den US-Hedgefondsmanager James Beeland Rogers, kurz Jim Rogers, kennen. Rogers war ein risikofreudiger Investor mit einem Hang zu selbstmörderisch anmutenden Aktionen, ob es nun darum ging, sich mit Aktien von Konzernen einzudecken, die kurz vor dem Untergang schienen, oder darum, als US-Amerikaner mitten in der bittersten Phase des Kalten Kriegs mit dem Motorrad quer durch die Sowjetunion und China zu biken.

Jim Rogers war der Erste im handverlesenen Team von Soros, wobei viele Namen wohl bis heute nicht genannt wurden. 1969 starteten die beiden mit vier Millionen US-Dollar. Soros war noch bei *Arnhold and S. Bleichroeder,* machte sich dann aber 1973 selbstständig mit der Gründung des *Soros Fund Management,* das er zusammen mit Rogers führte. Doch dessen Name taucht kaum auf, Soros ist das Glanzlicht. Insgesamt aber bleibt vieles im Dunkel. Die Rede ist davon, dass das *Soros Fund Management* als Beratergruppe für die *Quantum Group of Funds* auftrat, den berühmten *Quantum Fund* als Soros' erstem Hedgefonds. An sich aber handelte es sich um die gleiche Sache im anderen Gewand, denn angesprochen auf den Ursprung des *Quantum Fund* 1973, erklärt Soros selbst: »Ja, aber damals hieß er *Soros Fund.*«[8]

Nun wurden die Teilhaber nie öffentlich genannt, doch gelang die Gründung nur mithilfe sehr wohlhabender und Soros gegenüber ganz offenbar auch deutlich wohlwollend eingestellter Geldgeber. So hätten im Jahr 1969 auch die Rothschilds in den Fund gezahlt, zusammen mit anderen wohlhabenden europäischen Familien, wobei insgesamt sechs Millionen Dollar in den Soros-Topf geflossen seien.

Spätestens wenn man hört, wo der *Quantum Fund* seinen Sitz hat, beginnen die Alarmglocken zu läuten: Tatsächlich findet er sich ausgerechnet auf Curaçao auf den Niederländischen Antillen sowie ebenso ausgerechnet auf den Kaimaninseln (Cayman Islands). Diese karibischen Oasen zählen zu den berühmt-berüchtigten Offshore-Zentren für Leute, die sich auf Steuer- oder Justizflucht befinden. Diese Orte sind nahezu untrennbar verbunden mit Drogenhandel und Geldwäsche, Scheinfirmen, Stiftungen, Anonymität und »besonderen Serviceleistungen« auf dem Finanzsektor.

Noch 1994 fragte Krisztina Koenen in ihrem dann in Buchform publizierten Gespräch mit George Soros, warum er seinen Investmentfonds, ebenjenen berühmten *Quantum Fund,* nicht in den USA, sondern in der Karibik angesiedelt habe, und fügte hinzu: »Gibt es etwas, was Sie den US-Behörden, den Steuerbehörden vielleicht verheimlichen möchten?«, worauf Soros erwiderte: »1973, also in der Zeit, als *Quantum Investment Fund* gegründet wurde, gab es außerhalb des amerikanischen Gebiets verschiedene Vorteile, sowohl was die Steuern als auch was die gesetzlichen Bestimmungen betrifft. Der Fonds war ohnehin für nichtamerikanische Investoren gedacht, insofern entsprach der Ort dem Zweck besser. Die meisten Vorteile, die man damals durch den außeramerikanischen Standort hatte, sind inzwischen verschwunden, aber aus historischen Gründen blieben wir dabei.«[9] Das klang nach Liebe zur Tradition, aber nicht unbedingt sehr aufrichtig. Nun ließe sich einwenden, dass ein Großteil der Hedgefonds auf den Kaimaninseln, einem britischen Überseegebiet, angesiedelt ist – die britische *Financial Conduct Authority* berichtete in ihrer *Hedge Fund Survey* vom März 2014, dass dort faktisch 69 Prozent zu finden seien, nur zehn Prozent in den USA.[10]

In Deutschland wurden Hedgefonds erst ab 2004 »salonfähig«. Selbst die Kriminalpolizei, die zu internationaler Geldwäsche am Beispiels von Offshore-Zentren aufklären will, betont dabei aber gleichzeitig: »Es wäre jedoch nicht korrekt, die Offshore-Zentren als Untergrund- oder Schwarzmärkte zu sehen, da sie einen bedeutenden und wesentlichen Teil des legalen Finanzsystems darstellen. Täglich werden etwa drei Billionen US-Dollar an Transaktionen über diese Zentren geschleust, und seit 1945 ist ihre Zahl von 55 auf circa 175 gestiegen. Vielmehr bedeuten Geldgeschäfte mit einer vorteilhaften steuerlichen Struktur in den Offshore-Zentren allein weder etwas Illegales oder Verwerfliches, sondern bei Einhaltung der gesetzlichen Vorschriften lediglich eine im internationalen Vergleich kostengünstige und steuersparende Geldanlage, vergleichbar mit der Verlagerung von Produktionsstandorten in das kostengünstigere Ausland. Es ist deshalb deutlich zwischen seriösen und unseriösen Unternehmen und Instituten zu unterscheiden.«[11]

Fast möchte der unbedarfte Bürger fragen: Ist es wirklich schon so weit gekommen? Bieten die Offshore-Oasen eben nicht doch gerade den unseriösen oder zumindest doch fragwürdigen Unternehmen hervorragende Operationsbedingungen? Und überhaupt, hat die Welt der Spekulanten nicht vielfach höchst fragwürdige Regeln aufgestellt? Der Normalmensch wird sich damit kaum anfreunden können, dass dort ein extrem riskantes Spiel gespielt wird, dessen Ausgang Tausende ins Verderben reißen kann. Aktien zu verkaufen, bevor man sie hat, oder auf Gewinn durch sinkende Kurse zu spekulieren, mag für viele heute selbstverständlich klingen. Doch die Entwicklung dahin scheint gerade Unbeteiligten doch reichlich abnorm, vor allem angesichts der Folgen. Manche fragen sich auch, ob nicht vielfach der Druck mächtiger Kreise über die Legalisierung entscheidet.

Interessant ist ein ganz kurzer Blick auf die Entstehungsgeschichte der Hedgefonds, dieser Hochrisikoanlageform mit dem Potenzial ungewöhnlich hoher Rendite bei gleichzeitig sehr ausgeprägtem Verlustrisiko. Das Spiel begann im Jahr 1949, als der aus Australien stammende, höchst einfallsreiche Soziologe und Wirtschaftsjournalist Alfred Winslow Jones den ersten US-Hedgefonds ins Leben rief. Seine Ideen wurden allerdings erst 1966 durch einen Artikel im amerikanischen *Fortune*-Magazin allgemein bekannt. Dabei fiel schnell die sensationelle Wertentwicklung seines Fonds gegenüber den seinerzeit erfolgreichsten Strategien auf. Nicht umsonst wählte die Autorin Carol Loomis den Titel *The Jones Nobody Keeps Up With (Der Jones, mit dem niemand mithalten kann)*.[12]

Jones hatte bereits vorhandene Elemente hochwirksam verknüpft, um die neue, jedoch nach seiner eigenen Ansicht durchaus konservative Strategie zu entwickeln. In den drei Jahren nach Erscheinen des *Fortune*-Artikels wurden rund 130 Hedgefonds gegründet, bekanntlich auch der *Quantum Fund* von George Soros. Der heute gültige Prozentsatz der Hedgefonds auf den Kaimaninseln bot sicher für damals noch keinen Maßstab. Vielmehr sieht es danach aus, dass Soros zu jenen gehört, die einen großen Trend einläuteten, worauf es überhaupt erst zu dieser durchaus folgenreichen Entwicklung kam. Doch gewiss, das alles wäre natürlich auch ohne sein Zutun geschehen. Ähnliches zu betonen wird Soros nicht müde.

Insgesamt aber haftet dem ganzen Treiben letztlich doch ein unguter Ruch an.

Das Netz der Monopoly-Spieler

Soros schaffte es laut dem deutsch-amerikanischen Politologen und Publizisten F. William Engdahl, 99 »anspruchsvolle Investoren« zu finden, wie sie für einen derartigen Fonds auf dem US-Markt von Gesetzes wegen erforderlich sind. Und Engdahl bringt es auf den Punkt, wenn er zu jenen 99 Investoren feststellt: »Alle waren Nichtamerikaner. Dadurch war es den amerikanischen Steuerbehörden verwehrt, seine Bücher einzusehen – nicht gerade das, was man eine ›offene Gesellschaft‹ nennen würde.«[13] Ebenso wenig offen waren die geschäftlichen Beziehungen zu einem internationalen Kreis sehr wohlhabender Familien rund um das Haus Rothschild. Mit der Gründung des *Quantum Fund*, dem heutigen *Quantum Endowment Fund*, besteht eine jahrzehntelang währende Verbindung zu Rothschild. William Engdahl sieht darin nicht nur eine gewöhnliche oder zufällige Bankenverbindung, zudem ließe sich der enorme Erfolg von Soros auf den Hochrisikofinanzmärkten nicht einfach durch »Spielerglück« erklären, sondern weit mehr durch den Zugang zu entsprechend exklusiven Informationskanälen – sowohl innerhalb der Regierung als auch privat.

Im *Quantum Fund* tauchen einige schillernde Namen auf, wobei die Vernetzung in vielerlei Hinsicht wieder deutlich wird, vor allem auch mit dem Bankhaus *Rothschild.* Da war der estnische Baron Nils Otto von Taube, der als Berater und führender Investmentmanager bei Lord Jacob Rothschild in Erscheinung trat. Taube war es, der Soros in den 1970er-Jahren in den Goldmarkt einführte und später dazu beitrug, die *Soros Open Estonia Foundation* zu gründen, eine der zahllosen *Open Society Foundations,* von denen bald noch ausführlicher die Rede sein wird. Soros bat ihn in den Beraterstab des *Quantum Fund.* Dann war da der Engländer Richard Katz, der ebenfalls über Jahrzehnte hinweg aktiv im internationalen Banken- und Finanzwesen tätig war. Auch er arbeitete für Rothschild – in London für *N. M. Rothschild & Sons* in der Zeit zwischen 1977 und 1993, außerdem für *Rothschild Italia S.p.A.* in Mailand vom Gründungsdatum 1989 an bis 1992. Katz stieß 1986 zum exekutiven Komitee des *Quantum Fund* hinzu, um dort als Direktor zu fungieren. Im Herbst 2009 nimmt der Ex-Rothschild-Manager als »gut vernetzter Banker Einsitz im Verwaltungsrat der Genfer *Union Bancaire Privée*«.[14] Ein Blick in die Informationen zum Verwaltungsrat der UBP informiert: »Richard Katz, Direktor *Quantum Endowment Fund, LHC Investments, Asian Capital Holdings Fund.*«[15] Im Jahr 1994 fühlte sich Katz veranlasst, einen offenen Brief an das britische Blatt *The Independent* zu senden, das wiederholt über Soros und den *Quantum Fund* berichtet hatte. Katz kritisierte die Darstellung zu den Geschäftspraktiken; das Schreiben wirkt nach einer Rechtfertigung, wobei Katz mit den Worten schließt: »Wir werden nicht weiter auf ihre voreingenommene Berichterstattung antworten«.[16] Auch die Verknüpfung zwischen UBP und *Quantum* erweist sich als ziemlich ausgeprägt. Der Bankengründer und Präsident des UBP-Verwaltungsrats, Edgar de Picciotto, selbst Milliardär, befindet sich in einem *Quantum*-Gremium und ist natürlich enger Vertrauter von Soros. Beide sind übrigens beinahe gleich alt: De Picciotto wurde 1929 in Beirut geboren, seine Familie floh dann in den 1950er-Jahren wegen des antijüdischen Klimas in die Schweiz.

In einem Beitrag für *In$ide Paradeplatz* zu Finanznews aus Zürich schreibt Autor Lukas Hässig im Frühjahr 2015: »De Picciotto hat seinen sagenhaften Reichtum und die damit verknüpfte Macht in seinen 85 Lebensjahren ganz allein geschaffen. Heute ist er einer der einflussreichsten Finanzleute des Planeten.«[17] Diese Aussage scheint beinahe schon vertraut. Jedenfalls kommt hier mit den »richtigen« Personen ein unvorstellbares Potenzial zusammen. Und auch bei UBP findet sich der bereits angesprochene Nepotismus wieder – wenngleich mit noch direkterer Verwandtschaft. So finden sich als Mitglieder des UBP-Verwaltungsrats auch Sohn Daniel sowie Tochter Anne Rotman de Picciotto.

Weitere bedeutende Monopoly-Spieler sind Alberto Foglia von der Luganer *Banca del Ceresio,* die seit ihren Anfängen in engem Bezug zu Soros steht, sowie Beat Notz von der *Notz Stucki Asset Managers,* Genf. In seinem Beitrag stellt Hässig klar fest: »Damit sitzen vier Figuren mit einem Netzwerk rund um de Picciotto in der *Quantum* von George Soros. Das schafft privilegiertes Wissen, das de Picciotto für sich und seine Genfer Privatbank nutzen kann. Die Geschichte des Bankers jüdischen Glaubens aus dem Libanon zeichnet das Bild eines großen Mannes, der an den Strippen der Finanzwelt zieht. Das ist nichts für Gemüter, die lieber auf dem Ponyhof sind. Rund um Picciotto und seine UBP gingen immer wieder kleinere und größere Bomben hoch.«[18]

So schlugen am 27. November 1994 Bundesagenten der Vereinigten Staaten zu und verhafteten mit Jean-Jacques Handali einen hochrangigen Repräsentanten der UBP, zusammen mit Gary Kaminsky, damals *Dollar Time, Inc.*, der 2013 dann zum Vizevorsitzenden bei *Morgan Stanley* ernannt wurde. Kaminsky war seinerzeit Finanzchef jener Einzelhandelskette und befand sich seit 1993 im Visier der Ermittler. Der Verdacht lautete auf Geldwäsche aus dem Drogenhandel. In einer verdeckten Operation schleusten die Beamten einen Informanten ins Netzwerk ein. Er bot dem Ring drei Millionen US-Dollar zur Geldwäsche an. Hauptziel der Ermittlungen war aber die »Schweizer Connection«, nicht Kaminsky. Und so kam dann der Franzose Handali ins Spiel, der in einflussreicher Position bei UPB tätig war. Die Bank distanzierte sich und erklärte, nichts von den Vorgängen gewusst zu haben. Handali habe seine kriminellen Handlungen als Einzelperson begangen. Doch wie berichtet wird, waren zwei weitere Manager der Bank involviert – Jeckile E. Valero und Karl Michael Ley. Sie schleusten

Drogengelder im Wert von mehreren Millionen durch und nutzten dabei Kanäle der Bank.[19] So wurden dann schließlich 15 Millionen US-Dollar auf einem UBP-Konto gesperrt. Verdacht: Geldwäsche. Der Fall Handali findet sich parodiert im US-Spielfilm *Wolf of Wall Street*. Doch die im Zuge jener kriminellen Aktionen bewegten Summen erscheinen als »Peanuts« im Verhältnis zu den von UBP verwalteten 130 Milliarden. Und Picciotto wurde von den diversen Skandalen um seine Bank nicht aus der Bahn geworfen.

Nach dem Madoff-Skandal, der 2008 bekannt wurde und von nie da gewesenem Ausmaß war, gerieten die Kinder und Neffen von Picciotto finanziell arg in Bedrängnis, weshalb der damals schon 80-jährige »Doyen der Genfer Bankenszene« wieder ins aktive Geschäftsleben zurückkehrte und zu retten versuchte, was noch zu retten war. Die Bank hatte sich mit rund 700 Millionen Dollar an Fonds des Ex-NASDAQ-Vorsitzenden Bernhard L. Madoff beteiligt, der seine Investoren über mindestens zwei Jahrzehnte hinweg im allergrößten Stil nach einem betrügerischen Ponzi-Schema um Milliarden geprellt hatte. Die UBP gilt zwar als ein exponiertes Opfer unter vielen, doch Picciotto versuchte sich in Schadensbegrenzung, indem er den Kunden eine 50-prozentige Verlusterstattung zusicherte, sofern sie der Bank in den kommenden fünf Jahren treu blieben. Die Bank war durch ihre frühe Involvierung in Hedgefonds mit Madoff in Kontakt gekommen, doch habe UBP ihm gegenüber zu keiner Zeit einen Verdacht hinsichtlich krimineller Aktivitäten entwickelt. Zwei Jahre nach der Verhaftung seines Vaters erhängte sich Madoffs 46-jähriger Sohn Mark an einer schwarzen Hundeleine. Die Motivation für den Selbstmord wird allgemein mit dem enormen Skandal um seinen Vater in Verbindung gebracht. So stürzen die »Herren über Macht und Geld« nicht nur wiederholt zahllose Menschen weltweit ins Verderben, sondern zuweilen auch sich selbst und nahestehende Angehörige.

Gar nicht so selten bleiben die Umstände im Dunkel. So auch im Fall des Edmond Jacob Safra, eines langjährigen Freundes von Picciotto. Der ebenfalls aus dem Libanon stammende Bankier und Milliardär Safra, der 1966 die *Republik National Bank of New York* gegründet und bald zu größtem Erfolg geführt hatte, starb 1999 unter mysteriösen Umständen bei einem Brand in einem Penthouse, das er in Monaco besaß. Die Bank des als Philanthrop bekannten und mit Auszeichnungen überhäuften Safra wurde bei US-Ermittlungen als eine Umschlagzentrale für Milliardenbeträge erkannt. Die Gelder flossen demnach von New York nach Moskau, direkt ins organisierte Verbrechen. Interessanterweise verschmolz in Genf die schon 1956 von Safra gegründete *Trade Development Bank* (TDB) dann 1990 mit der Ende 1969 von Picciotto ins Leben gerufenen *Compagnie de Banque et d'Investissements* (CBI) zur CBI-TDB *Union Bancaire Privée*!

Auch Heuschrecken müssen sterben

Die Jagd nach dem ganz großen Geld, sie verdirbt zuweilen den Charakter, wenn er nicht ohnehin schon verdorben ist. Doch wer das »Geld-Gen« hat, der dürfte schnell zum Süchtigen werden, und nicht umsonst titelte die *Handelszeitung* vom 25. August 2011 ihre Geschichte zu Picciotto und seinen riskanten UBP-Rettungsvorstößen: »Der alte Mann und das Mehr.«[20]

Zu den langjährigen Partnern von George Soros zählte auch der 1997 verstorbene französisch-britische Milliardär James Goldsmith, ein Rothschild-Cousin. »Heuschrecke« Goldsmith war ein Spekulant, der sich an etlichen Soros-Transaktionen beteiligte. Das Geldvirus packte ihn bereits sehr früh, im Alter von 16 Jahren, als er bei einer Pferdewette aus zehn Pfund rund 8000 Pfund machen konnte – was heute einem Einsatz von etwa 320 Pfund bei einem Gewinn von 256 000 Pfund entspricht. Darauf ließ er das *Eton College* hinter sich, ohne dort einen Abschluss zu erzielen, führte ein unstetes Leben als Spieler und Playboy, um später auch mit fragwürdigen Medizinprodukten Geld zu machen. In den *1980er-Jahren* unternahm Goldsmith den Versuch einer feindlichen Übernahme des Unternehmens *Goodyear* und verdiente dabei 90 Millionen US-Dollar. Journalisten, die kritisch über ihn berichteten, griff er auch juristisch massiv an, wobei solche Attacken letztlich nur auf einen wenig vorteilhaften Charakter seinerseits hindeuteten – so auch im Fall seiner Äußerungen über die britische Journalistin Barbara Conway, die er als Antisemitin bezeichnete. Dieser Schuss ging allerdings deutlich nach hinten los, denn Conway war selbst Jüdin. So kann es manchmal gehen.

Goldsmith habe der Journalistin prophezeit, sie werde »an ihrer eigenen Kotze ersticken«.[21] Hatte (Sir) James Goldsmith solcherlei verbale und juristische Angriffe wirklich nötig? Nun, er sollte zumindest seine Genugtuung erfahren, auch was Barbara Conway anbelangte. Sie starb im Jahr 1991 an einer Krebserkrankung. Goldsmith selbst hatte noch sechs Jahre zu leben, dann erlag er gleichfalls den Folgen eines Krebsleidens.

Auch die Reichsten und Mächtigsten sind sterblich. Manche unter ihnen scheinen das zu vergessen.

Dass im großen Spiel fast ständig die Fetzen fliegen und Scherben klirren, während vor allem die Kasse dabei klingeln soll, ist wahrlich keine neue Einsicht. Und dass jeder, der in der Lage ist, in diesem monetären Krieg zu bestehen, ein äußerst dickes Fell sein Eigen nennen dürfte, steht ebenfalls kaum zu bezweifeln.

Im Vorstand des *Quantum Fund* finden sich zahlreiche exponierte Beispiele, die beredt Zeugnis davon ablegen, wes Geistes Kind Soros und sein personelles Umfeld wohl sein dürften. Anders kann das System nicht funktionieren. Umso bemerkenswerter, wie häufig sich diese monetären Giganten als Mäzene und Philanthropen engagieren – oder wenigstens präsentieren. Doch der (Geld-)Schein trügt dabei leider immer wieder.

Schiefgegangen, mehr verdient!

Wie ging es nun aber mit George Soros und seiner Erfolgsgeschichte weiter? In seinen Anfangstagen in den Staaten hatte sich Soros vorgenommen, innerhalb von fünf Jahren 500 000 US-Dollar zu verdienen, nach England zurückzukehren und sich dort der Philosophie zu widmen. In seinem Gespräch mit Gregor Peter Schmitz erklärte Soros: »Das war sozusagen mein persönlicher Fünfjahresplan«, und musste dazu eingestehen: »Nur leider ging er schief. Ich verdiente mehr Geld in den ersten fünf Jahren als erwartet.« Das klang wirklich nach einem misslungenen Plan, weshalb Schmitz einwirft: »Wie unangenehm …«[22] Doch Soros bleibt dabei, dass der Plan schiefging. Zumindest was England und die Philosophie betraf, stimmte das auch. Wie dem auch sei, der Grundstein für eine steile Karriere à la Matterhorn, Nordwand, war gelegt.

Die Etablierung des *Quantum Fund* in der Karibik zeigt, dass Soros kein größeres Interesse daran he(d)gte, seine geschäftlichen Unternehmungen transparent zu gestalten. Die US-Finanzaufsicht hatte demnach keinen Zugriff. Wie gesagt, stammten seine Anleger allesamt aus Europa, zudem handelte es sich um einen wirklich ausgewählten Kreis. In diesem Zirkel verblieben dann auch die enormen Gewinne.

Wie durch eine Äußerung von Soros selbst bekannt wurde, habe zu diesem Kreis auch Königin Elizabeth II. von England gezählt, die nebenbei bemerkt noch Staatsoberhaupt von 14 weiteren Königreichen ist – darunter Australien und Kanada – und ebenjenen Offshore-Finanzzentren, wie die Kaimaninseln, die als britische Überseegebiete direkt der Krone unterstehen.

So kann man die folgende Feststellung von FAZ-Autor Thomas Schmitt dann durchaus wörtlich nehmen: »Soros hat Hedgefonds hoffähig gemacht. Diese Fonds mit dem nichtssagenden Namen stehen heute für hohe Renditen, auch wenn kaum jemand genau weiß, wie sie das machen.«[23] Laut eigener Aussage verwaltete der Fund um das Jahr 1980 bereits an die 100 Millionen Dollar. Zu dieser Zeit sei Soros die Arbeit über den Kopf gewachsen; er und Jim Rogers hätten die Aufgaben einfach nicht mehr alleine bewältigen können. Rogers habe zwar in alter Manier weitermachen wollen, doch Soros hielt nach geeigneten neuen Mitarbeitern Ausschau.

Sein Kompagnon sei allerdings mit keinem der nun an Bord gekommenen Leute einverstanden gewesen, was zur Aufteilung der Gesellschaft geführt habe. Am Ende sei Soros dann zusammen mit ein bis zwei Assistenten alleine für das Unternehmen verantwortlich gewesen, gleichsam als Kapitän und auch als Schiffsbesatzung. Die Profite stiegen in jener Zeit zwar enorm – in zwei Jahren sei es sogar zu einer Verdoppelung des Kapitals gekommen, überhaupt habe es noch nie einen Investmentfonds gegeben, der ähnlich gute Ergebnisse geliefert hätte –, doch für George Soros selbst war, wie er sagt, der Zeitpunkt gekommen, zwischen dem Fund und sich selbst zu entscheiden, weil der Arbeitsdruck unerträglich geworden sei. So habe Soros dann zu seinen Gunsten entschieden und in der Folge 1981 als einziges Verlustjahr eingefahren. Ein Drittel der Anteilseigner zog daraufhin ihr Geld zurück; die Anteile verloren ein Fünftel des vorherigen Werts, und der Fund war insgesamt nur noch die Hälfte wert. Soros zog sich aus dem aktiven Management zurück und setzte neue Manager ein, mit mäßigem Resultat, sodass die Jahre 1983 bis 1984 für ihn nicht sehr erfreulich verliefen. Da es nun auch ans Eingemachte, sprich: ans eigene Geld, ging, entschloss sich Soros erneut, aktiver zu werden und dabei seine philosophischen Ideen einfließen zu lassen. Davon bald ein wenig mehr.

Zwischen 1982 und 1990 hatte er den Hedgefondsmanager Victor Niederhoffer an seiner Seite, ab 1988 bis 2000 arbeitete für ihn dann der 3,1 Milliarden Dollar »schwere« Stanley Freeman Druckenmiller, seines Zeichens natürlich ebenfalls Hedgefondsmanager – ein Mann, der übrigens gleichfalls als die wohltätigste Persönlichkeit Amerikas oder gar der Welt bezeichnet wurde und 705 Millionen US-Dollar in verschiedene Stiftungen investierte.[24] Von Hintergründen wie auch Abgründen einiger vorgeblich philanthropischer Aktivitäten, wie sie bei Milliardären zum guten Ton gehören, soll später noch die Rede sein.

Eine »Pfunds-Wette«

1988 jonglierte Soros mit Aktienpaketen der französischen Großbank *Societè Génèrale,* wobei Ankauf und Verkauf dieses Spekulationsgeschäfts für einen Gewinn von 2,2 Millionen US-Dollar sorgten. Das war nun keine sonderlich aufregende Summe, sorgte auch kaum für Aufmerksamkeit, aber Jahre später sollte die Geschichte dennoch wieder auf den Tisch kommen, als ein französisches Gericht Soros wegen Insiderhandels verurteilte. Er habe über vertrauliche Informationen verfügt und sie für seine Transaktion genutzt, die demnach so spekulativ nicht gewesen sein dürfte. Soros legte Beschwerde ein, die allerdings vom Europäischen Gerichtshof für Menschenrechte im Jahr 2011 abgewehrt wurde, der die Entscheidung des französischen Gerichts stützte.[25] Damit zeigte der Gerichtshof Rückgrat und ließ sich nicht von dem milliardenschweren Spekulanten beeindrucken. Das Beispiel zeigt allerdings, dass Soros offenbar kaum Skrupel besaß, entsprechende Informationen für sich zu nutzen, und dass sein Geschäftsgebaren offenbar nicht immer so sauber war, wie er und seine Befürworter dies gerne darstellen. Natürlich drängt sich in solchen Fällen beinahe automatisch die Frage auf, ob hier vielleicht nur die Spitze des Eisbergs zum Vorschein kam.

Was Druckenmillers Wirken bei Soros betraf, war es wohl nicht ganz leicht, neben dem »Gottvater« zu bestehen, doch lobte der seinen neuen Mitstreiter bald in höchsten Tönen und übergab ihm schließlich auch die Geschäftsleitung.

Soros bezeichnete die Leistungen von Druckenmiller als fantastisch. Nach außen präsentierte Soros das Unternehmen, er suchte die Öffentlichkeit, die Druckenmiller scheute. Doch fühlte er sich durch Soros ständig beobachtet und eingeengt, sodass er sich nicht mehr imstande sah zu arbeiten – worüber er sich in einem heftigen Streit am Telefon auch Luft machte. Beinahe wäre es zum Bruch gekommen, doch Soros erkannte durchaus, jetzt selbst etwas ändern zu müssen, und lockerte die Zügel daraufhin sehr deutlich. Druckenmiller kümmerte sich nun eigenverantwortlich um den Löwenanteil des Fonds. Entgegen der öffentlichen Wahrnehmung schreiben Fachleute den großen Erfolg des Fonds daher oft eher Druckenmiller als Soros zu, der den weithin bestehenden Trugschluss nur nicht korrigiert habe, weil ihm das Rampenlicht und sein Nimbus gefielen.

Druckenmiller betonte seinerseits allerdings, wie wesentlich die knappen Kommentare von Soros stets gewesen seien. Sie hätten letztlich zu einer Gewinnverdopplung geführt.[26] Soros spielte daher auch eine entscheidende Rolle beim »Black Wednesday«, dem 16. September 1992.

Damals ging es um eine Abwertung des britischen Pfund – gezielt initiiert durch eine Wette über *Quantum,* eine vielschichtige Wette gegen das nach Ansicht von Soros deutlich überbewertete Pfund und auf das Ausscheiden aus dem Europäischen Währungssystem (EWS) im Vorfeld des Euro. Es war eine der heftigsten spekulativen Attacken seit Jahrzehnten. Soros tätigte im großen Stil Leerverkäufe. Er hatte im Laufe einiger Monate zehn Milliarden Dollar geliehen, um damit gegen das Pfund zu operieren. Druckenmiller kaufte D-Mark und verkaufte Pfund. Die britische Notenbank hob den Leitzins zur Gegenregulierung von zehn auf zwölf Prozent an, um das Pfund gegen Inflation zu stabilisieren. In Großbritannien wirkte sich das aber auch auf die Hypotheken aus – Familien würden dies schmerzlich zu spüren bekommen. Und die ohnehin bestehende Rezession würde sich noch verstärken.

Zudem kündigte die Bank eine baldige weitere Zinserhöhung an. Soros und die Spekulanten in seinem Umfeld blieben hart und erhöhten ihrerseits den Druck. Am Ende behielt Soros Oberwasser. Der britische Schatzkanzler teilte schließlich mit, Großbritannien werde aus dem EWS austreten und das ursprüngliche Zinsniveau wiederhergestellt.

Damals fiel das Pfund gegenüber der guten alten D-Mark innerhalb weniger Wochen um 15 Prozent, gegenüber dem US-Dollar sogar um 25 Prozent. So konnte Soros rund eine Milliarde Dollar an Gewinn einstreichen. Und so wurde 1992 (wieder) ein sehr erfolgreiches Soros-Jahr, der Spekulant gleichsam zum Weltstar, eben zum »Mann, der die Bank von England knackte«.

Ungleichgewichte

Und wenn die Wette hochkarätig in die Hose gegangen wäre? Dann hätten die geliehenen zehn Milliarden natürlich ebenfalls zurückgezahlt werden müssen, von Soros höchstpersönlich. Für ihn jedoch kein Problem. Es habe sich um eine asymmetrische Wette gehandelt, somit war viel zu gewinnen und wenig zu verlieren. Wohl die Idealsituation. Soros hätte nur die Leihkosten plus zwei Prozent bezahlen müssen, sofern das britische Pfund nicht aus dem EWS ausgeschieden wäre. Denn höchstens um diese zwei Prozent hätte es aufgewertet werden können. Zu den zehn Milliarden Dollar wären demnach 200 Millionen Dollar zu zahlen gewesen, also weiter nicht der Rede wert. Zwei Jahre später verlor Soros bei seiner Wette auf den Wechselkurs zwischen japanischen Yen und US-Dollar an einem Tag 600 Millionen Dollar – dabei sprach er einfach von »Fluktuationen«, die es auch früher gegeben habe. Doch habe seine Firma jedes Jahr immer mit Gewinnen abgeschlossen mit nur einer Ausnahme. Er sei sich aber dessen bewusst, dass Spekulanten nicht immer gewinnen.

Diese Überzeugung resultiert natürlich nicht zuletzt aus der Philosophie Karl Poppers, niemals über die vollständige Wahrheit und das vollständige Wissen verfügen zu können, daher auch gleichsam zur Möglichkeit des Irrens verurteilt zu sein. Eine absolute Gewissheit gebe es nicht. So wie das einzig Beständige die Veränderlichkeit ist, genau so wird allein die Irrbarkeit zur gesicherten Tatsache. Man kann zwar durchaus die Wahrheit erfassen, sich dessen aber nie wirklich bewusst sein, sollte denn der Fall eintreten. Somit lässt sich die Möglichkeit des Irrtums per se nie grundsätzlich ausschließen – eine erkenntnistheoretische Richtung, die als Fallibilismus bekannt ist. Für Soros habe diese Einsicht auch die Bereitschaft bedeutet, einmal gefällte Urteile jederzeit und wiederholt zu revidieren. Er betrachtet sich damit als selbstkritischer, aber auch als flexibler und anpassungsfähiger im Vergleich zu vielen anderen. Und darin sieht er auch seine Faszination für die Problematik des Überlebens, die er auf seine persönlichen Erfahrungen aus dem Zweiten Weltkrieg zurückführt. Er probiere gerne aus, die letzten Grenzen auszuloten, ohne das eigene Leben zu riskieren.[27]

Soros erklärt, sich vor allem für Ungleichgewichtszustände begeistert zu haben, in denen dann ganz eigene Regeln gelten – auch hier findet er Anklänge an die politischen Wirren seiner Jugendzeit.

Man könne zwar die Gesetzmäßigkeiten der Naturwissenschaften nicht auf die Ökonomie übertragen, ein allerdings von Wirtschaftswissenschaftlern durchaus begangener Fehler, doch habe er einige Zusammenhänge beobachtet, die gewisse Vorhersagen erlaubten. In seiner Theorie sei er durch die Revolution in Osteuropa weitergekommen, jenen großen Umbruch zum Übergang in die 1990er-Jahre.

Seine Beobachtung: Sofern die wirtschaftlichen und gesellschaftlichen Verhältnisse einem Gleichgewicht nahe sind, liegen auch Wirklichkeit und Denken der Menschen nicht zu weit auseinander. Doch dort, wo die Abweichung über die normalen Grenzen hinausgeht, in Zeiten der politischen Unruhe, gehen das Verständnis der aktuellen Lage und die faktische Situation weit auseinander. Dann aber verlaufen die Dinge ganz anders, wobei zwei Gleichgewichtszustände zu unterscheiden wären. So gebe es das starre Ungleichgewicht, nämlich dort, wo totalitäre Regime ein ideologisches Scheinbild der Wirklichkeit schaffen, das sich mit der Realität nicht deckt. Oder aber ein Ungleichgewicht, das aus einer exzessiven Veränderung resultiert, sodass der Mensch geistig der Entwicklung nicht mehr folgen kann. Genau wie auch im Falle des Umbruchs in der ehemaligen Sowjetunion. Auf den Finanzmärkten ließen sich diese außergewöhnlichen Umwälzungen an den Boom/Bust-Sequenzen beobachten, die nur unter bestimmten Bedingungen entstehen. Sobald dieser Fall eintritt, »tickt« die Welt anders, sie funktioniert nach einem anderen Muster, so Soros.

Nachdem ihm das alles bewusst geworden sei, habe er auch festgestellt, sich am liebsten mit genau diesen aus der Balance geratenen Situationen zu befassen, auf sie habe er sich regelrecht spezialisiert, er habe sie früher bereits in Gestalt des Naziregimes und des Kommunismus kennengelernt. So wurde Soros gleichsam zum »Strategen des Ungleichgewichts« und bekennt: »Ich habe viel Geld auf Märkten verdient, die aus den Fugen geraten waren.«[28] Sobald er einen solchen Zustand finde, ergehe es ihm ähnlich wie einem Hund angesichts eines Knochens – ihm laufe das Wasser im Mund zusammen.[29]

Wer das vernimmt, der mag sich wieder an den Dämon der Vernichtung und dessen Triumph erinnert fühlen. In jenen wenigen Äußerungen deuten sich bereits genügend Warnsignale an, denn offenbar ist Soros ein Mann, der aus Krisen und Kriegen seinen persönlichen Nutzen zu ziehen vermag, eine Lektion auf dem Weg zum Erfolg, die er schon früh gelernt hat.

So hat der viel gerühmte, aber auch viel gehasste »Starinvestor« sich nicht allein maßgeblich am Angriff auf das britische Pfund beteiligt, der zudem Wasser auf US-amerikanische Mühlen war, um daraufhin eine wesentliche britische Komponente gegen das Dollarmonopol außerhalb des Eurospiels zu wissen. Soros führte noch eine ganze Reihe anderer Schlachten nach dieser Strategie, die er nicht immer, aber doch oft gewann. Aus vielen Darstellungen geht hervor, wie er sein nicht unerhebliches Gewicht in die Waagschale warf, um die Asienkrise auszulösen. Erst brachte er die aufstrebenden Märkte der unabhängigen Staaten zu Fall, kaufte dann Aktien und staatliches Eigentum zu Spottpreisen auf und strich damit sagenhafte Gewinne ein.[30]

Zahllose Menschen wurden Opfer solch gewaltiger Spekulationen, Märkte gerieten aus dem Gleichgewicht, mit teils weltweiten Folgen. Nicht zuletzt die teuflisch-genial erscheinende Pfundwette belegt, wohin die Operationen eines Einzelnen führen können. An sich zunächst unvorstellbar, doch für die großen Spieler natürlich eine Selbstverständlichkeit.

Oft wurde George Soros gefragt, ob er nicht ein schlechtes Gewissen habe. Doch für ihn gibt es da keine zwei Meinungen, nur die eine. Die seine. Und die lautet: Warum? Was auch sollte man ihm denn faktisch vorwerfen? Seine stereotyp gleichlautende Auskunft besteht darin, er habe sich immer an die allgemeinen Gesetze und Regeln gehalten – was ihm wohl, wie man hier sarkastisch anmerken darf, auch das Verfahren wegen Insiderhandels einbrachte. Und er erklärte, mit seinen erfolgreichen Spekulationen nur eine einzige Tatsache bewiesen zu haben. Nämlich ganz einfach, dass Fehler oder Schwächen innerhalb des bestehenden Systems anzutreffen seien. Diese Unzulänglichkeiten böten eben auch den Spekulanten entsprechende Gelegenheiten. Wer eine Chance erkennt, der nutzt sie eben, so ist das nun einmal überall!

Außerdem werden bei derlei Transaktionen die Schwächen klar aufgezeigt, wenn auch vor allem wieder völlig Unbeteiligte und somit Unschuldige büßen müssen. Doch davon ist weniger die Rede. Insgesamt präsentiert Soros das Treiben der Spekulanten eher wie eine Art »Stiftung Warentest«, durch die Systemfehler schonungslos aufgedeckt werden, um letztlich sehr sinnvolle Korrekturen anzubringen und das aktuelle System somit zu verbessern, wovon jeder etwas habe. Eine schrittweise Evolution, ein an die Grenzen geführter Überlebenskampf mit den besten Chancen für den am besten angepassten Teilnehmer – mit einem Wort: Sozialdarwinismus. Der Stärkere gewinnt. Es geht nicht um Rücksichtnahme, doch wo findet sich die schon in der Natur? Und so unnatürlich der Mensch in seiner künstlichen Umwelt geworden ist, so natürlich ist er in einem geblieben. In seiner Rücksichtslosigkeit, wenn es um den persönlichen Vorteil geht. Wieder eine zu einseitige Sicht der Dinge? Für Soros gewiss. Seine Position hat er vielfach klargemacht. Und er fragt, wer denn qualifizierter sein könne, das System zu kritisieren, als jene, die innerhalb dieses Systems auch Erfolg hatten. Das mag stimmen, und sein Milliardenvermögen ist – Popper hin oder her – ein sicheres Indiz dafür, dass er recht hat. Oder etwa doch nicht? Daniel Eckert schrieb 2013 in der *Welt*: »Geheimhin als ›Investorenlegende‹ bezeichnet, verdankt der Amerikaner seinen globalen Ruf einer Serie waghalsiger Spekulationen, die glücklich ausgingen und ihn zum fünfundzwanzigstreichsten Menschen des Planeten machten. Auf 23 Milliarden Dollar beläuft sich sein Vermögen. Doch anders als beim anderen ›Gesicht‹ des Kapitalismus, Warren Buffett [...], basiert Soros' Wohlstand nicht auf dem Auf- und Umbau von Firmen, sondern auf virtuoser Finanzakrobatik.«[31]

Dass Eckert nicht gerade mit Soros sympathisiert und dafür auch Gründe nennt, wird schnell klar, womit er ohnehin eher eine Ausnahme für die Mainstream-Presse darstellt, die dem »Starinvestor« und »Philanthropen« zumeist huldigt, selbst wenn ein paar kritische Anmerkungen hier und dort zur Glaubwürdigkeit beitragen sollen. Bei Eckert überwiegt jedenfalls die Ablehnung. Doch andererseits nur die glückliche Fügung für die Erfolge von Soros verantwortlich zu machen, das dürfte wohl nicht ganz genügen.

Sein und Schein

Soros hat nicht nur spekuliert, er hat auch die Risiken kalkuliert. Und selbst wenn er nach eigener Aussage mit Mathematik nicht viel anfangen kann, kannte er die Mechanismen besser als die meisten anderen. Und er hatte die richtigen Leute um sich. Jedenfalls kann man auf diesem Sektor sicherlich nicht über Jahre und Jahrzehnte fast ausschließlich Erfolg durch blankes Glück haben.

Soros verfügte über sämtliche Voraussetzungen, um eine entsprechende Karriere hinzulegen, das hat er wirklich unter Beweis gestellt – er ist gebildet und gerissen, intelligent und bestens informiert, zeigt sich konsequent und risikobereit. Er wirkt kalt, machtvoll und manipulativ, skrupellos und selbstsüchtig, nur wohl kaum allzu charismatisch

Abb. 4: George Soros mit seiner dritten Frau Tamiko Bolton, die er 2013 heiratete

und charaktervoll. Zu etlichen seiner wahren Eigenschaften divergieren die Meinungen. Aber trotz alledem darf ein zusätzlicher Aspekt seines Lebens wohl nicht vergessen werden: Er hatte sehr einflussreiche Förderer, davon war ja bereits die Rede.

Soros hat mit seiner sehr speziellen Art von Systemkritik unermessliche Reichtümer angehäuft, verbunden mit enormer Macht und enormem Einfluss. Der »Mann mit den tausend Gesichtern« betont, einen beachtlichen Teil seines Geldes und seiner Zeit darauf verwandt zu haben, bessere Regeln für die Weltfinanzmärkte zu unterbreiten, und zwar solche Änderungen, die auch für ihn selbst Nachteile gebracht hätten – zum Beispiel das Verbot hochgefährlicher Finanzinstrumente wie der *Credit Default Swaps,* die er »für tickende Zeitbomben« halte. Er nennt die Profitmargen der Spekulanten »exzessiv«. Außerdem weist er auf andere Hedgefondsmanager hin, die Millionen Dollar an Lobbyisten zahlen, um die Einführung höherer Steuern auf die Kapitalerlöse zu verhindern – während er selbst genau dafür kämpfe.[32] Damit würde also wieder viel Geld in die Gemeinschaft zurückfließen, und jeder hätte am Ende etwas von solchen gigantischen Spekulationsgeschäften. An sich ein feiner Zug, nur kaum sehr glaubhaft bei einem Menschen, dessen gesamtes Leben ein einziger Geldrausch war.

Und noch einmal nein, die von ihm für wohltätige Zwecke eingesetzten Milliardenbeträge dienten keineswegs zur Beruhigung eines schlechten Gewissens.[33]

Damit dürfte Soros höchstwahrscheinlich die Wahrheit aussprechen. Denn Gewissensbisse zu seinen Spekulationen, durch die zahlreiche Menschen ins Aus getrieben wurden, dürften ihn nie geplagt haben. Außerdem sei er »mit einem extrem schlechten Gedächtnis geschlagen«[34], sodass er sich an die genauen Abläufe seiner legendären Wette gegen das britische Pfund nicht mehr erinnern könne.

Manchmal kann ein schlechtes Gedächtnis auch sehr vorteilhaft sein, vor allem, wenn man es gezielt abrufen kann. Was Großbritannien angeht, so zeigte Soros sich überzeugt, die durch ihn zumindest wesentlich verursachte Abwertung des Pfundes habe noch einen positiven Effekt gehabt, da das Land anschließend aus der Rezession in eine Wachstumsphase übergegangen sei. Allerdings gesteht er auch ein, damals nicht daran interessiert gewesen zu sein, das System zu verbessern, sondern schlichtweg auf die Abwertung spekuliert und dabei eben viel Geld verdient zu haben. Sehr viel Geld sogar.

Jedenfalls ist durchaus bemerkenswert, wie Sein und Schein bei Soros oft auseinanderklaffen. Reiche sollten mehr Steuern zahlen, so forderte er wiederholt. Dies aus dem Munde eines Superreichen zu hören, klingt nach einem Mann mit einem ausgeprägten Sinn für ausgleichende Gerechtigkeit und Verantwortungsgefühl.

In einem CNN-Interview wurde er gefragt: »Sie unterstützen Präsident Obamas Vorschlag, die Steuer für die Reichen zu erhöhen?«, und er antwortete darauf klipp und klar: »Ja, sogar sehr … Die Superblase führte tatsächlich zu der Schaffung eines starken Wachstums der Ungleichheit, und nun haben wir die Nachwirkung mit langsamem Wachstum, aber wenn sie eine bessere Einkommensverteilung haben könnten, stünde der durchschnittliche Amerikaner besser da.«[35]

Umso peinlicher dann die Enthüllung im April 2015: Wie sich herausstellte, hat ausgerechnet derselbe George Soros – und der ist ja nun wirklich einmalig – über Jahre hinweg die an sich fälligen eigenen Steuerzahlungen hinausgezögert. Diese Behauptung klingt fast schon schizophren oder nach einem verspäteten Aprilscherz, doch die Information bleibt bestehen. Soros nutzte laut einer entsprechenden *Bloomberg*-Meldung[36] jahrelang ein steuerliches Schlupfloch aus: Er verschleppte demnach die Zahlungen auf Kundengebühren, indem er sie wieder in seinen Fonds reinvestierte. Der Betrag summierte sich auf recht ansehnliche 13,3 Milliarden Dollar. An sich Zahlen, mit denen sonst meist nur Astronomen zu tun haben – man könnte auch sagen, ein Dollar pro Jahr, und schon hat Soros das Alter des Universums abgedeckt.

Die Lücke im US-Steuergesetz wurde allerdings bereits 2008 geschlossen, was für Soros nun wohl auf eine Nachzahlung von 6,7 Milliarden Dollar hinausläuft. Der Starinvestor stand *Bloomberg* seinerzeit nicht für einen Kommentar zur Verfügung. 2011 allerdings hatte er die Reichensteuer gefordert und gesagt: »Auch ich müsste mehr Steuern zahlen!«[37] Angesichts der Sachlage dürften solche Äußerungen eigentlich nur einen Namen verdienen: Heuchelei. Zumindest nennt man das landläufig so. Oder versteht die Welt die subtile Doppeldeutigkeit der Worte wieder einmal nicht? Vielleicht meinte Soros einfach nur wörtlich, was er sagte, eben: Er müsste eigentlich mehr Steuern zahlen, als er faktisch zahlte …

Es gibt viele Beispiele dafür, dass dieser offenbare Meister der Manipulation nicht lebt, was er predigt. Seine Motivation scheint häufig widersprüchlich, ob er nun im Geschäftlichen die fossilen Brennstoffe verteufelt und dann in Kohle investiert oder aber ein Faible für Deutschland eingesteht, aber gegen die D-Mark wettet und Deutschland über Gebühr für Europa in die Schuld nehmen will, oder ob er alles gegen George W. Bush zu unternehmen bereit war, obwohl er doch der US-Politik folgt. Für all diese scheinbaren Paradoxien gibt es natürlich Gründe. Die einen sind leichter aufzudecken, die anderen weniger leicht. Und einiges erhellt sich kaum. Doch mit Blick auf das Wesen von George Soros muss immer die Frage gestellt werden, was ihm selbst am meisten dient, um verlässliche Antworten zu erhalten, gerade auch wenn es darum geht, sein riesiges Netzwerk an Organisationen und deren eigentliche Aufgabe zu ergründen.

4 | Open Society Foundations: Die »Schattenregierung« des George Soros

»An ihren Taten …«

George Soros hat eine Vision. Er will die Welt verändern, sie verbessern – selbstredend vorwiegend nach seinem eigenen Verständnis des Besseren. Sein Ziel ist dabei, eine offene Weltgesellschaft zu erreichen, eine Gesellschaft, in der Demokratie und Meinungsfreiheit gepflegt werden, eine Gesellschaft, die Menschenrechte achtet und Gerechtigkeit walten lässt, eine Gesellschaft des gegenseitigen Verständnisses und internationaler Zusammenarbeit. Hehre Ziele, und kaum jemand

Abb. 5: »An ihren Taten sind sie zu erkennen …«, *Die Bergpredigt*, Gemälde von Carl Heinrich Block, 1877

würde bestreiten wollen, dass es sich lohnt, alles dafür zu tun. Nur wenige andere Menschen auf der Erde verfügen über ausreichend Potenzial, vor allem in Gestalt der erforderlichen finanziellen Mittel, um Mechanismen in Gang zu setzen, die effektiv genug sind, einen spürbaren Effekt zu haben und eine solche Entwicklung wirksam anzustoßen. George Soros ist einer jener wenigen. Und er scheint sich redlich darum zu bemühen, die Welt in sehr positivem Sinne voranzubringen. Wären da nicht unangenehme Fakten, die seine vielen Kritiker wohl kaum von ungefähr dazu bewegen, dem »Mann, der die Bank von England sprengte« ganz anders geartete, sehr persönliche Interessen vorzuwerfen.

Warum auch sollte ausgerechnet jener Mann, der in seinem der großen Spekulation gewidmeten Leben nur wenig Rücksicht auf das Schicksal anderer nahm, plötzlich das Wohl der Menschheit im Sinn haben? Konnte er möglicherweise nicht vielmehr einer jener Menschen sein, die ihre Seele dem Teufel verkaufen und seitdem anstelle des Herzens einen kalten Stein in der Brust tragen, so wie in Hauffs Märchen »Das kalte Herz«?

Ganz unberechtigt scheinen die Fragen nicht, wenn man den vermeintlichen Übergang vom Spekulanten Soros zum Philanthropen betrachtet, der seine Philosophie auf das politische Feld anwendet. Die Fragen sind auch deshalb angebracht, weil Soros nachweislich enorm viel bewegt hat auf der Welt, und zwar nicht allein auf den Märkten. Doch das eine ist ohnehin mit dem anderen verzahnt und vernetzt, Menschen bewegen Geld, und Geld bewegt Menschen. Die Märkte lassen sich nicht vom Menschen abkoppeln, um damit eine moralische Freistellung zu erreichen.

Man muss sich allerdings schon etwas Zeit nehmen, um zu ahnen, welches Gesicht sich wirklich hinter der Maske des Philanthropen verbergen könnte. Niemandem wird es gänzlich gelingen, in das tiefste Innere eines Menschen zu blicken, niemand wird alle Facetten der Persönlichkeit vollständig und korrekt erfassen, um sie anschließend wirklich fair bewerten zu können. Allein sich selbst zu kennen stellt schon meist eine kaum zu bewältigende Herausforderung dar. Doch auch eingefleischte Atheisten dürften sich an die Bergpredigt erinnern und die von ihr überlieferten Worte: »Hütet euch vor den falschen Propheten! Sie sehen zwar aus wie Schafe, die zur Herde gehören, in Wirklichkeit sind sie Wölfe, die auf Raub aus sind. […] An ihren Taten sind sie zu erkennen. […] Jeder Baum, der keine guten Früchte trägt, wird umgehauen und verbrannt werden. […] An ihren Taten also könnt ihr die falschen Propheten erkennen.«

Die Welt hat schon viele Wohltäter ertragen müssen, und viel besser wurde sie durch sie keineswegs. Im Gegenteil. Viel klüger auch nicht. Wir haben bereits einige entlarvende Beispiele kennengelernt, die eine bemerkenswerte Doppelmoral bei Soros herausstellen, sofern überhaupt von Moral die Rede sein kann. Dessen hypokritisch anmutendes Agieren sollte jeden dazu zwingen, seine philanthropischen Unternehmungen genau ins Visier zu nehmen. Was dabei dann zum Vorschein kommt, würde man wohl kaum erwarten.

Wenn Soros seine Ziele umreißt, klingt alles sehr einfach und auch äußerst wünschenswert. Er spricht die »Unzulänglichkeiten des nicht marktgebundenen Bereichs der Gesellschaft« an und will hier eingreifen. Zur Situation stellt er fest: »Diese Unzulänglichkeiten durchdringen unser Gemeinwesen tiefer als ein eventuelles Versagen des Marktes. Zu ihnen gehören die Geringschätzung sozialer Werte, die Ersetzung intrinsischer Werte durch Geld, die in weiten Teilen der Welt unzureichende Umsetzung der repräsentativen Demokratie sowie schließlich die ungenügende internationale Zusammenarbeit.«[1]

Die Abrissbirne

Vor allem in osteuropäischen Ländern engagiert sich Soros intensiv über sein riesiges Netzwerk an Stiftungen. Er will die Gesellschaften dort öffnen, natürlich im Sinne der Menschenrechte, freien Meinungsäußerung und Demokratie. Wiederholt wurde er auch hierzu gefragt, ob er damit vielleicht ein schlechtes Gewissen beruhigen wolle – und jedes Mal fällt die Antwort beinahe identisch aus. Als anonymer Teilnehmer auf den Finanzmärkten sei man von moralischen Problemen befreit, er habe nicht über die gesellschaftlichen Folgen seines Tuns nachdenken müssen, selbst wenn er sich damals schon bewusst gewesen sei, möglicherweise doch auch Schaden anzurichten. Er rechtfertigte das damit, sich an die allgemeinen Spielregeln zu halten, an Spielregeln eines extrem ehrgeizigen Wettbewerbs. Sich hier Beschränkungen aufzuerlegen, hätte ihn unweigerlich in die Rolle des Verlierers abgedrängt. Die reale Welt hätte ohnehin nichts von etwaigen moralischen Skrupeln seinerseits gehabt, so fügt er hinzu, was dem zuvor

Gesagten einigermaßen widerspricht, wo er doch selbst ein Schadenspotenzial seines Handelns einräumt. Doch sei er ausschließlich von *einem* Motor getrieben worden: der Gewinnmaximierung, natürlich nach entsprechender Risikobewertung. Und letztlich muss Soros dennoch »soziale Konsequenzen« seiner Aktionen eingestehen. So habe der Steuerzahler nach seinem Pfundleerverkauf von 1992 die Zeche bezahlen müssen. Aber diese Folgen wären, wie er immer wieder betont, in jedem Fall eingetreten. Er sei froh, vom Schicksal auf den Finanzmarkt gezogen worden zu sein. Denn hätte er es mit Menschen statt mit Märkten zu tun gehabt, so wäre er um moralische Entscheidungen nicht herumgekommen.[2] Nur, wenn er wenige Sätze später feststellt: »Wie wir gesehen haben, übernehmen Märkte mitunter die Rolle von Abrissbirnen und zertrümmern ganze Volkswirtschaften«[3], dann wird doch schnell klar, wie deutlich Märkte und Menschen miteinander verbunden sind. Da hilft es auch nichts, wenn Soros beteuert, er sei vorsichtiger geworden, als er nach seiner Wette gegen das Pfund schließlich zu einem Guru geworden sei, der die Märkte ganz allein beeinflussen könne. Aber wurde Soros wirklich vorsichtiger? Spielte es für ihn wirklich eine Rolle, dass er durch seine Spekulation auf den Märkten die Situation in der Gesellschaft deutlich negativ beeinflussen konnte? Offenbar nicht. Denn einige Jahre nach der Pfundwette wiederholte er das Spiel, wenn auch unter anderen Vorgaben in einem anderen Land mit zahlenmäßig nicht bestimmten Gewinnen.[4]

Am 13. August 1998 erklärte Soros in einem offenen Brief an die *Financial Times,* London, das Chaos auf den russischen Märkten habe sein Endstadium erreicht. Soros wolle diesen Brief als Weckruf an die führenden Industrienationen verstanden wissen, so erklärte damals Shawn Pattison, Sprecher des *Soros Fund Management.*[5]

George Soros gab sich dabei also verantwortungsbewusst, sein Satz kam als scheinbare Warnung daher, doch damit brach das Chaos erst wirklich los. Soros forderte eine Abwertung des Rubels um 15 bis 20 Prozent, und genau diese Forderung führte zum »Rubel-Crash« von 1998, womit sich Soros offenbar ein leicht verspätetes Geburtstagsgeschenk bereitet hatte. Der russische Staat wurde zahlungsunfähig, am Ende führte die Entwicklung zu einem 60-prozentigen Wertverlust des Rubels, und zwar innerhalb von nur wenigen Stunden. In der Folge verloren Millionen russischer Bürger ihre Alterserspanisse, während Soros mit seiner Spekulation wohl keinen schlechten Gewinn einfuhr.

Wollte er seine im vergangenen Jahr auf den russischen Märkten eingebüßten zwei Milliarden wieder reinholen?

Bemerkenswert, wie die Vorfälle auf *Wikipedia* beschrieben werden. Zur Russlandkrise von 1998 heißt es hier zunächst: »Soros wurde von einigen Moskauer Zeitungen vorgeworfen, seine Empfehlung einer Rubelabwertung zu Devisenspekulationen genutzt zu haben, was dieser bestritt. Tatsächlich deutete sich der Rubelverfall bereits eine gewisse Zeit zuvor an; er ging nicht zuletzt zurück auf die mangelnde Fähigkeit der bisherigen russischen Regierungen, den Staatshaushalt von den Schulden unrentabler Staatsbetriebe zu entlasten.« Und dann heißt es doch wirklich: »Soros gilt nur als der Auslöser der Krise; er sprach die Überteuerung des Rubel öffentlich aus.«[6] Doch genau dieses »nur« brachte den Stein erst richtig ins Rollen.

Wesentlich ist, dass Soros auch hinsichtlich Russland wieder ganz in alter Manier tickte und daher ohne Rücksicht auf Verluste handelte – das heißt genauer gesagt: ohne Rücksicht auf die Verluste anderer. Keineswegs agierte er vorsichtiger als 1992, wenn es um deren Schicksal ging. Es war also offenbar genau wieder jener Soros, der als 14-Jähriger an seine eigene Unverletzlichkeit glaubte und von keinem Leid sonderlich ergriffen und schockiert war, sofern es nicht seine Person betraf. Das erinnert an den Witz vom Patienten, der seinem Arzt voller Sorge schildert, ihm täte der ganze Brustkorb weh, der Schmerz sei schon unerträglich geworden. »Ist es schlimm?«, will er vom Doktor wissen, der darauf erwidert: »Aber nicht doch, überhaupt nicht, vergessen Sie das einfach! Schlimm wär's, wenn *ich* es hätte!«

Perspektiven der Bescheidenheit

Im Jahr 1979 und somit gerade einmal ein Jahrzehnt nach den Anfängen des *Quantum Fund* hatte Soros nach eigener Aussage genügend Geld verdient. Er sprach dabei von einem privaten Vermögen von rund 20 Millionen Dollar. Mehr würde er nie benötigen. Doch verdiente er danach sogar Milliarden und ließ keine Möglichkeit aus, weitere Milliarden zu scheffeln. Wie Daniel Eckert in seinem Bericht über die »anmaßende Mission des Multimilliardärs« schreibt, empfinde Soros eine »diebische Freude daran«, bei günstigen Gelegenheiten auf dem Finanzmarkt zuzuschlagen, wenn er »irgendeine Währung, einen Rohstoff, ein Wertpapier als fehlbewertet ausmacht«.[7] Aber Soros erklärt, die einzige Möglichkeit, sein großes Vermögen auch zu erhalten, sei nun einmal neues Geld zu verdienen. Nur hätte er eben schon vor langer Zeit beschlossen gehabt, den größten Teil seines Vermögens zu spenden. Das klingt natürlich erneut äußerst ehrenwert, muss aber wohl cum grano salis, mit dem berühmten Körnchen Salz und folglich mit der gebotenen Vorsicht genommen werden.

Soros verglich sich bei anderer Gelegenheit mit einem riesigen Verdauungstrakt, der auf der einen Seite gewaltige Mengen aufnimmt, um sie an der gegenüberliegenden Seite wieder abzusondern. Dazwischen liege dann natürlich das steuernde Regelwerk seiner gedanklichen Erwägungen, wohin die Summen fließen sollten, also wie sie sinnvoll verwendet werden sollten. Sich selbst bei all dem Reichtum etwas Schönes und Teures zu gönnen, auf diesen Gedanken käme er gar nicht. Vor allen anderen Privilegien genieße er schlichtweg jenen einen Luxus, sich über Geld keine Gedanken machen zu müssen. Dabei hat sich sein gesamtes Leben kaum je um etwas anderes gedreht als um Geld. Selbst seine Philosophie fokussiert letztlich wieder darauf.

Aber die materiellen Dinge seien eben nicht das Wesentliche, ganz passend für einen promovierten Geisteswissenschaftler. Außerdem sei er viel zu bequem, als dass er sich an Namen und Werte von gesammelten Gegenständen erinnern wollte. Soros gibt sich insgesamt sowieso meist bescheiden, wenn es um seinen Lebensstandard geht. Der nämlich sei nicht übermäßig luxuriös. Denn die meisten finanziellen Mittel sollen, so betont der Philanthrop, doch in seine umfangreichen Stiftungen fließen.[8] Aus der Perspektive von Soros lässt sich das natürlich leicht sagen, ohnehin wäre es schon »reichlich« paradox, wenn ein Milliardär über seine Verhältnisse lebte.

Doch bereits ein kurzer Blick auf das Sommeranwesen von Soros bei Bedford, New York, genügt, um zu registrieren, wie relativ Bescheidenheit sein kann. Noch mehr scheint kaum gut möglich – soll der »Geldadel« sich denn vielleicht noch die Hämorrhoiden vergolden lassen, während der Normalmensch sie höchstens veröden lassen kann?

Wie auch immer, unter Bescheidenheit versteht man allgemein etwas anderes, da hat Soros den Realitätsbezug offenbar geringfügig verloren oder will ihn gar nicht erst sehen. Man sollte sich jedenfalls von vielen seiner Äußerungen nicht irreführen lassen.

Staatenloser Staatsmann: »Robin Hood« oder »Robbing Hood«?

Wenn es um seine Stiftungen geht, sieht Soros sie wie bereits mehrfach erwähnt nicht als Kompensation für ein schlechtes Gewissen. Er sei schon immer der Meinung gewesen, man solle auch für andere Menschen etwas tun, sofern man sich das eben leisten könne. »Ich bin zwar ein ausgemachter Egoist, aber die Verfolgung ausschließlich eigener Interessen erschien mir als eine zu schmale Basis für mein ausgeprägtes Ego«, so erklärte er in seinem ausführlichen Gespräch mit Krisztina Koenen. [9] Ein offenbar sehr ehrliches, wenn auch wohl kalkuliertes Bekenntnis, das vielen Leuten als Begründung für die unfassbaren Stiftungsaktivitäten, wie sie Soros in seinen späteren Jahren entfaltete, durchaus zu genügen scheint.

Noch im hohen Alter reiste er um den Globus, um seine Vision zu verbreiten, um Vorträge zu halten, Interviews zu geben, TV-Auftritte zu absolvieren, stets mit sehr ähnlichen Aussagen zu seinen Vorhaben und Zielen. Mittlerweile hat er sein Netzwerk Dutzenden von Ländern der Erde installiert und etabliert. Und gilt manchen als eine Art moderner Robin Hood, der das von den großen Märkten erbeutete Geld an die Bedürftigen umverteilt – oder anders ausgedrückt: als ebenjener gigantische Darm, mit dem sich Soros selbst einmal verglich. Damit wird er auch zu einem als linksliberal eingestuften Multimilliardär. Aber ist das wirklich die ganze Motivation, die dahintersteckt? Oder warum geht Soros wirklich stiften?

Es gibt wie gesagt gute Gründe für diese Fragen und damit auch gute Gründe zum Zweifel, die ihm statt dem modernen »Robin Hood« schon den Beinamen »Robbing Hood« eingebracht haben, den »raubenden Gangster«. Dass jemand, der zu den reichsten Menschen dieses Planeten zählt, auch ein gehöriges Maß an Neidattacken erleben muss, bleibt sicher nicht aus. Nur, die vielfach erhobenen Vorwürfe allein mit diesem unschönen Zug mancher Mitmenschen erklären zu wollen, genügt in dieser Sache nicht.

Der Megaspekulant George Soros fand in seinem zweiten Dasein als Philosoph, Philanthrop und einflussreicher, nicht gewählter Politiker ein weites Aufgabenfeld. Über die Jahre hinweg errichtete Soros sein gut durchstrukturiertes globales Netzwerk, um seine Vorstellung einer

»offenen Gesellschaft« in die Tat umzusetzen. Zunächst noch das *Open Society Institute* (OSI), wurden daraus später die *Open Society Foundations* (OSF), die er vornehmlich im mittel- und osteuropäischen Raum installierte. Die erste Stiftung rief Soros, der sich auch als staatenloser Staatsmann bezeichnet, im Jahr 1980 ins Leben. Im Gegensatz zu Rockefeller habe er allerdings keineswegs sein Image aufbessern wollen oder müssen, da er zu jener Zeit noch gar kein öffentliches Image besessen habe. Der Name seiner Stiftungen galt ihm zumindest nach außen als Programm und Begründung. 1980 habe er die Transformation der Universität Kapstadt in eine multikulturelle Institution fördern wollen und 80 Stipendien für schwarze Studenten gestiftet. Die Gelder seien dann allerdings von der Universität in andere Kanäle geflossen und hätten dem eigentlichen Vorhaben kaum gedient. Die Initiative ging also schief, doch Soros ließ sich nicht entmutigen und gründete dann Jahre später in Südafrika erneut eine Stiftung. 1980 war auch das Jahr, in dem er sich in Osteuropa zu engagieren begann, um Dissidenten zu unterstützen und gegen Diktaturen zu kämpfen.

Die steuerbefreiten Stiftungen von Soros werden als autonome Institutionen eingestuft, wobei die Fäden seit 1994 in den *Open Society*-Instituten zusammenlaufen, die sich in New York als Zentrale befinden, außerdem in Baltimore, Washington sowie in den europäischen Metropolen Budapest, Brüssel, London und Paris. Das Stiftungsnetzwerk fokussiert wie schon erwähnt auf ehemalige Ostblockstaaten.

Osteuropa

Bemerkenswert ist, dass die jeweiligen nationalen Abteilungen der Stiftungen dem Namen nach zentralen Staatseinrichtungen ähneln. Darüber hinaus mietete Soros, wenn irgend möglich, entsprechende Büros in öffentlichen Regierungs- und Verwaltungsgebäuden an. Diese Vorgehensweise lässt in ihrem Charakter bereits an Infiltration denken. Sowohl Namensgebung als auch Lokalität sollen den Eindruck einer staatlichen Institution vermitteln. Alles natürlich zu einem guten Zweck – Bildung, Menschenrechte, Gesundheitswesen.

Soros, der Spezialist für Ungleichgewichte, bewegte in den osteuropäischen Ländern sehr viel, um die Gesellschaften in seinem Sinne zu öffnen, neue Märkte für sich zu erschließen und die Globalisierung voranzutreiben. In Polen unterstützte er hierzu *Solidarność* und installierte im Mai 1988 die Stephan-Báthory-Stiftung, wiederum eine vorgeblich unabhängige und nicht kommerziell ausgelegte Nichtregierungsorganisation (Non-governmental organziation, NGO). Doch schon wieder wäre zu relativieren, was in diesem Fall Unabhängigkeit bedeutet. Abhängig ist sie in jedem Fall von Soros und seinen *Open Society Foundations* mit ihren festgeschriebenen Zielsetzungen: selbstverständlich ausschließlich das Wohl der Gesellschaft und die Schaffung einer Demokratie, ganz nach Art US-amerikanischer Argumentation. Und klar ist auch das alte Schema, alle Bereiche der Gesellschaft zu kontrollieren, also vor allem wieder: Bildung, Medien, Behörden. So richtete die Stiftung Konferenzen aus, führte Schulungskurse durch und warf ein wachsames Auge auf die Behörden. George Soros bekleidet wie bereits erwähnt das Amt des Ehrenvorsitzenden der Stephan-Báthory-Stiftung. In der Tschechoslowakei unterstützte er die *Charta 77* und betrieb die Destabilisierung der jugoslawischen Regierung.

Natürlich finden sich viele Projekte und humanitäre Anstrengungen der Soros-Stiftungen, die den Menschen vor Ort genutzt haben. In Bosnien-Herzegowina kümmerte sich die Foundation um ein Wasserreinigungssystem für die Bevölkerung sowie eine sichere Strom- und Gasversorgung zum Erhalt der Infrastruktur und dem Betrieb von Kliniken, während sich Sarajewo im Belagerungszustand befand. In Kroatien und Mazedonien förderte die Foundation ebenfalls Krankenhäuser und die medizinische Versorgung, genauso in vielen anderen Krisenregionen. Allerdings ist das die eine, die schönere Seite der Medaille, die wohl noch jene andere hat. Jene dunklere Seite. Jene, auf der die Münze meist liegt, die hell schimmernde polierte Platte nach oben. Die Seite der gesellschaftlichen Manipulation im Eigeninteresse.

Durch ihre humanitären Leistungen öffneten die OSFs die nötigen Kanäle, um an die Menschen heranzukommen, vor allem auch spielten sie eine wesentliche Rolle bei einer gezielten Informationsvermittlung.

Unter dem positiven Signal, sich für die Bildung einzusetzen, wurden hier Schüler und Studenten im Interesse der Ziele mit Information versorgt und die Medienmaschine in Gang gesetzt. 1994 und 1995 spielten die OSF in Bosnien und Herzegowina nach eigener Angabe eine Schlüsselrolle dabei, das Überleben des öffentlichen Diskurses zu fördern, indem sie mehr als 180 Tonnen Papier an Zeitungen sowie diverse Magazine und Buchverlage im belagerten Sarajewo verteilten. Sie unterstützten auch die Veröffentlichung von 52 Lehrbüchern an Grundschulen und weiterführenden Schulen. Dazu kamen annähernd 500 Stipendien, die Ausbildung von Journalisten sowie auch die Finanzierung des Sarajewo Film- und Jazzfestivals. In Slowenien investierte die *Open Society Foundation* eine Million US-Dollar für Ausbildung sowie soziale und rechtliche Unterstützung von Flüchtlingen, organisierte und finanzierte die Teilnahme an einem internationalen Austausch und förderte mehr als 500 Studentengruppen, Jugendzeitungen und Jugendorganisationen. In Montenegro kümmerte sich die Foundation unter anderem um die Einrichtung weiterer NGOs, um »unabhängige« Medienorganisationen, »unabhängige« kulturelle Institutionen sowie um Universitäten und »alternative« Ausbildungszentren. Die lange Liste ließ sich noch um einige Aktivitäten erweitern, doch bei all den nun wirklich sehr positiv klingenden Projekten wird auch schnell klar, wie gewaltig die Einflussnahme auf die Menschen hierbei ausfällt, die zumindest von Soros und seiner Philosophie kaum mehr unabhängig gewesen sein dürften. Übrigens publizierten die *Open Society Foundations* im Jahr 2011 eine knapp 100-seitige Schrift zur Errichtung einer offenen Gesellschaft auf dem westlichen Balkan. Sie deckt die beiden Jahrzehnte von 1991 bis 2011 ab.[10]

Dämonisierung von Zielpersonen

In Jugoslawien förderte die OSF, wiederum nach eigener Aussage, eine Reihe von Medienkanälen, die unabhängig von Slobodan Milošević waren, darunter mehrere Radiokanäle. Außerdem unterstützte die Foundation die Verbreitung elektronischer Medien, die Einrichtung von unabhängigen Publikationen sowie die Arbeit von ebenfalls unabhängigen Journalisten. Bei den zahlreichen wohltätigen Aktivitäten verschwimmt nur allzu schnell die Motivation. Man kann sich allerdings schon jetzt vorstellen, dass jeder, der auf diese Weise finanziert wurde, auch in das entsprechende Horn blies. Es geht nun gewiss nicht um die Debatte, ob Milošević ein Kriegsverbrecher war oder nicht, auch nicht darum, sein Handeln zu verteidigen. Doch gibt es viele Beispiele dafür, wie US-amerikanische Interessen dazu führten, sogar etliche Regierungschefs oder auch Diktatoren, die Menschenrechte mit Füßen traten, durchaus lange zu dulden oder darüber hinaus zu unterstützen, solange sie den eigenen Zielen zuträglich waren, um sie später allerdings wie heiße Kartoffeln fallen zu lassen, was meist mit gewaltsamen Maßnahmen verbunden war. Dass dies immer auf moralisch und rechtlich einwandfreier Grundlage geschah, steht für den Mainstream zumeist fest.

Milošević gilt einigen als Musterbeispiel dieser Politik, stets diejenigen Elemente zu installieren, die dem Eigeninteresse dienen, und das dürfte sowohl auf die USA als auch auf Soros zutreffen. Wie schreibt F. William Engdahl in seinem Buch *Die Denkfabriken*: »Trickreich nutzte Soros seine verschiedenen steuerbefreiten Menschenrechts-NGOs, die von seinen *Open Society Foundations* finanziert wurden, für gut geplante Attacken auf Zielpersonen wie Milošević in Jugoslawien im Jahr 2000 oder Hugo Chávez in Venezuela, die sich seinen und Washingtons Interessen widersetzten. Wurde dann nach einem ›demokratischen‹ Aufstand ein passender ›freimarktfreundlicher‹, von Soros unterstützter Opponent ins Amt gebracht, rückten Soros und seine Kumpane an, um die Kronjuwelen zu Spottpreisen aufzukaufen. Es war eine besondere Art der ›öffentlich-privaten Partnerschaft‹, bei der Vertreter der Öffentlichkeit Soros' privaten Interessen dienten.«[11] Wenn man heute an Milošević denkt, dann denkt man automatisch an einen Kriegsverbrecher, und gewiss war dieser Mann alles andere als ein Unschuldsknabe, der keine Menschen auf dem Gewissen gehabt hätte. Trotzdem wurde bei ihm wieder ein typisches Zerrbild geschaffen, um die Gegenmaßnahmen zu rechtfertigen. Der weltbekannte US-Politologe und marxistisch orientierte Autor Michael Parenti sieht sogar eine besonders starke Verzerrung im Falle von Milošević. Nun soll das Thema hier zwar nicht unnötig vertieft werden, doch sind seine diesbezüglichen Bemerkungen in diesem Kontext durchaus bezeichnend. Im Dezember 2003 kommentierte er unter der Überschrift »Die Dämonisierung von Slobodan Milošević«: »US-Führer bekennen eine Hingabe zur Demokratie. Doch demokratisch gewählte Regierungen – die schuldig waren, redistributive wirtschaftliche Programme eingeführt zu haben, oder andere unabhängige Stoßrichtungen verfolgten, die nicht angemessen in das US-gestützte globale freie Marktsystem passten – fanden sich im Lauf der vergangenen fünf Jahrzehnte im Visier des US-amerikanischen nationalen

Sicherheitsstaates. So wurden demokratische Regierungen in Argentinien, Bolivien, Brasilien, Chile, Zypern, der Dominikanischen Republik, Griechenland, Guatemala, Guyana, Haiti, Syrien, Uruguay und zahlreichen anderen Nationen durch ihr jeweiliges Militär gestürzt, gefördert und beraten durch die Vereinigten Staaten. Die neu installierten militärischen Regenten machten dann die egalitären Reformen wieder rückgängig und öffneten ihre Länder umso weiter für ausländische Unternehmensinvestoren. Der US-amerikanische nationale Sicherheitsstaat hat sich auch an destabilisierenden verdeckten Operationen beteiligt, an gewinnorientierten Stellvertreterkriegen oder direkten militärischen Attacken gegen revolutionäre nationalistische Regierungen in Afghanistan (in den 1980er-Jahren), Angola, Kambodscha, Kuba, Osttimor, Ägypten, Äthiopien, den Fidschiinseln, Grenada, Haiti, Indonesien (unter Sukarno), Iran, Jamaika, Libanon, Venezuela (unter Hugo Chavez), Westsahara und Irak (unter dem CIA-gesponserten, autokratischen Saddam Hussein, nachdem er sich als wirtschaftlicher Nationalist entpuppt und versucht hatte, bei den Ölpreisen besser abzuschließen).«[12] Allgemein hält Parenti fest: »Wenn US-Führer ein Land ins Visier nehmen und dessen Führung dämonisieren, werden sie von ideologisch geeichten Publizisten, Gelehrten, Akademikern und ehemaligen Regierungsbeamten unterstützt. Zusammen schaffen sie ein Meinungsklima, das Washington in die Lage versetzt, alles zu tun, was nötig ist, um der Infrastruktur und Bevölkerung jener bestimmten Nation ernsthaften Schaden zuzufügen, alles im Namen der Menschenrechte, der Terrorbekämpfung und der nationalen Sicherheit. Es gibt kein besseres Beispiel hierfür als die unermüdliche Dämonisierung des demokratisch gewählten Präsidenten Slobodan Milošević und die US-gestützten Kriege gegen Jugoslawien.«[13] So seien auch Bücher erschienen, die sich typischer Muster bedienten, Zerrbilder der Person Milošević verbreiteten und ihn als verrückten Machtmenschen präsentierten. Doch wie Parenti meint, habe die eigentliche Sünde von Milošević darin bestanden, dass er der Zergliederung Jugoslawiens widerstand und sich einer aufgezwungenen US-Hegemonie entgegenstellte.[14]

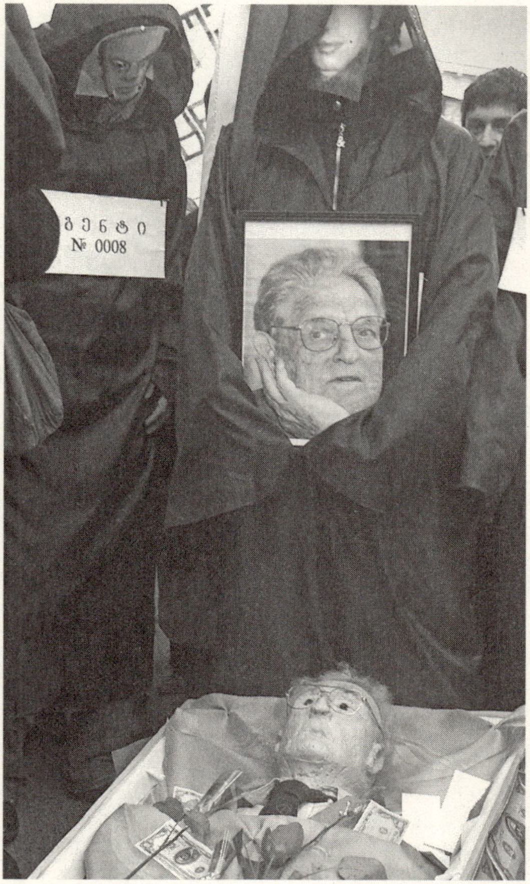

Abb. 6: Philanthropischer Umsturz in Georgien – Bürger machen George Soros verantwortlich und tragen ihn symbolisch zu Grabe.

»Friedliche Revolutionen«

In jedem Fall findet sich das US-Muster auch deutlich in der Vorgehensweise der OSFs von George Soros wieder, wobei sich die Interessen offenkundig vielfach decken. Der enorme Aufwand, Presse- und Bildungswesen zu kontrollieren, machte sich jeweils gewiss bezahlt, wobei der Prozess über Jahrzehnte hinweg anhält. Bis heute beeinflussen diese NGOs die Entwicklung der einzelnen Nationen nachhaltig. Sie spielten auch sehr offen eine wesentliche Rolle bei den diversen Farbenrevolutionen der jüngeren Zeit. In Georgien sorgte Soros unter anderem für die Ablösung von Eduard Schewardnadse durch Micheil

Saakaschwili. Der einstige Gefolgsmann Schewardnadses wurde zu dessen erbittertem Gegner, verfocht eine deutlich westlich geprägte Demokratie für Georgien und wurde zum Wortführer der Rosenrevolution. Am 22. November 2003 stürmte er zusammen mit einer Gruppe von Demonstranten das Parlamentsgebäude und unterbrach die Eröffnungsrede Schewardnadses. Saakaschwili rief ihm zu: »Treten Sie zurück!«, worauf ein Tumult ausbrach und der amtierende Präsident flüchtete. Anfang Januar wurde der Putschist dann mit auffallend hohem Stimmenanteil von 96 Prozent zum neuen Staatspräsidenten gewählt und einige Wochen später vereidigt.

Im Hintergrund der gesamten Aktion stand das *Open Society Institute.* Wie Mark McKinnon im kanadischen *Globe & Mail* nachzeichnet, sandte das OSI den damals 31-jährigen Aktivisten Giga Bokeria im Februar 2003 nach Belgrad, zum Zweck, den Sturz von Milošević durch *Otpor* (später: CANVAS), den serbischen Widerstand, zu studieren. Vor allem sei es auch darum gegangen herauszufinden, wie die Organisation die Leute auf der Straße nutzte, um den Wechsel herbeizuführen. Laut McKinnon bezahlte die Soros-Stiftung im Sommer jenes Jahres einer Gruppe von *Otpor*-Aktivisten eine Reise nach Georgien, wo sie dreitägige Kurse durchführten, um mehr als 1000 Studenten zu instruieren, wie sie eine »friedliche Revolution« inszenieren könnten.[15] An der gesamten Aktion gegen den bereits recht betagten Schewardnadse waren verschiedentlichen Berichten zufolge neben den Soros-Stiftungen auch das US-Außenministerium, US-Geheimdienste und Personen aus dem Umfeld des Pentagon beteiligt. Schewardnadse hatte für Washington gleichsam ausgedient, insbesondere weil er mit Moskau unter anderem zu Gas- und Ölpipelines verhandelte. Es war zu jener Zeit nach dem 11. September 2001, als Präsident George W. Bush, der bemerkenswert unbemerkenswerte zweite Bush-Präsident, im Zuge seines Krieges gegen den Terror jeden für einen Feind Amerikas erklärt hatte, der nicht für die US-Interessen stehe.

Es gab keinerlei Differenzierung, und jene alten Werte, die in den USA einst hochgehalten wurden, gerade eben auch, die Meinung frei äußern zu können, blieben nun plötzlich weitgehend auf der Strecke. Selbst rechtschaffene US-Amerikaner, die durchweg am Wohl ihres Landes interessiert waren, durften eine genau aus diesem Interesse heraus resultierende Kritik nun nicht mehr äußern. Und bei Ausländern wurden derlei nicht nur kritische, sondern gleichermaßen besorgte Äußerungen sofort zum Tabu, da sie andernfalls den Stempel des Antiamerikanismus aufgeprägt bekamen.

So hatte sich die Welt geändert. Die Schwarzweißmalerei verbreitete sich vom Terrorszenario in die gesamte US-Politik hinein. Und die Aktionen gegen verschiedenste Länder, verdeckt oder offen, wurden stets in ähnlicher Weise begründet. Letztlich hatte Washington eine Liste der amerikafeindlichen Nationen aufgestellt, die NGOs kamen dann zu Hilfe und bedienten sich dabei aktuellster Mittel, um diese amerikafeindlichen Nationen zu destabilisieren. Hugh Pope schrieb am 24. November 2003 im *Wall Street Journal,* dass eine Reihe nichtstaatlicher Organisationen, ihrerseits finanziert von amerikanischen und westlichen Stiftungen, den Umsturz herbeigeführt hätten. Sie hätten eine »Klasse junger englischsprachiger Intellektueller hervorgebracht, die prowestliche Reformen wollten.«[16]

Und genau daran liegt es!

Als neuer US-Botschafter in Tiflis fungierte seinerzeit Richard Miles, ein Experte für verdeckte Operationen. Bei ihm liefen die Fäden zusammen. Miles kam soeben aus Belgrad, wo er Milošević mit NGO-Hilfe in die Knie gezwungen hatte. Nun stand er in Georgien bereit, um die Aktivitäten hier zu koordinieren. Der Umsturz in Georgien wurde wie erwähnt wirksam von George Soros unterstützt, gleichsam Arm in Arm mit dem von Kritikern als Propagandamaschine beschriebenen und einst von Präsident Roosevelt gegründeten *Freedom House*, eine vorgebliche NGO, die sich zwar Freiheit auf die Fahne geschrieben hat, allerdings wiederum nur im Rahmen der geltenden US-Politik. Man muss sich hier auch klarmachen, dass diese NGO vornehmlich durch die US-Regierung finanziert wird und dass auch die *Open Society Foundations* von George Soros zu den Geldgebern von *Freedom House* zählen.[17] Den Vorsitz im Kuratorium hält der absolute US-Hardliner Robert James Woolsey inne, der zwischen 1993 und 1995 als Chef der CIA diente. Es ist einmal mehr bemerkenswert: *Freedom House* will für Demokratie, Freiheit und Menschenrechte stehen, doch findet sich dort ausgerechnet Woolsey an der Spitze, jener Mann, der die Hinrichtung von Whistleblower Edward Snowden forderte! Man kann nur noch mit dem Kopf schütteln bei so viel Heuchelei und Lüge, ganz gleich, wohin das Auge blickt!

Und Saakaschwili selbst versuchte sich aus einigen unangenehmeren Fragen herauszuwinden, wie sie ihm im Mai 2004 von zwei Autoren des *Spiegel* gestellt wurden. Sie fragten ihn nach George Soros und wie wichtig ihm der amerikanische Finanzier sei, worauf Saakaschwili meinte, dessen Name werde doch »arg mythologisiert«, um dann mitzuteilen: »Ich bin mit ihm befreundet, er ist ein guter und schlauer Mann. Aber dass er unsere Revolution gesteuert hat, ist einfach Quatsch.« Doch schon in den nächsten Sätzen muss er eingestehen, dass Soros die Wahlnachfragen zur Parlamentswahl finanziert hätte, um – wie er sagt – gefälschte Ergebnisse durch das Schewardnadse-Regime aufzudecken. Außerdem habe Soros »jene Studentenorganisationen finanziert, die sich aktiv an der Revolution beteiligten.«[18] Allein schon diese von Saakaschwili eingestandenen Fakten genügen, um sich die Wirkung der Soros-NGOs ausmalen zu können. Auf das Nachhaken der beiden Journalisten, Soros habe auch eine Anschubfinanzierung geleistet und sich um den ersten Haushalt der neuen Regierung gekümmert, verneint der Mann, der eher einer Marionette gleichkommt, und spricht lediglich von einer Stiftung, für die Soros internationale Geldgeber suche – den ersten Betrag habe der Finanzier selbst eingezahlt.

Und dann waren da noch die diversen Minister im Saakaschwili-Kabinett, die ausgerechnet mit der Hilfe von Soros studiert haben. Wie es manchmal eben so kommt. Darauf angesprochen, erklärte der doch leicht in die Ecke gedrängte Präsident, das mit den Ministern liege an den zahlreichen von Soros finanzierten Ausbildungsprogrammen. Eben, genau daran. Genau daran liegen dann auch die diversen und wesentlichen Abhängigkeiten, die natürlich niemand zugeben kann. Wo gibt es das wirklich: Spenden nehmen und unabhängig bleiben?

Nun, Saakaschwili muss dann schließlich sogar zugeben, dass viele, die sich später »an unserer Revolution beteiligten«, davon profitiert haben, wobei auch die USA und Europa »in dieser Hinsicht sehr aktiv« gewesen seien.[19] Saakaschwili trat im August 2008 mit einem Angriff auf Südossetien den Kaukasuskrieg los; allgemein warf man ihm damals vor, eine massive russische Intervention ausgelöst zu haben.

HRW

So sind die Ereignisse kausal miteinander verkettet. Im Hintergrund wurde wieder am Stimmungsbarometer manipuliert, nämlich nicht zuletzt durch eine ursprünglich in Anlehnung an die KSZE-Schlussakte von Helsinki als *Helsinki Watch* 1978 gegründete und dann zehn Jahre später mit anderen Gruppierungen zur *Human Rights Watch* verschmolzenen Organisation. Die HRW soll sich mit ihren weltweit rund 400 Mitarbeitern vor allem um die Einhaltung von Menschenrechten kümmern und gilt wiederum als nichtstaatliche US-Organisation, die sich aus privaten Spenden und Stiftungen finanziert. Die in New York ansässige HRW bewegte sich ganz offenbar genau auf dem richtigen Kurs. So wurde dann auch so einiges unkorrekt berichtet, gerade auch zum Einsatz von Streubomben durch Russland. Auf diese Nachricht hin drückte der damalige US-Präsident Bush II erneut seine Unterstützung für Georgien aus.[20] Die Darstellung musste dann seitens der HRW korrigiert werden, da Georgien einen gleichartigen Einsatz gegen Ziele in Südossetien eingestand.[21]

Vielleicht noch zwei interessante Anmerkungen zu HRW: Im September 2010 wurde bekannt, dass George Soros der Organisation über zehn Jahre hinweg die Summe von 100 Millionen Dollar spenden werde. Wie HRW selbst mitteilt, stamme das Geld aus den *Open Society Foundations* und stelle die größte Spende dar, die Soros je einer NGO gespendet habe. Soros selbst erklärte: »*Human Rights Watch* ist eine der effektivsten Organisationen, die ich unterstütze.«[22]

2014 erging dann ein offener Brief an den HRW-Geschäftsführer Kenneth Roth. Das auf den 12. Mai 2014 datierte Schreiben stammte von den beiden Friedensnobelpreisträgern Adolfo Pérez Esquivel (NP Frieden 1980) und Mairead Maguire (NP Frieden 1976) sowie dem ehemaligen UNO-Vize Hans von Sponeck und dem UN-Sondergesandten Richard Falk. Mit unterzeichnet hatten mehr als 100 Wissenschaftler. In dem Schreiben kritisierten sie die Nähe von HRW zur US-Regierung, die sich in Gestalt eines »Drehtürsystems« äußere. Die Unterzeichner forderten HRW auf, diesen Zustand zu beenden. Der Brief begann mit den Zeilen:

»Sehr geehrter Kenneth Roth, *Human Rights Watch* stellt sich als ›eine der weltweit führenden unabhängigen Organisationen dar, die sich der Verteidigung und dem Schutz der Menschenrechte verschrieben hat‹. Allerdings stellen die engen Verbindungen von HRW zur US-Regierung diese Unabhängigkeit infrage.«[23] Darauf erfolgte dann am 3. Juni 2014 eine Antwort von Kenneth Roth, die allerdings kaum überzeugende Gegenargumente lieferte, was am 8. Juli 2014 zu einem sehr ausführlichen weiteren Schreiben der HRW-Kritiker führte, die hier im Wesentlichen exemplarisch aufzeigen und betonen, dass HRW bei den schwerwiegendsten Beispielen von Menschenrechtsverletzungen durch die US-Regierung gleichsam keinen Finger rührte.[24] Dass sich derlei Inaktivität einerseits auf die Entwicklung in den betroffenen Ländern genauso auswirkt wie gezielte manipulative Aktivität andererseits, darf als Gemeinplatz betrachtet werden.

George Soros hat demnach seinerseits über seine OSF und mittels sehr viel Geld deutlich Einfluss genommen, so auch durch die Förderung der Verbreitung von Druckschriften und Propagandamaterial, und zwar gleich in millionenfacher Ausfertigung, ebenso durch die Kontrolle von Radio und Fernsehen. So zeigen sich immer wieder die gleichen Muster der Einflussnahme mit offenkundig hohem Manipulationspotenzial. Und es geht noch weiter.

Abb. 7: Kenneth Roth, Chef der *Human Rights Watch,* auf der 44. Münchner Sicherheitskonferenz 2008

5 | Der Krake: Ein gigantisches Netzwerk im Visier

Motive

Es gibt Menschen, die sind – ob man das nun für möglich hält oder nicht – noch wesentlich reicher als George Soros. Einmal abgesehen von Wladimir Putin, zu dessen privatem Vermögen ein weites Spektrum an Schätzungen im Bereich ab etwa 40 Milliarden Euro aufwärts bis zu 200 Milliarden Dollar[1] existiert, wären da unter anderen natürlich Bill Gates mit rund 79,5 Milliarden Dollar, die *Walmart*-Erbin Christy Walton mit etwa 41,7 Milliarden Dollar und gleich auch deren Schwägerin Alice Walton mit einem ähnlichen Potenzial von 39,4 Milliarden Dollar[2] oder aber der amerikanische Casino-Mogul Sheldon Adelson mit seinen etwa 31 Milliarden Dollar, um hier nur wenige Beispiele aus einer gar nicht so kurzen Liste zu nennen. Doch keiner von ihnen scheint annähernd auch so *einflussreich* zu sein wie George Soros. Wie nun bereits im vorherigen Kapitel angedeutet, hat er über die Jahre ein kaum mehr überschaubares, weil gigantisches Spinnennetz an Organisationen und Stiftungen um den Planeten gespannt, mit dem er seinem Reichtum die ganz besondere Note verleiht. Ohnehin sind im Rahmen dieses Buches nur einige punktuelle Einblicke in dieses Netz möglich. Dabei wird es schon aber doch sehr interessant zu beobachten, was kritisch eingestellte Stimmen zur Motivation und zu den Personen feststellen, die am Ruder der von Soros organisierten und finanzierten NGOs stehen. Anfang Juni 2003 befasste sich der amerikanische Journalist Neil Clark im *New Statesman* mit einigen dieser Hintergründe.

Einleitend stellt er etwas sehr Erstaunliches fest, etwas, womit man zunächst überhaupt nicht rechnen würde. Er bezieht sich dabei auf sehr kritische Äußerungen von George Soros gegenüber der Politik von George Bush, und kaum könnte man dem Megaspekulanten mehr zustimmen, wenn er wiederholt feststellte, die Außenpolitik der Bush-Regierung in Sachen Irak sei »fundamental falsch«, basierend auf einer »falschen Ideologie«. Genau sie solle die USA ins Recht setzen, der Welt ihren Willen aufzuzwingen.[3] Clark kann nur staunen: »Wow! Hat

Abb. 8: Zbigniew Brzezínski auf der 50. Münchner Sicherheitskonferenz 2014

einer der reichsten Männer dieser Welt – der archetypische amoralische Kapitalist, der aus dem Währungscrash im Fernen Osten 1997 Milliarden geschlagen hat und der im vergangenen Jahr von einem Gericht in Frankreich wegen Insiderhandels mit einer Strafe von zwei Millionen US-Dollar belegt wurde – nun in seinen späten Jahren das Licht erblickt? Sollten wir die Sektkorken knallen lassen und auf seinen Wandel anstoßen?«[4] Tatsächlich kann man mit den Äußerungen von Soros doch eigentlich nur konform gehen.

Doch der Autor rät zur Zurückhaltung. Man möge doch bitte erst nach den Motiven fragen. Auch Clark verweist auf die *Human Rights Watch* und in dessen engem Umfeld auch auf Namen wie Morton Abramowitz als ehemaligem stellvertretendem US-Außenminister im Bereich Geheimdienste und Forschung (1985–1989) sowie Mitglied im *Council on Foreign Relations,* den Yale-Absolventen *(Scroll & Key Society),* Diplomaten und letzten US-Botschafter Jugoslawiens vor der Desintegration des Landes. Dann auch auf Paul Goble, unter anderem tätig als CIA-Analyst und dem »von der CIA geschaffenen *Radio Free Europe / Radio Liberty* (das ebenfalls von Soros unterstützt wird).«[5]

Zudem hebe die *International Crisis Group* (ICG) derlei »unabhängige« Koryphäen wie die ehemaligen US-Berater für nationale Sicherheit Zbigniew Brzeziński und Richard Allen hervor, ebenso General Wesley K. Clark als ehemaligen *Supreme Allied Commander Europe* (SACEUR), der im Jahr 1999 als Oberbefehlshaber der NATO-Streitkräfte im Kosovo agierte. Clark war es übrigens, der damals, im Juni 1999, dem britischen NATO-Kommandeur Generalleutnant Sir Michael Jackson den Befehl erteilte, die Rollbahnen des militärisch genutzten Slatina-Abschnitts des Flughafens von Priština zu blockieren und eine russische Truppenverstärkung aus der Luft zu verhindern, um die rund 200 einmarschierten russischen Soldaten zu isolieren. Für Jackson zwar grundsätzlich ein Dilemma, doch reagierte er damals mit Befehlsverweigerung und den klar begründenden Worten: »Ich werde für Sie nicht den Dritten Weltkrieg beginnen.« Der Befehl galt dann auch immerhin als einer der Gründe, Clark vorzeitig aus seinem Amt zu entlassen, wobei man dahinter eher taktisches Verhalten als moralische Bedenken erkennen mag.

Was die *International Crisis Group* angeht, wurde sie in den Anfängen unter anderem auch wesentlich von George Soros finanziert, der zusammen mit Abramowitz als Mitbegründer auftrat. Nebenbei bemerkt: Ein Blick in die deutsche *Wikipedia* lieferte hierzu zum Stand Oktober 2015 keine Information, während die englische *Wikipedia* zum gleichen Zeitpunkt wiederholt darauf eingeht.[6]

Abb. 9: Das gediegene Harold Pratt House, New York, Sitz des *Council on Foreign Relations*

Stellvertretender Vorsitzender der ICG war zur Zeit des Beitrags von Neil Clark der im Jahr 2010 verstorbene, ehemalige Kongressabgeordnete Stephen J. Solarz, der zusammen mit den politischen US-Hardlinern Richard Perle und Paul Wolfowitz im Jahr 1998 jenen berüchtigten Brief an Präsident Bill Clinton schrieb mit der Forderung nach einer umfassenden politischen und militärischen Strategie, Saddam Hussein und sein Regime zu Fall zu bringen.[7]

Neil Clark erinnert auch an spezifische geschäftliche Verbindungen, wie sie Soros unterhält. Nun darf man sicher davon ausgehen, dass jemand in solch exponierter Position unvermeidlich und zwangsläufig über zahlreiche geschäftliche Verbindungen verfügen muss, doch bestehen dadurch zum Teil doch sehr bemerkenswerte personelle Verflechtungen, die in bestimmten Fällen weniger zu erwarten wären. So auch hinsichtlich der extrem verschwiegenen *Carlyle Group*, die von undurchsichtigen Aktivitäten gekennzeichnet ist und als »Schattenbank« eingestuft wurde, sogar als einer »der Stars unter den Schattenbanken«.[8] *Carlyle* mischt genau dort mit, wo andere Banken aussteigen. Vieles erweist sich dabei als extrem opak, die Schattenbanken agieren teils bereits jenseits der Grauzone zwischen legalen und illegalen Unternehmungen, auch wird ihre Rolle bei der Finanzkrise ab 2007 vielfach kontrovers diskutiert. *Carlyle* gilt nach eigener Darstellung als eine der weltgrößten privaten Beteiligungsgesellschaften und investierte laut allgemein zugänglichen Quellen seit der erst 1987 erfolgten Gründung 64,7 Milliarden US-Dollar Eigenkapital in 1015 Transaktionen. Die Rede ist von über 1300 Investoren aus 73 Ländern, die an *Carlyle* beteiligt sind.[9] *Carlyle* ist Mehrheitseigener an *Booz Allen Hamilton* als führendem Technologieberater der US-Regierung, der in dieser Funktion im Dienst für das Pentagon und die NSA steht. Die *Carlyle Group* ist ursprünglich bekannt dafür, sich in Unternehmen der Verteidigungsbranche einzukaufen und somit über wesentliche Anteile am militärisch-industriellen Komplex der Vereinigten Staaten zu verfügen. Nebenbei bemerkt, kaufte die *Carlyle Group* ausgerechnet im Jahr 1999 auch das 1947 gegründete Unternehmen *Edgerton, Germeshausen and Grier, Inc.* (EG&G), um es bis 2002 zu kontrollieren und dann wieder abzustoßen. EG&G war über viele Jahre hinweg an zahlreichen »schwarzen Projekten« des US-Militärs beteiligt, in Gestalt von *EG&G Special Projects* zentral auch auf der geradezu legendären Testbasis am Groom Lake in Nevada, die als »Area 51« weltberühmt wurde und bis heute striktester

Geheimhaltung unterliegt. Dort wurden über Jahrzehnte hinweg Geheimflugzeuge wie die U2, die SR-71 »Blackbird« oder fortschrittlichere Stealth-Technologien wie die F-117A sowie der Tarnkappenbomber B2 getestet, nicht zu vergessen Drohnentechnologie wie das Global-Hawk-Projekt, um nur einige exponierte Beispiele zu nennen.

Zu den *Carlyle*-Investoren zählten unter anderem der ehemalige CIA-Direktor und US-Präsident George Herbert Walker Bush, der seinerzeitige stellvertretende CIA-Chef Frank Carlucci sowie der Ex-US-Außenminister und Bush-Familienanwalt James Baker III, weiterhin ebenso der berühmt-berüchtigte General Colin L. Powell, seines Zeichens ehemaliger Nationaler Sicherheitsberater der USA und später Außenminister von George Walker Bush. Powell wird vielen vor allem noch wegen seines Auftritts vor dem Weltsicherheitsrat der Vereinten Nationen im Jahr 2003 bekannt sein – damals, genau am 5. Februar, verkündete er, Saddam Hussein befinde sich im Besitz von Massenvernichtungswaffen und müsse gestürzt werden. Im Herbst 2005 erklärte Powell dann vor laufenden Kameras, er habe den Weltsicherheitsrat auf Grundlage falscher Informationen vom Irakkrieg zu überzeugen versucht. Der Geheimdienst habe damals schon gewusst, dass die Quellen nicht verlässlich waren. Dies bezeichnete er als Schandfleck seiner Karriere und erklärte auch, diesen Krieg zu bedauern.[10]

Zurück zur *Carlyle Group*: Hierzu ist noch bemerkenswert, dass deren Investorenkonferenz 2001 exakt am 11. September in Washington, D.C. stattfand. An dieser Konferenz nahm neben George H. W. Bush verschiedenen Berichten zufolge auch Shafiq bin Laden als Mitglied der berüchtigten gleichnamigen Familie teil, der sogar als Ehrengast geführt worden sei. Die Bin-Laden-Familie war ebenfalls als Investor an *Carlyle* beteiligt, löste aber die Verbindung im Oktober 2001. Aus verschiedenen Quellen geht hervor, dass George Soros gleichfalls als Partner der *Carlyle Group* zu finden ist und hier über 100 Millionen Dollar investierte.[11]

Neil Clark hält allgemein fest: »Soros mag nicht, wie einige nahegelegt haben, ein voll bezahlter CIA-Agent sein. Aber dass seine Unternehmen und NGOs eng verwickelt sind in den US-Expansionismus, kann nicht ernstlich bezweifelt werden.«[12]

Hier kommt ein neuer Aspekt zu Soros zur Sprache, sobald es um den US-Auslandsgeheimdienst geht. Es scheint allerdings kaum nachvollziehbar, dass ein Multimilliardär vom Schlage eines George Soros es wirklich nötig haben sollte, sich von einem Geheimdienst kaufen zu lassen. Direkte und eindeutige Belege hierfür scheinen nicht vorzuliegen oder sehr schwer beizubringen sein. Eine nicht ganz so konkrete, aber doch weit leichter vorstellbare Variante findet sich bei Wayne Madsen, einem Ex-Mitarbeiter der NSA, der mittlerweile als US-Enthüllungsjournalist tätig ist. Auf ihn bezieht sich auch F. William Engdahl, der erklärt, Madsen behaupte, Soros habe eng mit der CIA und CIA-kontrollierten NGOs wie dem *National Endowment for Democracy* zusammengearbeitet, um Regierungen oder Regierende zu stürzen, die sich Washingtons Agenda, genauer gesagt der Agenda der CIA, nicht fügen wollten.[13] Tatsächlich soll uns dieses Thema später noch näher beschäftigen. Wie Wayne Madsen Ende 2015 erklärte, sei ein ehemaliger, mit verdeckten Operationen betrauter CIA-Mitarbeiter mit erstaunlichen Enthüllungen an ihn herangetreten. Demnach habe im früheren Jugoslawien eine enge Zusammenarbeit der CIA mit den Soros-NGOs bestanden, um die Macht der Serben einzuschränken und Muslime mit Kontakten zum globalen Dschihad und der organisierten Kriminalität zu unterstützen. Operationen zur Beeinflussung von Medien seien zwar von der CIA gesteuert, aber von Soros finanziert worden. Zuvor habe jede CIA-Verbindung von Soros als blanke »Verschwörungstheorie« gegolten. Entsprechend bemerkenswert sei das Eingeständnis seitens jenes Ex-CIA-Mannes. Madsen spricht von einer »unheiligen Allianz«.[14]

Die Ausführungen von Neil Clark wären ihrerseits noch nicht abgerundet, ginge es nicht um seine eigentliche Ausgangsfrage, warum die Politik von George W. Bush bei Soros auf so massive Ablehnung stieß, wenn doch die von ihm unterstützten Projekte auch personell völlig auf der US-Linie zu liegen scheinen. Für Clark gibt es hier nur eine Antwort: Soros kritisierte Bushs *Ziele* an sich überhaupt nicht, er kritisierte lediglich den *Weg* dorthin. Demnach stellte er sich nicht gegen »die Erweiterung der Pax Americana und die Schaffung einer für globale Kapitalisten seiner Art sicheren Welt«[15], so Clark. Das Problem sei vielmehr die plumpe und krasse Art gewesen, mit der Bush vorging. Sein Agieren ließ die US-Ambitionen allzu deutlich hervorstechen.

Jahrelang hätten Soros und seine NGOs so gekonnt daran gearbeitet, die Grenzen der »freien Welt« ganz in ihrem Sinne zu erweitern, dass dies kaum von irgendjemandem bemerkt worden sei. Doch dann sei der texanische »Redneck« mit seiner »Gang« übereifriger Neocons aufgetaucht, um alles zu zerstören. Ganz im Kontrast dazu sei Soros ein kultivierter und gebildeter Mann mit einem Abschluss in Philosophie von der *London School of Economics,* mit Ehrendoktoraten der Universitäten Oxford, Yale, Bologna und Budapest; er sei jemand, der genau wisse, dass Imperien fallen, sobald sie den Bogen überspannen und die Bildung von Gegenallianzen provozieren.[16]

Und letztlich stellt Clark fest: »Soros kennt einen besseren Weg – bewaffnet mit Milliarden von Dollar, einer Hand voll NGOs und wohlwollendem Einverständnis des US-Außenministeriums wird es auf perfekte Weise möglich, ausländische Regierungen zu kippen, die fürs Geschäft schlecht sind, dazu auch die Wirtschaftsgüter eines Landes an sich zu reißen und dann später sogar noch für seine Güte einen Dank zu erhalten. Soros hat das vollbracht.«[17]

Geplantes Chaos?

Dabei darf die »Hand voll NGOs« nicht zu wörtlich genommen werden, denn, wie schon vielfach erwähnt, herrscht Soros über ein gigantisches Netzwerk, ein unvergleichliches Gebilde philanthropischer Stiftungen und wohltätiger Organisationen mit deutlich politischen Ambitionen. Eine globale Struktur dieser Größenordnung muss Wirkung zeitigen, wobei Clarks Beobachtung einer von der Öffentlichkeit weitgehend unbemerkten und eben doch so umfassenden Aktivität heute noch gilt. Nicht dass Soros etwa vollends im Geheimen agierte, das keineswegs. Immer wieder macht er durchaus sehr deutlich, was er will, um nicht zu sagen: Er fordert es wiederholt explizit ein – gerade eben auch von Europa, von Deutschland. Dies auch sehr klar im Kontext des großen Problems der Flüchtlingsströme, von deren Auslösefaktoren und erwartetem Effekt später noch die Rede sein soll, gerade mit Blick auf Soros und seine Vision der offenen Gesellschaft. Dabei kommt wirklich Erstaunliches und Weltbewegendes zum Vorschein, wenn auch nicht unbedingt im positiven Sinne.

Die deutsche Autorin Friederike Beck hat sich der Mühe unterzogen, sehr umfassend zum Soros-Netzwerk zu recherchieren und intensiv nachzubohren, welche Organisationen auf welche Weise miteinander verknüpft sind und welche gesellschaftlichen und politischen Wirkungen von ihnen ausgehen. In einem sehr umfangreichen Beitrag vom Oktober 2015 geht sie ebenfalls auf die osteuropäischen Aktivitäten der *Open Society Foundations* ein, auf die dadurch erfolgte »Öffnung« Osteuropas sowie der ehemaligen Sowjetunion durch farbige Revolutionen im Sinne der Marktstrategen, wobei die extrem reiche Weltelite hier gleichartige Interessen verfolgt und somit nicht allein NGOs und Stiftungen von Soros in dieselbe Richtung wirken. Die Autorin verfolgt vor allem aber auch die wesentliche Rolle, die diese Netzwerke bei den Veränderungen in Europa und bei der Massenmigration spielen.[18] Gleich eingangs zitiert sie das *BreitbartNewsnetwork,* das Mitte September 2015 mit Blick auf Soros notierte: »Er ist ein unverbrüchlicher Verfechter der Europäischen Union und der Währung Euro … Seine *Open Society Foundation* gab auch Geld an pro-EU und Pro-Migranten Gruppen wie *British Future,* die Wahlkampf gegen UKIP und euroskeptische Gruppen machte«,[19] wobei Beck die Aussage hervorhebt, Soros habe angeblich Geldmittel an Pro-Migranten-Gruppen vergeben. Zudem erinnert sie an einen von Soros selbst vorgelegten Themenbeitrag auf seiner Internetpräsenz. Darin diktiere er der EU gleichsam im Befehlston, wie das Asylsystem künftig zu gestalten sei.[20] Pro Asylsucher solle in jedem der ersten beiden Jahre seitens der EU ein Betrag von 15 000 Euro bereitgestellt werden, um die Gesamtkosten abzudecken und die Flüchtlingsaufnahme für die Mitgliedstaaten attraktiver werden zu lassen.[21]

Wieder geht es darum, eine absolut offene Gesellschaft entstehen zu lassen. Und gerade im Flüchtlingskontext natürlich auch darum, für Toleranz zu sorgen und Fremdenfeindlichkeit sowie Diskriminierung zu bekämpfen. Gegen dieses Ziel ist selbstverständlich überhaupt nichts einzuwenden. Im Gegenteil, grundsätzlich wären diese Ziele uneingeschränkt und vollends zu unterstützen. Der Wert eines Menschen wird schließlich durch kein äußeres Merkmal oder seine Herkunft bestimmt. Allerdings auch nicht durch den finanziellen Status, der vor allem in der westlichen Gesellschaft leider häufig zum alles entscheidenden »Rasiermesser« wird. Herkunft und Abstammung, Nationalität und Kulturkreis, Rasse und Hautfarbe, sexuelle oder religiöse Orientierung, nichts davon darf Grund für Bevorzugung oder aber Diskriminierung sein, dafür, dem einen Menschen zu helfen und dem anderen nicht. Dass derlei vom jeweiligen Individuum kaum selbst wählbare Differenzen in der realen Welt dieses »aufgeklärten« 21. Jahrhunderts leider alltäglich zu unmittelbarer Ablehnung und strikter Gewalt führen, bleibt eine mehr als traurige, geradezu steinzeitliche Tatsache.

Mit Hetze, Gewalt und Brutalität gegen die Flüchtlinge werden Probleme nicht gelöst, sondern verschärft, sind es doch in erster Linie Menschen, die Schutz suchen. Dass nun angesichts ihrer großen Zahl unter ihnen auch solche sind, die ebenfalls gewaltbereit sind, sich nicht eingliedern wollen oder aber eine bedrohliche Ideologie verfolgen, darf keineswegs ignoriert werden, kann aber nicht pauschalisiert oder gar buchstäblich zum »Totschlagargument« werden. Wesentlich ist: Verantwortlich für die Entwicklung sind gänzlich andere Kreise, und diese Verantwortlichen mussten genau wissen, welche Folgen die Massenauswanderung nach Europa zeitigen würden. Sie mussten wissen, dass die Stunde für gewaltbereite Gruppen kommen würde. Und sie mussten dies demnach in Kauf genommen oder sogar beabsichtigt haben. Wenn man postuliert, dass hier eine kontrollierte, von höherer Instanz koordinierte Krise besteht, erhält die Entwicklung allerdings sofort eine völlig andere Dimension.

Doch der »Mann auf der Straße«, genauer gesagt, all diejenigen, die gegen die eintreffenden Flüchtlinge auf die Straße gehen, sind sich dessen in den wenigsten Fällen bewusst. So manche nutzen die Entwicklung geradezu, um sich zu radikalisieren. Diejenigen, die darüber hinaus zur Gewalt greifen, scheinen sich ebenso wenig dessen bewusst zu sein, damit weder etwas an der Situation zum Besseren zu wenden noch in irgendeiner Form die Schuldigen zu treffen. Oder es ist ihnen schlichtweg egal. Die Flüchtlinge jedenfalls sind diese Schuldigen nicht. Die Auslösefaktoren sind es, und sie sind weit mehr in Politik und Wirtschaft zu finden.

Das Konfliktpotenzial wächst aber mit den Flüchtlingsströmen, und in Europa mischen sich Ängste zunehmend mit Aversion und Agitation. Die Frage, über die kaum diskutiert wird, nämlich weshalb die Flüchtlinge ihrerseits instrumentalisiert werden, während die Gesamtsituation mehr und mehr aus dem Gleichgewicht gerät, muss gesondert gestellt werden.

Die offenkundig gelenkte Entwicklung führt unweigerlich zunehmend – und auch völlig erwartungsgemäß – genau zu jenen Reaktionen, die eigentlich bekämpft werden sollten und die auch die *Open*

Society Foundations nach eigener Angabe unterbinden wollen, namentlich Fremdenfeindlichkeit und Diskriminierung.

Jede Situation aber, die zumindest aus der Sicht der Bürger wie auch einer zunehmenden Zahl an Politikern außer Kontrolle zu geraten droht, entspricht einem eindeutigen Ungleichgewicht und wird allgemein als gefährlich für die bestehende Gesellschaft empfunden. Genau in dieses Ungleichgewicht und sogar Chaos gleitet Europa. Man könnte nun daran erinnern, dass Soros sich selbst als jemand bezeichnete, der auf genau solche Zustände spezialisiert ist, jemand, dem geradezu das Wasser im Munde zusammenläuft angesichts von Ungleichgewichten. Ohne nun diese Äußerung überstrapazieren zu wollen, stimmt sie durchaus nachdenklich. Und wie weit die von den *Open Society Foundations* mit ihrer *International Migration Initiative* verfolgten Ziele nicht zum glatten Gegenteil führen beziehungsweise welche möglichen Hintergründe hier wirklich hineinspielen, was das alles für Europa im Allgemeinen und für Deutschland im Speziellen bedeutet, wird noch ein wenig ausführlicher zu besprechen sein.[22]

Der Mann mit den tausend Gesichtern

Zunächst aber zurück zu jenem Spinnennetz, das der Herrgott der Hochfinanz über die Welt gelegt hat. Es würde wie gesagt jeglichen Rahmen sprengen, sämtliche von Soros und seinen *Open Society Foundations* gestützte Organisationen, Gruppen und Institute auch nur einigermaßen erschöpfend zu beschreiben. Sogar simple Auflistungen sind so lang, dass die Durchsicht schnell zur Ermüdung führen kann, selbst wenn die blanke Erkenntnis, wie gigantisch dieses Spinnennetz ist, durchaus erschreckend ausfallen kann.

Dass so enorm viel Macht und Einfluss in einer einzigen Person vereint ist, die sich genau deshalb meist ohne größeren Widerspruch gerade auch in die europäische Politik nachhaltig einbringt, um nicht zu sagen einmischt, scheint beinahe einem Anachronismus gleich. Die Dezemberausgabe 2010 des *Whistleblower*-Magazins trägt den Titel »George Soros and his Evil Empire«, wobei hier die von Soros und den OSF direkt unterstützten Organisationen jeweils in einem Balken auf den ungeraden Seiten von 7 bis 47 ohne Unterlass in alphabetischer Folge aufgeführt werden. Diese bereits schwindelerregende Liste, die keineswegs Anspruch auf Vollständigkeit erhebt, spiegelt den »Man of 1000 Faces« wider – den »Mann der 1000 Gesichter«, so lautet auch die Überschrift. Sie wurde von David Joel Horowitz ausgearbeitet, einem amerikanischen Publizisten, der zeitweilig in London für die *Bertrand Russell Peace Foundation* tätig war und sich in linksintellektuellen Kreisen bewegte, um später dann jedoch das Lager zu wechseln. Er gilt heute als Konservativer, der sich nach dem Aufbau seines *Center for the Study of Popular Culture,* dem späteren *David Horowitz Freedom Center,* unter anderem auch gegen Antiamerikanismus richtet. Als antisozialistisch wird auch seine Onlinedatenbasis *Discover the Networks* beschrieben, auf der sich die im *Whistleblower* abgedruckte Liste noch umfassender und in stets aktualisierter Form abrufen lässt. Dabei genügt ein Klick auf den Namen einer einzelnen Organisation, um unmittelbar zahlreiche weitere Informationen abzurufen und dabei gleichsam mehr und mehr im Soros-Gespinst unterzugehen.[23]

Ebenso mulmig wird es dem geneigten Betrachter einer interaktiven Grafik[24], auf die auch Friederike Beck explizit hinweist, um »ein Gespür für das gigantische Einflussimperium des George Soros zu bekommen«.[25] Und was dort anfangs eher harmlos erscheint, wird beim Weiterklicken zum schwindelerregenden Irrgarten par excellence.

Am einfachsten ist dabei noch, schlichtweg einen Blick auf die Internetpräsenz der *Open Society Foundations* zu werfen und die dort vorgestellten Ziele und Werte in Augenschein zu nehmen. Wer das macht, wird natürlich schnell beruhigt und von der rundum guten Sache überzeugt sein, würde es doch geradezu einem Sakrileg gleichen, auch nur eine der Visionen abzulehnen oder die zitierten Grundwerte infrage zu stellen.

Was dort zu lesen steht, spiegelt ein moralisch einwandfreies Konzept wider, einen Kanon der Menschlichkeit und Ambitionen für die Zukunft, wie sie sinnvoller und erstrebenswerter kaum sein könnten. Unter der Vorgabe absoluter Authentizität rundum also ein philanthropisches Komplettprogramm.

Zur Mission heißt es hier: »Die *Open Society Foundations* arbeiten daran, kräftige und tolerante Gesellschaften aufzubauen, deren Regierungen ihren Bürgern gegenüber verantwortlich sind und sich der Beteiligung aller Menschen öffnen. Wir streben danach, das Prinzip der Rechtsstaatlichkeit zu stärken; Respekt für die Menschenrechte, Minderheiten und für eine Meinungsvielfalt; demokratisch gewählte Regierungen sowie eine bürgerliche Gesellschaft, die dazu beiträgt, die Regierungsmacht im Zaume zu halten. Wir unterstützen die Bildung öffentlicher Strategien, die größere Fairness in politischen, rechtlichen und ökonomischen Systemen sicherstellen und die Grundrechte schützen. Wir implementieren Initiativen, um Gerechtigkeit, Bildung, öffentliches Gesundheitswesen sowie unabhängige Medien zu fördern. Wir bilden Allianzen über Grenzen und Kontinente hinweg hinsichtlich Problemen wie Korruption und Informationsfreiheit. Die in jedem Teil der Welt arbeitenden *Open Society Foundations* setzen eine hohe Priorität darauf, das Leben von Menschen zu schützen und zu verbessern, die in Randgesellschaften leben.«[26]

Zu den Werten heißt es anschließend dann unter anderem: »Wir glauben an die fundamentalen Menschenrechte, an Würde und die Rechtsstaatlichkeit. Wir glauben an eine Gesellschaft, in der alle Menschen frei sind, um vollständig am bürgerlichen, wirtschaftlichen und kulturellen Leben teilzunehmen … Wir glauben daran, schnell und flexibel auf die kritischsten Bedrohungen für die offene Gesellschaft zu reagieren. Wir glauben daran, sich kontroverser Themen anzunehmen und kühne, innovative Lösungen zu unterstützen, die Hauptursachen betreffen und Systemwechsel vorantreiben. Wir glauben daran, zu kritischen Debatten zu ermutigen und unterschiedliche Meinungen zu akzeptieren.«[27] Glaubenssätze, die man eigentlich nur gutheißen kann.

Nun hängt es allerdings von der Perspektive ab, wo »Utopia« liegt und in welcher Weise die Ziele umgesetzt werden sollen. Sattsam bekannt ist, dass jede historische Gesellschaftsform ihre Begründungen gefunden hat, den bestmöglichen Daseinszustand zu erzielen. Moral wird da schnell zum strapazierten Begriff, wie überhaupt viele Definitionen von Freiheit, Recht oder Gerechtigkeit. Unterschiedliche Meinungen zu akzeptieren, sollte – wenn es denn so gemeint ist – für die OSF in jedem Fall gelten. Was aber die offenen Gesellschaften betrifft, fließt hier ein Aspekt ein, der wohl eine sehr wesentliche Rolle in der Architektur des OSF-Imperiums gespielt hat und auch weiterhin spielt. Unter der Überschrift »Der Soros-Krake« zitiert Friederike Beck aus einem Buch der zum großen Netzwerk rechnenden, in Prag ansässigen Lobbygruppe PASOS *(Policy Association for an Open Society)*, wo es hinsichtlich Europa heißt: »Um die Vision eines einheitlichen Marktes umzusetzen, war es notwendig, eine Reihe von Hindernissen für die freie

Bewegung von Gütern, Dienstleistungen, Kapital und Menschen beiseite zu räumen.«[28] Demnach ging es um einen ungehinderten Markt für die großen Investoren. Beck stellt zu diesem Zitat fest: »Migration ist also in den Augen der Superkapitalisten der gewünschte Zustand, nachdem die Grenzen als Hindernisse beiseite geschafft wurden, um die Herrschaft des Kapitals auf dem einheitlichen Markt auf der Suche nach maximalen Gewinnen ungehindert zur Geltung zu bringen. Auch wenn diese Recherche zunächst von der stark herausragenden Person Soros ausging, so ist Pro-Migrations-Lobbyismus eben kein persönliches Hobby von George Soros & Friends, sondern eine Forderung der Märkte und derjenigen, die von ihnen am meisten profitieren. Dass es europaweit Hunderten von Pro-Asyl- und Pro-Migrations-Organisationen bisher nicht auffiel, mit wem sie sich in ein Boot setzten und von wem sie Gelder erhielten, stimmt nachdenklich.«[29]

Unabhängigkeit und Meinungsbildung

Wie von den *Open Society Foundations* zur eigenen Mission dargestellt, werden von ihnen ausgehend Initiativen ins Leben gerufen, um unter anderem Gerechtigkeit, Bildung und unabhängige Medien zu fördern. Immerhin wird auch betont, unterschiedliche, sprich: anderslautende, kontroverse Meinungen ebenfalls gelten zu lassen. Wie weit natürlich Medien überhaupt unabhängig sein können, wenn sie an einem einzigen Tropf hängen und in ein riesiges Netzwerk eingebunden sind, in dessen Zentrum stets die gleiche Quelle anzutreffen ist, dürfte eine anhaltend aktuelle Frage sein. Man muss sich daher Gedanken machen, ob nicht auch die weitreichende Uniformität, wie sie innerhalb des Netzwerks anzutreffen ist, durch diese Abhängigkeiten begründet ist, vor allem, da offensichtlich nur diejenigen gefördert werden, die entweder bereits eine entsprechende Haltung vorweisen oder sie aber anzunehmen bereit sind. Zumindest entsteht der Eindruck, dass die sehr zahlreichen Organisationen, wie sie von Außenstehenden nicht immer sofort jenem einen großen, ohnehin kaum bekannten Meganetzwerk zugeordnet werden können, eher als Multiplikatoren einer einzigen Meinung fungieren denn als kritisch ausgerichtete Einzelkomponenten im Interesse von Pluralismus. Und diese eine Meinung wäre nun einmal diejenige von George Soros höchstpersönlich.

Der ihm verhasste George W. Bush hat (eigentlich nicht nur einmal) einen bemerkenswerten Ausspruch getan, als er konstatierte: »Wenn wir eine Diktatur hätten, wäre alles weiß Gott viel einfacher, solange ich der Diktator bin.«[30] Einer jener berühmten Bushismen, die Bände füllen. Doch, was er da sagte, machte natürlich letzten Endes auf tragische Weise Sinn. Bezogen auf die Meinungsfreiheit könnte man unter Umständen zu einer ähnlichen Erkenntnis gelangen, nämlich derjenigen, dass kontroverse Meinungen so lange akzeptiert sind, solange sie der Meinung von Soros entsprechen.

Der bereits mehrfach erwähnte F. William Engdahl nimmt in seinem 2015 erschienenen Buch über *Die Denkfabriken* kein Blatt vor den Mund, wenn er zu Soros festhält: »Mit seinem Geld kaufte er wichtige Medien in ausgesuchten Ländern, um die Absichten des *State Department* und auch seine eigenen zu fördern. Soros-Medien gab es in mehr als einem Dutzend Sprachen, von der *Gazeta Wyborcza* in Warschau über *Danas* in Serbien, den *Monitor* in Montenegro, den Fernsehsender *Markíza* in Bratislava, die serbische Wochenzeitung *Vreme* bis hin zum B-92-Konglomerat elektronischer Medien in Belgrad, um nur die wichtigsten im postkommunistischen Europa zu nennen. Sie alle gaben Soros' Ansichten und Absichten wieder, die sich auch in den Aktionen der Soros-Stiftungen vor Ort und weltweit in der Agenda der *International Crisis Group* (ICG) widerspiegelten.«[31] Von dieser Soros-finanzierten ICG war ja bereits die Rede. Aber jenseits der Finanzierung der *Open Society*-Stiftungen sowie Institutionen wie der ebenfalls erwähnten *Human Rights Watch*, der ICG, dem *U.S. Institute of Peace* oder aber dem *National Endowment for Democracy*, betreibt Soros massiv Meinungsbildung durch nach außen unabhängige Medien. Sie mögen zwar von den jeweiligen Regierungen unabhängig sein, wohl aber kaum vom Soros-Imperium. Und so zitiert Engdahl auch den 1950 in Frankreich geborenen Gilles d'Aymery, der nach seinem Studium in der internationalen Öl- und Gasindustrie tätig war und dann 1982 in die USA übersiedelte, um dort schließlich 1996 das *Swans Commentary*-Magazin zu gründen. Darin greift er vorzugsweise politische Themen auf, die im Mainstream wenig Berücksichtigung erfahren. Engdahl zitiert d'Aymery mit folgenden Worten: »Wie eine Jules Verne'sche Riesenkrake streckt er [Soros] seine Tentakel über ganz Ost- und Südosteuropa, den Kaukasus und die Teilrepubliken der ehemaligen Sowjetunion aus. Mithilfe dieser verschiedenen Gruppen ist es möglich, Nachrichten, Pläne und öffentliche Meinung nicht nur zu formen, sondern zu erfinden, um die Kontrolle über die Welt und ihre Rohstoffe zu erreichen und das Ideal einer perfekten Weltpolitik made in America zu fördern.«[32]

Eine weitreichende Behauptung, wenn d'Aymery hier feststellt, Soros erfinde sogar Nachrichten. Dem entsprächen jedoch auch andere Aussagen, so eine Darstellung von Kurt Nimmo, der unter anderem für die kontroverse US-Plattform *Info Wars* des weithin bekannten Aktivisten Alex Jones schreibt.

Die Weißhelme

Der seinerseits natürlich umstrittene Nimmo berichtet am 2. Oktober 2015 einen Vorgang, bei dem eine mit dem Soros-Netzwerk verbundene, in Syrien aktive NGO ein Foto vom 25. September 2015 verwendet habe, um russische Angriffe vom 30. September zu dokumentieren.[33] Dabei geht es konkret um eine als *The White Helmets* bekannte Gruppe, die laut eigener Aussage rund 2700 freiwillige Helfer aus allen Lebensbereichen und Berufen umfasst und sich mit ihrer Initiative *The Syria Campaign* für Frieden in der Region einsetzt.[34] Was nun das von den »Weißhelmen« veröffentlichte Foto betrifft, zeigt es ein verletztes Kind in den Armen seines Vaters, wobei diese Publikation laut der russischen Nachrichtenwebsite *Sputnik* sogar noch Stunden vor dem Zeitpunkt erfolgte, als das russische Parlament die militärische Aktion in Syrien autorisierte.

Die investigative Journalistin und Friedensaktivistin Vanessa Beeley erklärte gegenüber *Sputnik* und der Ende 2009 gegründeten Website *21st Century Wire*, die *White Helmets* würden vom Globalisierer George Soros gesponsert und kooperierten mit dem *Syrian Observatory for Human Rights* (der »Syrischen Beobachtungsstelle für Menschenrechte«, jener in den Medien gern zitierten »Quelle« mit Sitz in London, der eine besondere Nähe zur NATO nachgesagt wird) und anderen Anti-Assad-NGOs. Der Vorwurf wiegt schwer. Beeley erklärt, die *White Helmets* nutzten ihre Such- und Rettungsaktivitäten als einen Deckmantel, um den syrischen Präsidenten Assad zu dämonisieren und Terroristen zu unterstützen. *Sputnik* verweist auf die offizielle Website der *White Helmets,* auf der festgehalten wird, dass die Freiwilligen über 20 000 Menschen auf allen Seiten des Konflikts gerettet hätten, wobei die Organisation den Prinzipien von Humanität, Solidarität und Unparteilichkeit folge, wie sie von der *International Civil Defense Organization* umrissen worden seien. Doch laut Beeley würden die *White Helmets* und andere NGOs lediglich benutzt, um die westliche Strategie der Bewaffnung und Unterstützung des syrischen Aufstands zu rechtfertigen.[35]

Eine Verbindung der *White Helmets* (Weißhelme) zu Soros besteht unter anderem laut Nimmo über die PR-Firma *Purpose, Inc.,* die sich für militärische Interventionen gegen Bashar al-Assad ausspreche. Mitbegründer von *Purpose* ist Jeremy Heimans, auf den auch die prodemokratische Gruppe *Avaaz.org* zurückgeht, die wiederum mit dem OSF-Netz verbunden ist. Beeley schreibt hinsichtlich der Weißhelme: »Wenn Sie einen Blick auf ihre Schaffung im Jahr 2013 werfen, so wurden sie mit Geldmitteln aus Großbritannien, USA und von der Syrischen Oppositionspartei ins Leben gerufen.«[36]

Nimmo weist unter anderem auch auf Rick Sterling hin, Gründungsmitglied der *Syria Solidarity Movement* und seit den frühen 1970er-Jahren engagiert gegen den Imperialismus und für Gerechtigkeit in Afrika. Seinen Recherchen zufolge firmierten die *White Helmets* vormals als die Syrische Bürgerverteidigung – *Syrian Civil Defense,* wobei er festhält: »Bürger aus von Rebellen kontrollierten Gebieten wurden bezahlt, um in die Türkei zu gehen und dort ein Training zu Rettungsoperationen zu absolvieren. Das Programm wurde von James Le Mesurier gemanagt, einem ehemaligen britischen Soldaten und privaten Kontraktor, dessen Firma in Dubai ansässig ist … Die *White Helmets* arbeiten vorwiegend mit der Rebellengruppe *Jabat al-Nusra* (*al-Qaida* in Syrien) zusammen. Videomaterial der unlängst ausgeführten, vorgeblichen Chlorgasattacken beginnen mit dem *White Helmets*-Logo und werden dann unter dem Logo von Nusra fortgesetzt. Tatsächlich sind die *White Helmets* ein kleines Rettungsteam für *al-Nusra/al-Qaida.*«[37]

Träfe diese Behauptung tatsächlich zu, würde dies bedeuten, dass das Soros-Netzwerk den syrischen Arm der al Qaida zumindest mit trägt, was auf die Unterstützung islamistischen Terrors durch einen Börsenguru jüdischer Herkunft hinausliefe. Diesen Aspekt kann man eigentlich nur kommentarlos sich selbst überlassen. Unabhängig von Sterlings Behauptung wurden nach dem 11. September 2001 durch jahrelange Recherchen investigativer Journalisten zahlreiche Informationen und Indizien zusammengetragen, die eine Beteiligung der CIA an der Umsetzung der Terroranschläge nahelegen.

In Deutschland war es unter anderen auch der ehemalige Parlamentarische Staatssekretär der Verteidigung sowie Ex-Bundesminister für Forschung und Technologie, Andreas von Bülow, der erhebliche Zweifel an der offiziellen Darstellung der Vorgänge zu 9/11 anmeldete und vor allem die engen CIA-Verbindungen untersuchte. Natürlich gilt von Bülow längst als »Verschwörungstheoretiker«, gerade auch durch sein Buch *Die CIA und der 11. September.*

In der Einleitung begründet der Ex-Minister die Notwendigkeit, den Blick auf die CIA und ihre Beteiligung an 9/11 zu richten. »Die hinterhältige Tat wird muslimischen Terroristen angelastet, deren Führung, ob *al-Qaida, Taliban* oder Osama bin Laden, im verdeckten Kampf der CIA gegen die sowjetischen Truppen in Afghanistan angeworben, ausgebildet und eingesetzt wurde. Die Geldquelle des geduldeten Drogenhandels half bei der Finanzierung. Ob die CIA sich je vollständig von diesen Mannschaften getrennt hat oder sie gar weiter für ihre weltweiten Einsätze nutzt, bleibt ungewiss. Der 11. September ist daher auch ein Anlass, die hochkriminellen Aktivitäten insbesondere der CIA in allen wichtigen Ländern der Welt, nicht zuletzt die schamlose Nutzung der Drogenkriminalität zu geheimdienstlichen Zwecken in allen Erdteilen, zum Thema zu machen.«[38] Dabei macht von Bülow klar, dass die 1947 gegründete CIA mit der Vorgabe ans Werk ging, besser als der sowjetische Gegenpart KGB zu sein. Doch, so Bülow, die mit den Grundsätzen einer rechtsstaatlichen Demokratie unvereinbaren verdeckten Operationen müssten aufgegeben werden, »wenn nicht stets aufs Neue von außen geschürter Hass und Chaos das Zusammenleben der Völker unmöglich machen sollten.«[39]

Der Autor betont aber auch: »Nirgendwo sonst ist die Kritik an den Operationen der geheimen Außenpolitik der USA so massiv, so erbittert, wie in den USA selbst. Da aber die Medien das Thema ausklammern und sich für die Taktik der amtlichen Desinformation einspannen lassen, hat sich eine die Politik in die Schranken fordernde Protestbewegung noch nicht bilden können«, was, so möchte man ergänzen, selbstverständlich ganz im »Sinne der Erfinder« liegt.

Immer schön korrekt

So und nur so funktionieren die Systeme bis heute, und diese Beobachtung trifft nicht nur auf totalitäre Regime zu, nicht allein auf Länder jenseits des ehemaligen Eisernen Vorhangs, sondern vielfach auch auf unsere hoch gerühmten westlichen Demokratien, in denen leider ebenfalls ein sehr einheitliches Medienfeld die Meinungslandschaft beherrscht.

Da ist die Rede von Political Correctness, was konkret nichts anderes bedeutet als wesentliche Einschränkungen der Meinungsvielfalt, was schnell deutlich wird, sobald die Erkenntnisse und Äußerungen von (noch) unabhängig tätigen Journalisten auch nur andeutungsweise von der Leitlinie abweichen. Für diese Autoren werden dann stereotype Stigmata gefunden, die eine sachliche Diskussion von vornherein verunmöglichen, einmal ganz davon abgesehen, dass sie in den üblichen Medienformaten überhaupt nicht stattfinden kann. Damit erübrigt sich oft buchstäblich jede weitere Diskussion. Political Correctness entspricht einer Vorzensur durch Konvention und mündet in ein Meinungsdiktat.

Abb. 10: Putin und die Medien. Aber: Ist es um Meinungs- und Pressefreiheit bei uns besser bestellt?

Letztlich sollte echte Meinungsfreiheit dort anfangen, wo keine Repressalien für unkonventionelle Meinungen zu erwarten sind. Davon aber sind auch wir weit entfernt. Wer beispielsweise als Journalist erfolgreich sein will, sollte sich schnellstmöglich eine (allzu) eigene Meinung abgewöhnen. Im Übrigen gilt doch auch in sämtlichen Diktaturen eine Form von Meinungsfreiheit. Denn auch dort kann man seine Meinung äußern, wenn auch meist nur ein einziges Mal. In unserer westlichen Welt allerdings führt eine abweichende Meinung zwar nicht direkt zur Lebensgefahr, kann aber doch die Existenz vernichten. Und damit ist nun wirklich keine authentische Meinungsfreiheit gegeben.

So werden sich nicht nur die großen amerikanischen Medien davor hüten, nicht auch fürderhin in Phase mit der großen Politik zu schwingen, so werden wesentliche Themen und bedeutsame Argumente ausgeklammert, so werden andere Aspekte im Rahmen einer sehr einseitigen Berichterstattung abgehandelt. Geheimdienste allgemein und vielerorts nehmen sich auf verschiedenste Weise auch der jeweiligen Journalisten an, schmieren sie, führen sie in die Irre oder bringen sie um die Ecke.

Der sehr kontrovers diskutierte deutsche Autor Udo Ulfkotte hat selbst erfahren, wie Geheimdienste versuchen, Journalisten zu kaufen, und er hat darüber ein viel beachtetes Enthüllungsbuch geschrieben.[40] In einem kurzen Beitrag spricht Ulfkotte von »simulierter Pressefreiheit« und bestätigt: »Unsere Leitmedien im deutschsprachigen Raum sind jetzt wie gleichgeschaltet. Sie berichten nur noch nach den Regeln der politischen Korrektheit, betreiben im Interesse der USA Kriegshetze gegen Russland und unterdrücken den freien Informationsfluss«.[41] Und er fragt: »Haben auch Sie das Gefühl, häufig manipuliert und von den Medien belogen zu werden?«[42], um mit Blick auf seine Publikation festzuhalten: »Dann geht es Ihnen wie der Mehrheit der Deutschen. Bislang galt es als ›Verschwörungstheorie‹, dass Leitmedien uns Bürger mit Propagandatechniken gezielt manipulieren. Und nun enthülle ich, was wirklich hinter den Kulissen passiert … Am Ende wird klar: Meinungsvielfalt wird jetzt nur noch simuliert.«[43]

Dahinter steckt eine umfassende Maschinerie, innerhalb derer die Geheimdienste lediglich eine wesentliche Komponente von vielen bilden, innerhalb eines Apparats aus Eliteorganisationen und Lobbygruppen. Und je nachdem, wie gut sich ein Journalist ins große Schema einreiht, werden dann auch die Preise vergeben. Unter diesen Bedingungen werden wir uns leider zügig von dem Gedanken verabschieden müssen, in einer Gesellschaft zu leben, in der die Meinung wirklich frei ist.

»Die EU sucht einen neuen Gaddafi«

Soweit die CIA und der 11. September angesprochen sind, legen die hierzu gewonnenen Erkenntnisse nahe, was an scheinbar Undenkbarem in der Welt eben doch erwogen werden muss. Wie von Bülow ausführt, hat Osama bin Laden seinerzeit rund 10 000 Kämpfer aus mehr als 40 islamischen Staaten angeworben, um sie dann in Lager des pakistanischen Geheimdienstes ISI, des US-Auslandsgeheimdienstes CIA und nicht zuletzt auch in US-amerikanische Militäreinrichtungen zu vermitteln. Man habe die angeworbenen Söldner in speziellen Lagern ausgebildet. »Kommandozentralen, Lagerräume für Waffen und Munition sowie Rückzugsräume für die Kämpfer in den Bergen waren in unterirdischen Höhlensystemen angelegt, die von Osama bin Ladens Bauunternehmen mithilfe der CIA hergerichtet worden waren«[44], so schreibt von Bülow. Ähnliches erklärte der schillernde CIA-Abtrünnige Oswald LeWinter in einem ausführlichen privaten Gespräch.[45]

Wenn man allein diese Umstände und Zusammenhänge berücksichtigt, denen sich allerdings viele weitere hinzugesellen, scheint nichts wirklich undenkbar.

Gewisse Verknüpfungen sorgen automatisch auch für Spekulationen. Da ist der Kontext zwischen der CIA und Osama bin Laden. Und da ist laut Clark die Verbindung zwischen bin Laden und der *Carlyle Group* sowie der Familie Bush. Und da ist auch die Verbindung zwischen der *Carlyle Group* und George Soros.

Gewiss, die Anwendung des simplen Dreisatzes dürfte diesem Komplex nicht gerecht werden, doch die Berührungspunkte sind interessant. Von einigen weiteren Berührungspunkten wird später noch die Rede sein. Dabei muss es dann auch darum gehen, welche Kräfte und Faktoren hinter dem Flüchtlingsdrama stehen, das Europa in eine Zerreißprobe noch ungekannten Ausmaßes führte.

Vorweg gesagt, kennt das »Phänomen« Terror viele Gesichter und Hintergründe. Das CIA-bin-Laden-Szenario liefert hierfür ein mehr als erstaunliches Beispiel. Doch selbst wer die Indizien hierfür nicht anerkennt, der wird zur Genüge bedient sein mit der offiziellen Version jener viel zitierten neuen Dimension des Terrors, wie sie am 11. September 2001 unbestritten zur Realität wurde. Kurz darauf kam der Terror in Gestalt von Anthrax-Briefen an Politiker und Journalisten, die Angst ging um, ein Großanschlag mit den Milzbranderregern könne folgen. Flugzeugattacken, Anthrax-Sporen, welcher Waffe würden sich die Terroristen wann und wo als Nächstes bedienen? Es folgten regelmäßig weitere, wenn auch zumeist weniger spektakuläre Terroranschläge bis zu der Reihe koordinierter Anschläge im November 2015 in Paris, bei denen weit mehr als 100 Menschen getötet und eine noch größere Zahl verletzt wurde.

Rund zehn Jahre nach dem apokalyptischen Terror von New York und Washington: Der libysche Machthaber Muammar al-Gaddafi formuliert gegenüber der französischen Zeitung seine eindeutige Warnung an die Welt. Im Februar 2011 sagt er: »Wenn ihr mich bedrängt und destabilisieren wollt, werdet ihr Verwirrung stiften, *al-Qaida* in die Hände spielen und bewaffnete Rebellenhaufen begünstigen. Folgendes wird sich ereignen: Ihr werdet von einer Immigrationswelle aus Afrika überschwemmt werden, die von Libyen aus nach Europa schwappt. Es wird niemand mehr da sein, um sie aufzuhalten. *Al-Qaida* wird sich in Nordafrika einrichten.«[46] Dieses Zitat machte weltweit die Runde. Sicher rückt es Gaddafi posthum nicht unbedingt in ein günstigeres Licht, wobei auch er dennoch zur »illustren« Runde jener Diktatoren zählte, die zeitweilig hohe Gunst in den USA genossen. Als Gaddafi sich in Bushs »War on Terror« anpassungsfähig zeigte, erklärte die damalige US-Außenministerin Condoleezza Rice am 15. Mai 2006 die Wiederaufnahme aller diplomatischen Beziehungen zu Libyen und ließ verlauten: »Libyen ist ein wichtiges Modell … Wir drängen die Führung des Iran und Nordkoreas dazu, ähnliche strategische Entscheidungen zu fällen, die ihren Bürgern zugutekommen würden.«[47] Zeitweilig waren also Gaddafis Menschenrechtsverstöße kein Hindernis dafür. So funktioniert eben internationale Politik. Doch die Freundschaft währte nicht zu lange. Und nachdem Osama bin Laden den offiziellen Berichten zufolge am 2. Mai 2011 in Pakistan erschossen worden war, kam für Gaddafi selbst im folgenden Oktober der grausame Tod. Ihn sah er so nicht voraus, doch seine Warnung, was nach der Destabilisierung Libyens geschehen würde, geriet zur exakten Prognose.

Im Februar 2015 schrieb die britische *Daily Mail,* die Terrormiliz Islamischer Staat (IS) habe angedroht, eine halbe Million Flüchtlinge in Libyen auf Boote zu verfrachten und in Richtung Europa zu schicken. Die Terroristen hätten diese Vorgehensweise als psychologische Waffe bezeichnet, die eingesetzt würde, falls der Westen in Libyen militärisch aktiv werde. Zudem sollten IS-Terroristen auf gleichem Wege als Flüchtlinge getarnt nach Europa kommen.[48] Im März 2014 machte dann eine eher naheliegende Erkenntnis des italienischen Geheimdienstes die Runde, dass in Nordafrika viele Tausend Flüchtlinge auf ihre Chance warteten, über das Mittelmeer nach Europa zu gelangen.[49] Im folgenden April sprach die *BILD*-Zeitung bereits von einer Million Flüchtlingen, die in Libyen auf die Überfahrt nach Europa warteten.[50] Und zum Monatsende war dann bei *n-tv* unter der ketzerischen Überschrift »Die EU sucht einen neuen Gaddafi« sogar zu vernehmen: »Bis zu einer Million Flüchtlinge warten in Libyen auf ein Boot über das Mittelmeer. Die Europäische Union sucht deshalb neue Verbündete für ihre Grenzsicherung … Seit dem Sturz von Machthaber Muammar al-Gaddafi versinkt das Land im Chaos. Der Bundesregierung liegt viel daran, Libyen zu stabilisieren. So makaber es klingt: Manch ein Politiker dürfte sich in diesen Tagen nach Gaddafi zurücksehnen.«[51]

Flüchtlinge als Terrorinstrument und politische Waffe, als Instrument manipulativer Machteliten? Eine zunächst abwegig erscheinende und erschreckende Vorstellung, wobei aber die Sachlage das Szenario einer wirksamen Waffe bestätigt. Wie verhält es sich dann aber mit dem manipulativen Aspekt? Welche Rolle spielen vor allem die NGOs, wie sie in großem Umfang von George Soros am Leben gehalten werden, möglicherweise auch bei der Erzeugung von Ungleichgewichtszuständen durch Destabilisierung ganzer Nationen oder vielleicht gar Kontinente? Wesentliche Fragen, die erfordern, einige weitere Verknüpfungen innerhalb des Netzwerks zu betrachten und natürlich zu sehen, welche geopolitischen Entwicklungen von den *Open Society Foundations* beeinflusst wurden.

6 | Intermezzo: Zweck und Mittel

Agent der Machteliten?

Bereits ein relativ kurzer Blick auf das NGO-Netzwerk von George Soros und nur einige Beispiele zu den bestehenden Verbindungen lässt nicht nur die Dimension dieses Apparats erahnen, sondern ebenso dessen Einflusspotenzial. Niemand wird bestreiten, dass dieses gigantische Netz als globaler Faktor wesentliche Wirkung zeitigt, gesellschaftlich, politisch. Die Frage ist dabei lediglich, welche Absichten Soros mit seinen wirklich bemerkenswerten Anstrengungen verbindet. Und hier klaffen die Meinungen weit auseinander. Der »Mann mit den tausend Gesichtern« lässt sich trotz seines Konzepts der offenen Gesellschaften nicht so leicht in die Karten blicken. Das unübersichtliche Netzwerk, oft wohl unvereinbare Aussagen und Aktivitäten von Soros selbst sowie allein der Umstand seines immensen Vermögens müssen unweigerlich und immer wieder zu Verzerrungen in der Wahrnehmung führen, in beiderlei Richtungen.

Soros ist wahrhaftig eine Persönlichkeit, die extrem stark polarisiert. Aus einer Perspektive scheint Soros der edle Philanthrop, der sich in der glücklichen Lage befindet, auf dieser Welt viel Positives in Gang zu bringen und mit seinen NGOs unermüdlich dazu beizutragen, Frieden, Freiheit und Demokratie rund um den Globus zu verbreiten, Menschen in Not zu helfen, die Menschenrechte zu verteidigen, humanitäre Einrichtungen zu unterstützen, kurzum, eine insgesamt bessere Welt zu schaffen. Wer seine Milliarden in dieser Weise einsetzt, dürfte dereinst mit dem reinsten Gewissen von der Bühne abtreten.

Aus der anderen Perspektive bietet sich ein völlig anderes, düsteres Bild. Die nachweislichen philanthropischen Aktivitäten werden hier zum Vorwand, entpuppen sich als Mittel zum Zweck. Die weltweit installierten NGOs des Megaspekulanten dienen lediglich dem Zweck, die Weichen weltweit im Sinne der globalen Eliten zu stellen, die Ausbeutung der Massen voranzutreiben und durch gezielt initiierte Unruhen ganze Völkerschaften ins Verderben zu reißen, um deren Ausverkauf vorantreiben und ohne Rücksicht auf Verluste enorme Profite einstreichen zu können. Die Welt wird lediglich für diese Vorhaben geöffnet, dahinter verbirgt sich die unschöne Fratze der offenen Gesellschaften, wie sie Soros seit Jahr und Tag propagiert.

Wer hat nun recht? Und wer ist Soros wirklich? Ist er ein erklärter Antiamerikaner, wie einige sagen? Oder ist er doch ein CIA-Agent – oder Agent der Machteliten? Oder ist er in gewisser Hinsicht vielleicht sogar beides, jemand, der den Spagat zwischen den Extremen beherrscht und das Paradoxe in Gestalt seiner Person mühelos aufzuheben versteht, weil er in Wirklichkeit nur auf eigene Rechnung tätig ist?

Wir haben bereits gesehen, dass Soros offenbar nicht unbedingt das lebt, was er predigt. Wenn manche ihn natürlich zum alleinigen personifizierten Bösen stilisieren, schießt das sicherlich übers Ziel hinaus und ist überdies auch ziemlich unglaubwürdig. Noch weniger glaubwürdig wirkt aber das Bild, das George Soros mit einem Heiligenschein zeigt. Kritiker würden gleichsam weit eher Scheinheiligkeit attestieren. Auf beiderlei Seite herrschen feste Überzeugungen vor. Wie kann man sich also der Wahrheit nähern? Es bleibt nichts, als weitere deutliche Alarmsignale aufzuspüren, die für eine möglichst zutreffende Diagnose erforderlich sind.

Im Wesentlichen dreht sich die zentrale Frage darum, was von jenem NGO-Netzwerk an Negativen ausgegangen ist, ausgeht und noch ausgehen könnte. So schlimm das nun klingt: Weitgehend uninteressant sind »vordergründige« humanitäre Maßnahmen, wenn »hintergründig« Vorgänge erkennbar werden, die offenbar in voller Absicht in Krisen, Kriege und andere Katastrophen führen. Man muss sich allgemein unbequeme Fragen zu stellen beginnen, wenn NGOs zur Destabilisierung einer Region beitragen, wenn sie mit kaum Vertrauen erweckenden Organisationen kooperieren oder wenn deren Finanzmittel in die falschen Kanäle fließen. Man muss sich ebenso fragen, was die bisherigen wohltätigen NGO-Aktionen auf der Welt bewirkten, und muss auch anhand von Maßnahmen und Resultaten fragen, wie gut es sein kann, wenn ein gigantisches Netzwerk letzten Endes allein dazu dient, die Vision einer einzigen, extrem einflussreichen Person zu verwirklichen. Alle wesentlichen gesellschaftlichen Bereiche sind involviert, Politik, Bildung, Medien werden von dieser einen Person abhängig gemacht und dann als unabhängig ausgewiesen, nur weil sie nicht von der Regierung finanziert werden.

Bevor wir weitere sehr beunruhigende Aspekte kennenlernen, die in ihrer Gesamtheit eine bemerkenswerte These nahelegen, sei noch einmal daran erinnert, wie Soros seine großen Spekulationsgeschäfte stets rechtfertigte. Das fatale Spiel an den Finanzmärkten habe ihn quasi jeglicher moralischer Erwägungen entbunden, er habe frei von entsprechenden Skrupeln handeln können, so begründete Soros diese Aktivitäten sinngemäß, selbst wenn in einigen Fällen ganzen Volkswirtschaften der Boden unter den Füßen weggezogen wurde und ungezählte Menschen ihre Rentensicherung verloren. Doch bereits wiederholt war die Rede davon: Soros spendete in späteren Lebensjahren nicht etwa aus einem Gewissensbissen heraus, wie er selbst bestätigte. Wie denn auch? Böse Zungen würden nun einwenden, um ein schlechtes Gewissen zu haben, muss man erst einmal überhaupt ein Gewissen haben! Und andere werden sich angesichts mancher biografischer Aspekte auch die Frage stellen, ob Soros, und wenn auch nur selten, nicht manchmal vor sich selbst erschrickt.

Ohne nun solche Spekulationen über den Spekulanten weiter vertiefen zu wollen, noch ein kurzes Beispiel zum »Mann mit den tausend Gesichtern« und dem Umfang der von ihm ausgeübten Kontrolle.

Die Klimainitiative

Schon seit Langem bemüht sich Soros um die Verbannung fossiler Brennstoffe aus der Gesellschaft. Auch dies geschieht mittels seines Netzwerks und politischer Partizipation auf verschiedenen Ebenen. Sein Kampf gilt also den schmutzigen Energieträgern, wobei er natürlich auch die Klimapolitik aufgreift und feststellt, dass die Wissenschaft hier »jenseits jeder Diskussion«[1] stehe. Auch bezeichnete er die globale Erwärmung vorrangig als »politisches Problem«.[2,3]

Unter finanzieller Beteiligung von Soros gründete der ehemalige *Stanford*-Professor Thomas C. Heller im Herbst 2009 die *Climate Policy Initiative* (CPI), die er über eine Dekade hinweg mit jährlich zehn Millionen US-Dollar unterstützt. Am 10. Oktober 2009, als die Weichen gestellt wurden, fand in Kopenhagen ein Kongress zum Thema Klimawandel statt. Damals teilte Soros mit, über eine Milliarde US-Dollar in saubere Energietechnologie fließen lassen zu wollen.

Der Kongress wurde von *Project Syndicate* gesponsert, das anteilig wiederum ein Soros-Kind ist und als internationale Non-Profit-Organisation gilt, der es darum gehe, weltweit eine unabhängige Presse zu fördern. Nur, wie sieht diese Unabhängigkeit aus? *Project Syndicate* wird als Zusammenschluss aus über 430 Zeitungen und Magazinen aus rund 150 Ländern der Welt charakterisiert, Publikationen, die insgesamt eine Auflage im Bereich von etwa 70 Millionen Exemplaren erreichen.[4] Ihre Verflechtung mit dem Finanzgiganten Soros sollte kaum die beste Voraussetzung für tatsächliche Unabhängigkeit bilden, eher schon die Grundlage einer globalen Kanalisierung durch ihn abgesegneter Informationen.

Der geneigte Leser könnte natürlich fragen, wo tatsächliche Unabhängigkeit denn überhaupt anzutreffen sei. Ein durchaus berechtigter Einwand. Und so kann es nur um relative Abhängigkeit gehen, im Grunde also um die sinnvolle Wahl zwischen den Übeln. Angesichts der Dimensionen, wie sie das Soros-Imperium auszeichnen, darf jeweils auch mit einem entsprechend höheren globalen Impakt gerechnet werden. Wie sehr die übliche Medienlandschaft sich in Abhängigkeitsverhältnissen befindet, muss dabei gar nicht extra betont werden, nicht umsonst ist auch von den »Systemmedien« die Rede.

Jedenfalls lässt sich beobachten, dass international verwobene Medien, Konzerne, Organisationen, Denkfabriken, Stiftungen und dergleichen mehr selbstredend auch nachhaltig mit dem System konform gehen, dessen Teil sie sind. Dabei bestimmen etablierte Schemata und Machtstrukturen die korrekte Philosophie, mit Männern wie Soros im Zentrum des Geschehens. Deren hervorragendes Verständnis der Abläufe bildet die Grundlage dafür, weit mehr als andere Erfolg zu haben, um in letzter Konsequenz den größten Einfluss nehmen und die Weichen nach Belieben stellen zu können. Auch die *Climate Policy Initiative* wird als unabhängige, gemeinnützige Organisation präsentiert – immerhin, es handelt sich um eine internationale Denkfabrik mit Hauptsitz in San Francisco sowie regionalen Forschungszentren in Berlin, Hyderabad, Jakarta, Peking, Rio de Janeiro und Venedig.[5] Die Verbindung und Unterstützung durch die *Open Society Foundations* wird auf der Internetpräsenz der CPI offen erwähnt, und zwar im gleichen Atemzug mit der Unabhängigkeit dieser Non-Profit-Organisation.[6] Das geschieht daher mit einer solchen Selbstverständlichkeit, dass man es schnell überliest – und doch ins Unterbewusste übernimmt.

Wer sich auf der CPI-Homepage ein wenig umsieht, findet in der Mitarbeitersektion lauter sympathische Gesichter. Man tut sich schwer, hier Ungutes auch nur zu vermuten. Und doch muss die deutliche

Eingebundenheit dieser unabhängigen Organisation zu spürbaren Abhängigkeiten von der Elite führen, was eben kaum die Voraussetzung für eine neutrale wissenschaftliche Tätigkeit bilden kann. Auch auf dem Energiesektor stehen große und vielfach diametral entgegengesetzte Interessen auf dem Spiel, die das Für und Wider in der Diskussion um den Klimawandel beeinflussen. Entsprechend dem Willen der Geldgeber fallen dann auch die entsprechenden Studienergebnisse aus. Wenn es eine allgemeine Regel gibt, dann dürfte es diese sein: Wer zahlt, bestimmt auch, welche Musik gespielt wird! Früher sagte man: »Wes Brot ich ess, des Lied ich sing.« Soros selbst aber investierte wiederholt in Kohle, wo ihm doch die Klimapolitik so am Herzen liegt. Auf diesen typischen Soros-Widerspruch werden wir später noch einmal zurückkommen.

Von der Bestechlichkeit der Unbestechlichen

Geld öffnet auch noch so gut verriegelte Tore. Buchstäblich »nicht umsonst« bestreiten Schmiergeldaffären einen Staffellauf rund um den Globus, durch Zeit und Raum, wobei alles eigentlich »gar keine Affäre ist« – eben so lange, bis die Tatsachen ans Licht kommen. Manche Enthüllungen bleiben punktuell, andere ziehen einen ganzen Rattenschwanz hinter sich her, auch wenn man seit 2013 dabei vor allem an Abhöraffären denken musste. Nach den ersten Enthüllungen des NSA-Whistleblowers Edward Snowden weitete sich der Skandal zunehmend aus. Wenn solche Affären sich dann in voller Pracht entfaltet haben, zeigen sich auch diejenigen seriös abgeklärt, die angesichts entsprechender Verdachtsmomente und Darstellungen zuvor noch die Augen verdreht hätten. Denn schließlich habe es noch keine Beweise gegeben, nur die notorischen Verschwörungstheoretiker seien der üblichen Spekulation verfallen und hätten alles bereits besser gewusst. Sollte nicht auch der Mainstream gewisse Hinweise ernster nehmen?

Gerade bei allgemein bedrohlichen Entwicklungen, so auch im Fall der Finanzkrise, reagierte die etablierte Presselandschaft sehr träge, während alternative Medien schon weit früher explizit warnten. Präventives Handeln hat für Beweise häufig keine Geduld. Aber im weiten Strom geht es gar nicht darum, sondern vielmehr um Konformität, um Solidarität mit denen, die sie installieren und finanzieren.

Meinungsmanipulation ist ein omnipräsentes Phänomen. Ein recht exponiertes Beispiel zur Bestechlichkeit des vorgeblich Unbestechlichen stammt aus dem Jahr 2014. In diesem Falle hat die Geschichte ihren Segen auch vom journalistischen Establishment, geht sie doch auf Recherchen der angesehenen *New York Times* (NYT) zurück.[7]

Ein NYT-Journalistentrio gelangte im Zuge umfassender Nachforschungen zu dem Schluss, dass in den zwischenzeitlich seit 2011 verstrichenen drei Jahren mindestens 64 ausländische Regierungen versuchten, durch teils kräftige Finanzspritzen entscheidend Einfluss auf die 28 bedeutendsten Denkfabriken der USA zu nehmen!

Der Skandal hielt sich zwar in seinem eher diffusen Charakter in Grenzen, doch die Tatsache an sich war durchaus bedeutungsvoll. Die heimlichen Subventionen sollten selbstverständlich gewährleisten, dass die »betroffenen« Think Tanks den spezifischen Interessen der jeweiligen »Spendernation« offener gegenüberstünden und dass gewisse Anliegen besonders berücksichtigt würden.

Faktisch bemühen sich ganze Heerscharen an Lobbyisten darum, in Washington Gehör zu finden. Da fließen schnell Millionenbeträge, um die Gehörgänge der US-Hauptstadt frei zu bekommen. Über die Schmierung der Denkfabriken will man sich logischerweise Zugang zur US-Regierung verschaffen – und Geld ist dazu meist der einzige Weg. Laut NYT würden tatsächlich nur solche Regierungen »bedient«, die auch eine Finanzierung für die Think Tanks zur Verfügung stellten. Nur, was ist dann von all diesen Einrichtungen zu halten, deren Direktoren stets einhellig neutrales und untadeliges Verhalten beteuern? Was ist von solchen »Denklabors« zu halten, deren fachkundige Analysen und Expertisen in den USA schon eine lange Tradition besitzen, hoch geschätzt werden und entsprechenden Einfluss ausüben? Da ist beispielsweise John J. Hamre, Präsident des *Center for Strategic and International Studies* (CSIS). Er betonte zu den Vorwürfen: »Ich vertrete niemanden.«[8] Und *Brookings*-Vize Martin S. Indyk findet sich auf der gleichen Linie mit ihm, wenn der sagt: »Unser Geschäft ist, Politik zu beeinflussen, basierend auf wissenschaftlicher, unabhängiger Forschung.«[9]

Großzügige Subvention weicht allerdings strikte Kriterien auf, und überhaupt – warum haben die Denkfabriken das Geld so frei und so willig genommen? Etliche US-Juristen monieren: Die Finanzierung stelle einen Verstoß gegen den *Foreign Agents Registration Act* von

1938 dar. Alle Gruppen, die sich mit dem Ziel einer Beeinflussung der US-Politik von ausländischen Regierungen finanzieren lassen, werden durch dieses Gesetz verpflichtet, sich beim US-Justizministerium als »ausländische Agenten« registrieren zu lassen.

Natürlich bleibt fraglich, wie weit sich teils auch widersprechende Interessen am Ende unter einen Hut bringen lassen. Trotzdem staunten auch die Anwälte nicht schlecht, wie klar und eindeutig doch die Beziehung zwischen den bezahlten Summen und den veröffentlichten Inhalten war. Die ganz großen, wirklich relevanten Zielsetzungen dürften allerdings kaum durch derlei Finanzierungsaktionen beeinflusst werden, darum kümmern sich die Eliten unzweifelhaft im eigenen Interesse. Die heimlichen Finanzspritzen dürften unter ausreichend Schadensbegrenzung und mit Duldung der Politik verabreicht werden, denn die Demarkationslinie wird den Denkfabriken nur zu gut bekannt sein.

Wenn es aber darum geht, die großen Ziele der Globalisierer, ihre Vision einer nach ihrem Bilde funktionierenden Welt zu schaffen, sind gerade die Nichtregierungsorganisationen in ihrer Unschuld weltweit von entscheidender Bedeutung.

Bei den Klienten und Partnern der *Climate Policy Initiative* beispielsweise sind bemerkenswerte Einträge anzutreffen.[10] So finden sich hier unter anderem die *Asian Development Bank, Barclays Africa,* die *Climate Investment Funds,* die Deutsche Gesellschaft für internationale Zusammenarbeit (GIZ), das Bundesministerium für Umwelt, Naturschutz, Bau und Reaktorsicherheit (BMUB), die *Global Commission on the Economy and Climate,* das indische Finanzministerium, das britische Ministerium für Energie und Klimawandel, das britische Ministerium für internationale Entwicklung, der *Unilever*-Konzern, das US-Außenministerium und die *Weltbank*-Gruppe, um nur eine Auswahl zu nennen. Sie alle nehmen die beratenden Dienstleistungen der CPI mit entsprechenden Analysen, Einschätzungen und Lösungsvorschlägen in Anspruch, was bereits zeigt, auf welcher Ebene hier Entscheidungen zumindest mitbeeinflusst werden.

Das Soros-Prinzip

Nun ist aber vor allem eines sehr bemerkenswert, und dieses eine zeugt wieder einmal mehr von jenem besonderen Genie des George Soros, die Quadratur des Kreises zu bewerkstelligen. Der gleiche George Soros nämlich, der die *Climate Policy Initiative* unterstützt und sich schon vor langer Zeit so massiv gegen die schmutzigen Energieträger und für eine Treibhausgassteuer ausgesprochen hat, stieg ebenfalls bereits vor Jahren im großen Stil in zwei große Kohlegesellschaften ein, um 2015 erneut in diese Unternehmen zu investieren.[11] Kritische Beobachter merken an, dass Soros genau jene Unternehmen zuvor eigenhändig in die Knie zwang. Für einen erklärten Gegner fossiler Brennstoffe dürfte es für gewöhnlich nicht angehen, genau in diese Branche zu investieren. Nur, was ist bei Soros schon gewöhnlich?

Daniel Simmons, Vizepräsident des in Washington, D.C., ansässigen Instituts für Energieforschung *(Institute for Energy Research)* kommentierte die Transaktion mit den Worten: »Ich finde es schon sehr interessant, dass Soros Anteile an diesen Kohlegesellschaften erwirbt … Ich bin verwirrt, wenn man an die Non-Profit[-Organisationen] denkt, die er unterstützt, und daran, wie hart sie daran gearbeitet haben, Kohle zu dämonisieren.«[12] Die CPI drängt ihrerseits die Welt darauf, ganz allgemein auf fossile Brennstoffe zu verzichten, vor allem aber auf Kohle!

George Soros unterstützte seinerseits auch Barack Obama, der während seiner Kampagne zu den Präsidentschaftswahlen 2008 eine Aushebelung der Kohleindustrie versprach – übrigens eines der wenigen von ihm gehaltenen Versprechen. Darauf stürzte die Aktie des als BTU auftretenden Unternehmens *Peabody* ins Bodenlose, sie sank von 90 auf einen US-Dollar.

Soros deckte sich mit einer Million zusätzlicher *Peabody*-Aktien sowie einer halben Million weiterer Aktien des Unternehmens *Arch Coal* ein.[13] Vom *Soros Fund Management* oder auch George Soros selbst erfolgte, soweit bekannt ist, kein Kommentar zu dieser Transaktion. Nun, die Transaktion ist die eine Seite, Transparenz die andere. Und genau diese von Soros oft hervorgehobene Transparenz, wie sie eine offene Gesellschaft kennzeichnet, bleibt dann doch immer wieder auf der Strecke. Bemerkenswert jedenfalls: Der Kohlegegner Soros betätigt sich schon lange im Kohlegeschäft und besaß am Kohleunternehmen

CONSOL Energy im Jahr 2014 Anteile im Wert von insgesamt 234 Millionen US-Dollar.[14]

Bei den allgemein niedrigen Preisen sind die Investitionen nur mit einem geringen Risiko behaftet. Dass der Markt schrumpft, Gesellschaften die Tore schließen müssen und zahlreiche Arbeiter auf der Straße stehen, bereitet Soros offenbar keine Probleme. Sein professionelles Operationsgebiet ist bekanntlich der moralisch wertfreie Raum der internationalen Märkte und Spekulationen. Vor rund zehn Jahren lieferte Kohle laut Simmons auf dem US-Markt rund die Hälfte der Energie. Heute liegt der Anteil bei etwa 40 Prozent, mit weiterhin sinkender Tendenz. Sollten sich aber die Regularien ändern, dann könnte schnell wieder einiges anders aussehen. Der nach wie vor hohe Bedarf macht einen Aufschwung so unwahrscheinlich nicht.

H. Sterling Burnett vom *Heartland Institute,* einer als libertär charakterisierten Denkfabrik mit Sitz in Chicago, hat sich Gedanken zu den Motiven von Soros gemacht und gelangt zu folgender Einschätzung: »George Soros hat Millionen an Dollar und viele Jahre investiert, um den Kohlepreis nach unten zu treiben. Wenn er nun genügend Aktien kauft, um Kontrollpakete an diesem Kohlegeschäft zu realisieren, dann für eine Stilllegung sorgt und die Kohle im Boden lässt, könnten wir akzeptieren, dass es sich bei ihm um einen ›wahren Glaubenden‹ handelt und dass seine Investition nur dem Zweck diente, den Klimawandel zu stoppen und die Umwelt zu retten … Aber mein Verdacht geht dahin, dass er half, die Aktien nach unten zu treiben, um davon so viele wie möglich zu erwerben und, sobald sich der Markt erholt, seine Anteile zu verkaufen und gewaltigen Gewinn einzustreichen.«[15]

Voraussichtlich dürften die Verkäufe dann seitens Soros dadurch begründet werden, dass Unternehmensanteile an einem Kohlekonzern sich nicht mit seiner umweltbewussten Philosophie vertragen. Insgesamt aber deutete sich in dieser Sache bereits grundsätzlich wieder das wohlbekannte Bild an, das offenbar kaum zum Philanthropenschema passen will. So scheint es nur gerechtfertigt, die Aktionen der Soros-Aktivitäten und seiner NGOs mit entsprechender Skepsis zu betrachten und die kritischen Stimmen ernster zu nehmen. Dies auch mit Blick auf sein politisches Engagement zur weltweiten Etablierung offener Gesellschaften, wobei Geopolitik und Spekulation vorsichtig ausgedrückt eine wahrlich unheilige Allianz einzugehen scheinen.

7 | Arabischer Frühling: Künstliche Revolutionen

Astroturfing

Die verschiedensten Regime sind berühmt-berüchtigt dafür, ihre eigenen Begriffswelten zu schaffen und ideologische Beeinflussung durch missbräuchlichen Umgang mit dem geschriebenen und gesprochenen Wort zu betreiben. Doch auch in der »freieren« Gesellschaft finden sich genügend Beispiele dafür. Tückisch nur, dass sie so vertraut und harmlos scheinen. Häufig wirken sie als effektiver Deckmantel – wie »Wissenschaftlichkeit«, »Seriosität« oder auch »Unabhängigkeit«. Damit lässt sich gut operieren. Wenn Meinungen unabhängig geäußert werden, hat das natürlich sein Gutes. Wenn sie unter Vorgabe der Unabhängigkeit geäußert werden, ändert sich das Vorzeichen dabei meist schnell. Wenn bestimmte Handlungen als unabhängig ausgewiesen werden, seien es nun geschickte Werbeaktionen oder öffentliche, positive Kommentare zu Unternehmen, Politikern oder politischen Aktionen, erscheinen sie weit glaubwürdiger als bestätigende Wortmeldungen von Firmenangestellten oder Parteikollegen. Wenn private Initiativen spontan entstehen, wenn Menschen aus dem Volk, ohne spezifischen Gruppen anzugehören, aktiv werden und einen Prozess in Gang bringen, dann gelten sie als authentische Graswurzelbewegungen ohne lenkende Hintergrundkräfte mächtiger Lobbyisten, welcher Art sie auch immer sein mögen.

Die emotional meist mitreißende Natur der Graswurzelbewegungen bietet selbstverständlich ein Potenzial, das Propagandaexperten längst erkannt haben und weidlich nutzen – im heutigen Medienzeitalter mehr denn je. Ihr Ziel ist demnach, Graswurzelbewegungen vorzutäuschen, um die öffentliche Meinung wirksam zu beeinflussen. Ein absolut intrigantes, aber verbreitetes Spiel der Manipulation. Im englischen Sprachraum ist dabei von »Astroturfing« die Rede. Das Wortspiel greift den Namen eines US-Herstellers für synthetischen Rasen auf, *AstroTurf*, handelt es sich bei jener Art der Meinungsmanipulation doch auch um eine synthetische Graswurzelbewegung, eine Kunstrasenbewegung. Astroturfing erweist sich als ziemlich verbreitet, weit mehr, als der ehrliche Mensch zunächst vermuten würde. Das fängt bereits mit Werbeanzeigen in der Zeitung an, die völlig in deren Gestaltung aufgehen, einschließlich Schlagzeile und Bildunterschrift, weshalb sie für eine vom jeweiligen Unternehmen unabhängige Nachricht gehalten werden. Nur dass genau dieser Umstand eben nicht zutrifft.

Einer der in Deutschland aufgedeckten Fälle von Astroturfing ereignete sich 2007 bei der Deutschen Bahn und wurde zwei Jahre darauf von Bürgerrechtlern der Organisation *Lobbycontrol* aufgedeckt. Damals hatte die Bahn 1,3 Millionen Euro in eine umfangreiche PR-Aktion investiert, um auf diesem Wege unter anderem vermeintlich unabhängige Umfrageergebnisse zu produzieren. Damit sollte öffentlicher Unmut hinsichtlich der Lokführerstreiks vorgespiegelt und die Privatisierung vorangetrieben werden.[1]

Natürlich veranstalten die Geheimdienste ebenfalls längst intensives Astroturfing, was wäre auch anderes zu erwarten! Dass sie diese Form der Meinungsbeeinflussung und psychologischen Kriegführung weidlich nutzen, geht unter anderem aus Dokumenten hervor, die der amerikanische Journalist Glenn Greenwald aus dem umfangreichen Material von Edward Snowden präsentierte.

Diese Informationen bestätigen gezielte Einflussnahme, gerade auch über die zahlreichen Forendiskussionen im Internet. Demnach schalteten sich hier sowohl der britische als auch der amerikanische Geheimdienst ein, um verdeckt missliebige Organisationen oder Informationen, aber auch Firmen oder Einzelpersonen regelrecht zu diskreditieren.[2] Ein weites Betätigungsfeld. Es geht um Infiltration, False-Flag-Operationen, gefälschte Rettungseinsätze, gezielte Störung, ganz allgemein verdeckte Einsätze und die Anwendung von List und Tücke in jeder nur denkbaren Variation. Individuen sollen mit altbekannten Methoden auf Basis aktuell verfügbarer Techniken diskreditiert werden. Beispielsweise mit den vielfach erfolgreichen Honeytraps ebenso wie mit dem Ersetzen geposteter Fotos auf sozialen Netzwerken, mit irreführenden Blogeinträgen vermeintlicher Opfer der betreffenden Person, E-Mails an Kollegen, Nachbarn und Bekannte, Preisgabe vertraulicher Informationen an Unternehmen oder auch an die Presse, wiederum mittels Blogs, negativer Informationen in geeigneten Foren und so weiter. Als definiertes Ziel gilt: »Onlinetechniken nutzen, um ein Ereignis in der realen oder Cyberwelt auszulösen«.[3]

Die hinterhältige Masche zieht meist gut, denn die wenigsten kämen darauf, wo überall manipuliert wird und wer dahintersteckt. Und so weiß der Nutzer gerade im Internet doch nie, mit wem er es wirklich zu tun hat. Angesichts dieser sehr eindeutigen Faktenlage und der weiten Manipulationsmöglichkeiten im Netz sind viele politisch-gesellschaftliche Entwicklungen neu zu bewerten und aus einer angemessen kritischen Perspektive zu betrachten. Bei näherer Untersuchung stellen sich häufig unfassbare manipulative Eingriffe heraus, die zu folgenschweren Ereignissen geführt haben. Interessanterweise sind einige verdeckte Aktivitäten dieser Art bereits wiederholt nachgewiesen oder sogar gelegentlich offiziell eingestanden worden, ohne dass die vielzitierte breite Öffentlichkeit davon größere Notiz genommen hat. Zumindest bleibt vielfach das ursprüngliche Bild fixiert, genau jenes Zerrbild, wie es der Mainstream zunächst im Einklang mit den steuernden Kräften verbreitet hat. Dies liegt zum Teil sicherlich auch an dem unerfreulichen Umstand, dass entsprechende Dementi oder Korrekturen nicht mehr den Schlagzeilencharakter der ersten Meldung besitzen und daher im breiten Strom der aktuellen Tagesmeldungen untergehen.

Es wird nun Zeit, vor diesem Hintergrund noch einmal einen Blick auf die revolutionären Vorgänge zu werfen, wie sie sich ab Dezember 2010 und vor allem zum Frühling 2011 in Nordafrika und dem arabischen Raum auszubreiten begannen. Sie wurden als »Arabischer Frühling« bekannt oder kurz auch »Arabellion« und galten als positives, befreiendes Zeichen einer neuen Ära, in der sich die Menschen erfolgreich gegen jahrelang herrschende Diktaturen und gewaltsame Unterdrückung aufzulehnen begannen. Paradebeispiele für Graswurzelrevolutionen. Nur war bald doch überraschend, wie plötzlich dies alles geschah, völlig von der Basis, aus der Bevölkerung, die ohne jede organisierende Hand aktiv wurde und den Umbruch gleichsam aus dem Boden stampfte. Eine plausible Erklärung ließ nicht lange auf sich warten: Die Revolten waren das Ergebnis eines gegenüber früheren Jahrzehnten unvergleichlich schnelleren Informationstransfers. Es waren Revolutionen per Internet, Mail und SMS, so hieß es bald. Damit gaben sich die meisten dann auch zufrieden. Wer hingegen eine gewisse Skepsis an den Tag legte, galt umso schneller als Freund konspirativer Thesen. Und doch schien dieser von Land zu Land in Windeseile laufende Flächenbrand nicht so ganz von selbst entstanden zu sein, nicht aus den Graswurzeln zu stammen, sondern möglicherweise von Brandstiftern gelegt worden zu sein. Denn, überspitzt ausgedrückt, von einer Initialzündung per SMS bis zu jenem Moment, an dem Tausende auf die Straße gehen, sind es doch etliche Zwischenschritte, das funktioniert nicht nach dem Prinzip: »Hallo! Wenn du heute noch nichts vorhast, dann komm doch zur Revolution!«

Dass dieser Verdacht durchaus gerechtfertigt und der Arabische Frühling das Ergebnis weitreichender Manipulation ist, lässt sich mittlerweile gut nachzeichnen und belegen. Die fortan lodernde »Arabellion« entpuppt sich als Astroturfing im ganz großen Stil. Sie nährte sich von Anfang an aus sehr gezielter Massenmanipulation, aus dem Wirken von »Lügenpresse« und Geheimdiensten, aus Fälschungen im Internet und pur erfundenen Geschichten für die Tränendrüse. Alles zusammen mit enormem Impakt.

Investigative Journalisten haben zudem aufgezeigt: Die Revolutionen werden auch durch entsprechende Aktivitäten der *Open Society Foundations* von George Soros beeinflusst und gelenkt. Und die Gründe für all jene Aktivitäten erhellen sich relativ bald – ein sehr individuelles Spiel der Machteliten. Am Ende steht ein böses Frühlingserwachen über die wahren Hintergründe der »Arabellion«.

Und die bittere Erkenntnis ist, dass sie den Menschen in den jeweiligen Ländern nichts gebracht hat. Im Gegenteil. Daher auch hat sich das ursprünglich so positive Bild der Geschehnisse ebenfalls vollends verkehrt. Die traurigen Resultate der Revolutionen haben viele Hoffnungen zunichte gemacht, zumindest in der allgemeinen Wahrnehmung, während sie offenbar durchaus dem Kalkül der Eliten entsprechen.

Eine (un)verdächtige Organisation

Diese NGOs spielen wesentlich in den Arabischen Frühling hinein, wobei fast permanent auch die *Open Society Foundations* zur Sprache kommen.

Der amerikanische Journalist Tony Cartalucci fasst zunächst ganz allgemein zusammen: »Soros hat ein globales Imperium von vernetzten Nichtregierungsorganisationen (NGOs) errichtet, das angeblich ›Menschenrechte‹, ›Freiheit‹, ›Demokratie‹ und ›Transparenz‹ fördert.

Seine *Open Society* unterstützt neben vielen anderen [Organisationen] *Amnesty International* […], *Global Voices* sowie *Human Rights Watch*. Tatsächlich aber konstituieren diese NGOs ein modernes Netzwerk imperialer Administratoren, das nationale Regierungen weltweit unterminiert und sie durch eine homogene ›Zivilgesellschaft‹ ersetzt, die verschränkt ist mit ›internationalen Institutionen‹, wie sie von und zugunsten der Wall Street und London unterhalten werden. Und im Gegensatz zur populären Ansicht hat Soros dieses Imperium nicht gegen die Ambitionen der ›Konservativen‹ errichtet, sondern mit deren voller Kooperation.«[4] Dann fokussiert Cartalucci auf eine interessante Parallele: »Es ist schwierig, einen Aspekt zu finden, den das *Open Society Institute* von George Soros unterstützt, der nicht auch finanziert, geleitet oder aber gestützt wäre von dem durch das US-Außenministerium finanzierten, auf neokonservativer Linie liegenden *National Endowment for Democracy* (NED) und seiner diversen Ableger, einschließlich von *Freedom House, International Republican Institute* (IRI) und *National Democratic Institute* (NDI).«[5]

Demnach besteht eine bemerkenswerte ideologische Nähe zwischen den Soros-NGO-Unternehmungen und jenem *National Endowment for Democracy* (NED). Umso bemerkenswerter, da das NED gleichfalls alles andere als unabhängig ist, sondern vielmehr ein Kind der CIA. Das NED wurde in der Reagan-Administration auf einen Vorschlag des damaligen CIA-Chefs William Casey gegründet, nachdem Ermittlungen zu illegalen CIA-Aktivitäten eingeleitet worden waren. So ging es nun darum, eine unverdächtige neue Organisation einzurichten, eine vorgebliche NGO mit neutraler Haltung, um dadurch faktisch einen privatisierten Arm der natürlich weiterhin bestehenden CIA zu schaffen. Denn niemand dachte auch nur im Entferntesten daran, die CIA etwa aufzulösen. Davon hatte einst nur John F. Kennedy nach dem berühmten Schweinebuchtdebakel gesprochen, um jedoch bald die Quittung zu erhalten. Das NED bildete eine willkommene Ergänzung für die bereits allzu exponierte CIA.

Historisch dürfte die kurze Charakterisierung sein, die Allen Weinstein einmal zum NED abgab. Der im Juni 2015 verstorbene Weinstein war nicht nur Historiker und Ex-Chef der Washingtoner *National Archives*, er wirkte auch an der Gründungsurkunde des NED mit, weshalb er wohl recht genau wusste, was er während eines Interviews im Jahr 1991 gegenüber dem Autor David Ignatius erklärte:

»Vieles, was wir heute tun, tat vor 25 Jahren verdeckt die CIA.«[6] Diese Information bestätigt die Mission des NED sehr deutlich, wobei der Kontext weniger ein reuiges Bekenntnis als eine stolze Feststellung nahelegt. David Ignatius löste nebenbei bemerkt im Jahr 2009 einen Eklat beim Weltwirtschaftsforum in Davos aus. Damals moderierte der erfolgreiche US-Journalist und Romanautor eine Diskussion und vergab lediglich zwölf Minuten Sprechzeit an den türkischen Premier Erdoğan, um Schimon Peres mehr als die doppelte Redezeit zu gewähren. Es ging um die Rechtfertigung des seinerzeitigen israelischen Einsatzes im Gaza-Krieg. Erdoğan erhielt kaum Zeit, auf die Argumentation zu reagieren, wurde von Ignatius mehrfach unterbrochen und dann mit einer freundlichen, aber bestimmten Geste hinauskomplimentiert, damit sich der nächste Programmpunkt nicht unnötig verzögerte: das Abendessen. Erdoğan verließ die Runde mit den deutlichen Worten, nicht zu glauben, noch einmal an einem *World Economic Forum* teilzunehmen.

Was David Ignatius betrifft, so machte er im Gespräch mit Allen Weinstein seine völlig linientreue Haltung klar und stellte damals fest, das Sammeln von nachrichtendienstlich relevanter Information müsse verstärkt und nicht etwa reduziert werden. Der größte Unterschied bestehe eben darin, solche Aktivitäten offen auszuführen. Dann sei die Gefahr eines Eklats nahe null. Mit Eklats schien sich Ignatius wohl schon damals gut auszukennen. Jedenfalls sah er Offenheit als deren eigenen Schutzmechanismus an. Fast klingt das schon ein wenig nach Soros. Und schließlich hebt Ignatius hervor: »Der ›Sugar Daddy‹ offener Operationen ist immer das *National Endowment for Democracy* gewesen … Während der späten 1980er unternahm er es offen, was einst unaussprechlich geheim war – Geld an antikommunistische Kräfte hinter dem Eisernen Vorhang verteilen… Eine verdeckte Finanzierung dieser Gruppen wäre dem Todeskuss gleichgekommen, sobald man sie aufgedeckt hätte. Die offene Finanzierung, so würde es scheinen, ist der Kuss des Lebens gewesen.«[7]

Wie offen aber ist es, eine in Wirklichkeit in direkter Linie vom Geheimdienst abstammende, mit der US-Regierung und den politischen Parteien eng verbundene Organisation nach außen als völlig unabhängige, private Einrichtung darzustellen?

Man muss sich genauso fragen, wie unabhängig eine Organisation sein kann, die ihre Finanzmittel aus dem Budget des US-Außenministeriums bezieht. Was bleibt, ist allein die juristische Einstufung als private, gemeinnützige Organisation. In der Konsequenz bedeutet das alles: Das NED erhält Gelder vom Staat. Das NED ist eine private Organisation, eine NGO. Und in dieser Mittlerfunktion kann das NED die staatlichen Gelder dann an ausländische Organisationen transferieren.

Die vom US-Außenministerium geflossenen Summen sind dabei insgesamt keineswegs unerheblich. Aus einem mittlerweile deklassifizierten Dokument vom Juni 2015, dem *Management Assistance Report: Oversight of Grants to the National Endowment for Democracy,* geht hervor, dass das NED in den Haushaltsjahren zwischen inklusive 2006 und 2014 vom US-Außenministerium insgesamt 963 Millionen US-Dollar erhalten hat, allein an durch den Kongress autorisierten Geldern. Gleich im Anschluss wird dann jedoch mitgeteilt: »Während einer kürzlichen Revision des *Office of Inspector General* (OIG) der finanziellen Transaktionen des NED haben wir entdeckt, dass das Ministerium nicht wie gefordert Revisionen der finanziellen Transaktionen des NED durchgeführt hat.«[8] Zudem seien weitere Anforderungen zur Überwachung der NED-Aktivitäten nicht erfüllt worden. Zwar habe die aktuelle Revision keine signifikanten Abweichungen von den gesetzlichen Bestimmungen gefunden, dennoch habe das Außenministerium dem NED mehr als 963 Millionen US-Dollar gewährt, ohne die Bücher zu prüfen. Das OIG empfiehlt dem Außenministerium daher, die Überprüfung vorzunehmen und die Vereinbarungen mit dem NED durch entsprechende Zusätze zu ergänzen, um »das Risiko zu mindern, dass Stiftungsgelder, die der Förderung der Demokratie dienen sollen, möglicherweise falsch verwendet würden.«[9]

Bis auf die beiden Jahre 2012 und 2013 stiegen die Zuwendungen des U.S. State Department seit 2006 deutlich an, beginnend bei etwas über 74 Millionen US-Dollar im Jahr 2006. Ein vorläufiges Maximum war 2011 erreicht, als die 118 Millionen des Vorjahres noch um knapp 200 000 Dollar überschritten wurden. 2012 und 2013 verringerte sich die jährliche Summe auf 117 beziehungsweise 112 Millionen Dollar, um dann 2014 plötzlich einen scharfen Anstieg auf genau 135 Millionen US-Dollar zu erleben[10], der wohl gewisse außenpolitische Gründe gehabt haben dürfte.

Im Interesse der Globalisierung

Festzuhalten ist jedenfalls, dass das NED im Laufe nicht einmal einer Dekade fast eine Milliarde US-Dollar für seine vorgeblich prodemokratischen Aktivitäten erhalten hat, die im Einklang zu den OSF-Idealen stehen, und dass sich die Offenheit in beiden Fällen in Grenzen hält, was im Falle des NED wohl vom US-Außenministerium selbst gewollt war, so lässt die OIG-Darstellung jedenfalls vermuten.

Kein Wunder, wenn das NED mittlerweile mehrfach in die Kritik geraten ist. Der Mangel an jener vielgepriesenen NED-Offenheit in Gestalt undurchsichtiger Geldbewegungen wurde bereits früher festgestellt.[11] Nicht zuletzt diese Sachlage führte den US-Politiker Ron Paul zu der Äußerung, das NED habe »sehr wenig mit Demokratie zu tun. Es ist eine Organisation, die US-Steuergelder verwendet, um die Demokratie faktisch zu untergraben, indem sie bevorzugte politische Parteien oder Bewegungen in Übersee mit einem Geldregen überschüttet. Es unterschreibt farbcodierte ›Volksrevolutionen‹ in Übersee, die eher Seiten aus Lenins Schriften ähneln, wenn es darum geht, Macht zu stehlen, anstatt authentischen einheimischen demokratischen

Abb. 11: NED-Präsident Carl Gershman bei der Preisverleihung an Jamel Bettaieb, einen tunesischen Anführer des Arabischen Frühlings

Bewegungen zu entsprechen«.[12] Sowohl aus politisch rechts als auch links eingestuften Kreisen gab es Kritik am NED. Auch wenn die Ansichten über die Zielsetzungen dieser NGO voneinander abweichen, so scheint doch Einigkeit darin zu bestehen, dass das NED sich unzulässig in die Angelegenheiten anderer Länder einmischt und diese destabilisiert.

Der Republikaner Ron Paul suchte die Situation bei anderer Gelegenheit zu verdeutlichen: »Was die NED in fremden Staaten unternimmt, wäre in den USA illegal. [...] Es ist orwellianisch zu behaupten, US-Manipulationen von Wahlen in fremden Staaten würden die Demokratie befördern. Wie würden die Amerikaner reagieren, wenn die Chinesen mit Millionen von Dollar bestimmte prochinesische Politiker unterstützen würden? Wäre das eine ›demokratische Entwicklung‹?«[13]

Laut eigener Darstellung handelt es sich beim NED um eine private Nonprofit-Organisation, die sich dem Wachstum und der Stärkung demokratischer Einrichtungen auf der ganzen Welt gewidmet hat und jährlich mehr als 1000 Spenden vergibt, um Projekte von Nichtregierungsgruppen im Ausland zu unterstützen, die in mehr als 90 Ländern demokratische Ziele verfolgen.[14]

Bei nochmaliger Erinnerung an die Aussage des Journalisten Tony Cartalucci, derzufolge die Soros-OSF völlig konform mit dem NED geht, dürften eigentlich einige engere Verbindungen zwischen beiden zu erwarten sein. Offiziell gibt es nur relativ geringfügige Hinweise, die allerdings mit Hinblick auf die doch recht obskure Finanzpolitik des NED zu relativieren sein dürften.

Interessant aber ist, dass das NED die *Open Society Foundation* mit Geld unterstützt; hier also ist es einmal genau umgekehrt. Die Soros-Organisation erhält Zuwendungen von einer US-»NGO«. Offenkundig wird das unter anderem an der Ukraine, wo die OSF im Jahr 2014 einen Betrag von 32 280 US-Dollar erhielt und an die mit ihr verbundene *Policy Association for an Open Society* (PASOS)[15] 35 240 US-Dollar zahlte, also vergleichsweise eher geringfügige Summen.[16] Und wieder bleibt an die unvollständige Informationspolitik des NED zu erinnern.

Der mehrfach erwähnte Autor F. William Engdahl attestiert seinerseits zur Verflechtung zwischen OSF und NED: »Zusammen mit der regierungseigenen NGO *Freedom House* und verschiedenen lokalen Ablegern von Soros' *Open Society Foundations* war das NED ab dem

Jahr 2000 zentral an jeder wichtigen vom US-Außenministerium unterstützten Destabilisierungsorganisation – genannt ›Farbrevolution‹ – beteiligt: in Jugoslawien, der Ukraine, Georgien, Weißrussland, Iran, China, Myanmar und Venezuela sowie beim Arabischen Frühling in Tunesien, Ägypten und Syrien.«[17] Bei den von Soros unterstützten Aktionen sei es nie um wahre Demokratie gegangen, sondern vielmehr darum, »zögerliche Länder unter die Kontrolle Washingtons«[18] zu stellen, und zwar »stets im Interesse einer einheitlichen globalisierten Welt, dominiert von Washington und der Wall Street. Ihr Einsatz für Menschenrechte war nur ein Instrument der Washingtoner Außenpolitik, Menschenrechte wurden auf den Kopf gestellt.«[19]

Und Cartalucci erinnert daran: »Es dauerte beinahe vier Monate bis nach dem Beginn des sogenannten ›Arabischen Frühlings‹, bevor die Systemmedien zugaben, dass die USA hinter den Revolten standen und dass diese alles andere als ›spontan‹ oder ›einheimisch‹ waren.«[20] Der Journalist bezieht sich auf einen im April 2011 in der *New York Times* erschienen Artikel, der die US-Unterstützung der arabischen Revolten bestätigt und dabei auch das NED anspricht. Hier heißt es dann auch: »Eine Reihe von Gruppen und Einzelpersonen, die direkt in die Revolten und Reformen involviert waren, wie sie über die Region dahinfegten, einschließlich der ›Jugendbewegung 6. April‹ in Ägypten, dem *Bahrein Center for Human Rights* und Graswurzelaktivisten wie Entsar Qadhi, ein Jugendführer im Jemen, erhielten Training und Finanzierung von Gruppen wie dem *International Republican Institute,* dem *National Democratic Institute* und *Freedom House,* eine gemeinnützige Menschenrechtsorganisation mit Sitz in Washington.«[21] Was das NED angeht, schreibt NYT-Autor Ron Nixon in dem betreffenden Beitrag: »Die republikanischen und demokratischen Institutionen sind lose mit den republikanischen und demokratischen Parteien affiliiert. Sie werden vom Kongress geschaffen und durch das *National Endowment for Democracy* finanziert.«[22] Cartalucci betont eine führende Rolle von George Soros und seines *Open Society*-Institutes bei den sich entwickelnden Unruhen. Zusätzlich zur Unterstützung vieler »im Tandem mit dem NED und dem Außenministerium«[23] agierenden NGOs habe Soros »bereits lange im Voraus oppositionelle Gruppen unterstützt, um neue ›Verfassungen‹ für die kollabierten Nationen zu schaffen.«[24]

Machtmenschen und Twitter-Revolutionäre

Der ehemalige Offizier, Politikwissenschaftler, Ingenieur und Autor Wolfgang Effenberger stellte 2011 im größeren Kontext zunächst mit Blick auf Serbien, dann auch zu den Entwicklungen im arabischen Raum mit Bezug auf die NGOs, George Soros sowie das NED fest: »Nun schlug die Stunde der Nichtregierungsorganisationen. Zielgerichtet unterstützen amerikanische Organisationen [...], namentlich das *Open Society Institute* des US-Milliardärs George Soros [...] sowie die vom US-Kongress finanzierte Stiftung *National Endowment for Democracy* (NED) junger englischsprachiger Intellektueller, die prowestliche Reformen herbeisehnten. [...] Das NED wurde von Ronald Reagan in den 1980er-Jahren geschaffen, um auf privater Ebene Coups gegen Regimes zu lancieren, die der US-Regierung nicht genehm sind.«[25] Effenberger zitiert den ehemaligen stellvertretenden US-Finanzminister der Reagan-Ära Paul Craig Roberts bestätigend für die Aussage Allen Weinsteins, was die gegenüber der CIA nunmehr vorgeblich offenen Aktivitäten des NED betreffe. Demnach sei das NED seinerzeit als Werkzeug des Kalten Kriegs geschaffen worden. Roberts spricht das NED als von den Neocons kontrollierten Akteur für die US-Weltherrschaft an, das in erster Linie US-Geld in ehemalige Teile der Sowjetunion investiere, um Wahlmanipulation zu betreiben und Russland mit Marionettenstaaten zu umkreisen.[26] Und das ist gewiss nur ein Teil der Wahrheit, denn die NGO-Wirkungen sind ebenso in vielen anderen Regionen zu registrieren, wozu Effenberger kommentiert: »Zum Zwecke des Umsturzes in Syrien und Iran gründete die US-Administration nun 2006 die *Iran Syria Policy and Operations Group* (ISOG). Erste Co-Vorsitzende war Elizabeth Cheney, Tochter von Vizepräsident Dick Cheney. [...] Ziele dieser Gruppe sind die Finanzierung von Dissidenten sowie ›demokratiefreundlichen‹ oppositionellen Gruppen in Iran und Syrien sowie eine koordinierte Medienpropaganda.«[27] Wolfgang Effenberger kommt auf das stets zugrunde liegende Muster zu sprechen und weist unter anderem darauf hin: »Zeitgleich erkannte die iranische Regierung in den Aktivitäten des liberalen Währungsspekulanten und politischen ›Philanthropen‹ George Soros aufkommende Parallelen zu den vorangegangenen Revolutionen in Serbien, Georgien und der Ukraine. Drei Iranern [...] mit Kontakten zum Soros-Umfeld wurde Gefährdung der nationalen Sicherheit und Spionage vorgeworfen. Nach regierungsamtlichen Mitteilungen sollten iranische Reformer und Dissidenten in ein Netz gelockt werden, das einen gewaltlosen Sturz der Islamischen Regierung nach den Vorbildern der bunten Revolutionen in den ehemaligen sowjetischen Republiken zu planen beabsichtigte. Ein Keil sollte zwischen Regierung und Bevölkerung geschlagen werden, damit Soros den Iran langfristig in eine ›offene Gesellschaft‹ umwandeln könne. Diese Zusammenhänge gerieten durch die gewaltbereite Entwicklung in Teheran in den Hintergrund, was sogar einen erwiesenen Kenner der Region wie Volker Perthes überraschte.«[28]

Die Mechanismen zur Entfesselung einer Revolution sind heute selbstverständlich andere als in früheren Zeiten. Die Rede war bereits von der auch offiziell geäußerten Erklärung, die neuen Medien seien für das blitzschnelle Ausbreiten des Flächenbrandes verantwortlich, die Menschen seien durch sie in der Lage gewesen, sich umgehend zu organisieren, sodass Revolutionen ohne Führung möglich wurden. Selbstverständlich hat die moderne Technik eine Rolle gespielt, nur dürfte das als Teilwahrheit gelten. Viele Fakten bestätigen das. Denn wie sich herausstellt, waren gezielt platzierte Organisatoren aktiv, um die Entwicklung zu steuern.

Und so betont auch der Politologe Effenberger, dass die neue Informationstechnologie weidlich genutzt wurde, um psychologische Kriegführung zu betreiben, gerade auch mit kurzen Texten auf Twitter, wo diese »Informationsschnipsel an einen bestimmten Personenkreis verschickt«[29] wurden. Die meisten stammten »von nur drei sehr hartnäckigen Verteilern: @StopAhmadi, @IranRiggedElect und @Change_For_Iran«.[30]

Zwar habe sich der Wahrheitsgehalt nicht überprüfen lassen, doch die Wirkung war erzielt. Als erster nach diesem Schema ausgelöster Umbruch gilt die »Twitter-Revolution« in Moldawien vom April 2009. Dazu erklärt Effenberger: »Hier war es der milliardenschwere Hedgefondsspekulant George Soros, der mithilfe von Internetdiensten wie Twitter arbeitete, um sogenannte ›Demokratiebewegungen‹ in ›geschlossenen Gesellschaften‹ zu fördern und ›autoritäre Regime‹ zu stürzen. […] Der Ruf der Vereinigten Staaten und ihrer Verbündeten einschließlich der Organisationen von Soros nach ›Demokratie‹ im Iran kann nur als durchsichtige Verschleierungstaktik aufgefasst werden.«[31,32]

Der junge amerikanische Geschichtswissenschaftler Sam Muhho bestätigt entsprechende Einflüsse auf die Entwicklung des Arabischen Frühlings: »Während widerwärtige Machtmenschen wie Tunesiens Ben Ali oder Ägyptens Hosni Mubarak den Unmut ihrer Bevölkerung absolut verdient haben, tut allerdings das Betreiben des reduktionistischen Paradigmas eines Arabischen Frühlings – der unterdrückte Massen darstellt, die einfach gegen politische Ausbeutung aufstehen – den hinter den Kulissen wirkenden Netzwerken der NGO unrecht, genau wie den Spezialinteressen, die dazu beitrugen, die öffentliche Meinung zu beeinflussen und sie dahin zu kanalisieren, westliche Ziele zu unterstützen.«[33] »Kritiker« und »Akademiker« spotteten gemeinhin zwar über die Feststellung, US-Regierung und Hochfinanz der Wallstreet und Londons seien die Kräfte hinter dem Arabischen Frühling, doch »sind die finanziellen und politischen Verbindungen bestens bekannt und offen für alle, die sie unabhängig verifizieren wollen.«[34]

Fatale Fehlwahrnehmung

Muhho nimmt seinerseits Bezug auf einen Beitrag der amerikanischen Autorin Sarah Posner[35], die den Arabischen Frühling als legitimen Volksaufstand beschreibt, spontan entstanden aus politischen Gründen heraus und im Sinne einer Graswurzelrevolution. Muhho zeigt sich zunächst konform mit ihrer Ansicht übertriebener islamophober Tendenzen des rechten Neocon-Flügels. Er stellt aber auch fest, dass die allgemeine Darstellung ein falsches politisches Paradigma von »links« und »rechts« fortführe. Dadurch werde die Realität in voreingenommene, parteiische Kategorien eingewoben, um letztlich die imperialistische Agenda davor zu bewahren, ans Licht zu gelangen. Fakt ist aber doch: Die Wahrheit kennt kein »links« oder »rechts«. Aktuelle Situationen verlangen ein von solchen linearen, simplen Mustern völlig unabhängiges Handeln, völlig überparteilich und unparteiisch.

Islamophobe Interpretationen halten laut Muhho das »politische Hamsterrad in Gang«, schaffen eine Strategie der Spannung, um für eine Spaltung in der Gesellschaft zu sorgen und Menschen in einen Streitzustand zu überflüssigen und künstlichen Aspekten zu versetzen.

Muhho fragt: »Wo gehen Posner (und der Mainstream) in die Irre? Sie gehen in die Irre, wenn sie die Tatsache ignorieren, dass es faktisch eine Verschwörung gibt, auch wenn sie abweicht von der kurzsichtigen Fehlwahrnehmung des rechten Flügels, der so fokussiert darauf ist, Obama, die Muslime und die Linke scharf unter Feuer zu nehmen, dass sie dabei versagen, die tatsächlichen Machthaber und ihre hegemonialen Entwürfe zu erkennen.«[36] Sam Muhho erinnert an einen mit »Googles Revolutionsfabrik«[37] betitelten Artikel des bereits mehrfach erwähnten Tony Cartalucci und im Kontext vor allem an dessen Hervorhebung der hauptsächlichen Hintergründe der mit den Unruhen in Ägypten verbundenen NGOs sowie ihrer westlichen Förderung. Cartalucci führt dabei die Rolle von Mohammed el-Baradei aus, zu dessen Funktion er fragt: »Chef-Bauernfänger für die Globalisierer?«[38] Muhho fasst zu el-Baradei zusammen: »Während er Opposition gegenüber den USA und Israel heuchelt, wird enthüllt, dass el-Baradei im Stiftungsrat der *International Crisis Group* (ICG) sitzt, einer von Unternehmen geförderten Institution, Seite an Seite mit George Soros, dem ›geopolitischen Berater‹ Zbigniew Brezińzski, Neocons wie Richard Armitage, dem unter Verdacht stehenden Finanzkriminellen Larry Summers und, am beeindruckendsten, wenn man seine vorgetäuschte Anti-Israel-Rhetorik berücksichtigt, der israelische Präsident Schimon Peres, Stanley Fisher, der als Chef der Bank von Israel dient, sowie der ehemalige Außenminister von Israel Schlomo Ben Ami. Die ICG hat el-Baradeis Profil von ihrer Website genommen, wahrscheinlich, weil viele Leute dorthin zur Beweissicherung verlinkten.«[39] Natürlich hat sich seitdem insgesamt so manches geändert. Doch Muhho weist auf einen Screenshot hin, der die ursprüngliche Verbindung belegt – wenn man ganz besonders vorsichtig sein will, zumindest dem Augenschein nach.[40] Die Information wirkt jedenfalls authentisch, wobei die Frage ist, ob sie nicht unter Druck ebenfalls entfernt werden wird.

Resümierend stellt Muhho seinerseits dann die zentrale Frage: »Wann werden wir lernen, die sinnlosen und künstlichen Paradigmen abzulegen, die uns in den Medien untergeschoben werden, und endlich die Komplexität des Mittleren Ostens wahrnehmen und wie der Westen einen Nutzen aus der Aufspaltung zieht, um seine Hegemonie zu fördern? Die Zeit zum Widerstand ist jetzt oder nie. Widerstand ist unsere Existenz und unsere Identität gegen die Welle an Desinformation, in der unsere Welt ertrinkt. […] Abgesehen davon dränge ich die alternativen Medien darauf, sich nicht einfach einer antiwestlichen

Haltung zu bedienen und letztlich unbeabsichtigt die sehr toxischen Stücke der Desinformation zu absorbieren, die Nebenprodukte eines politisierten Wahrnehmungsmanagements sind.«[41] Es gebe entsprechend gut gemeinte Darstellungen, die Elemente der Desinformation und genau jene Aspekte wiederholten, wie sie die westliche Agenda stützten. So auch der Mythos, der Westen sei durch den Aufstieg der Islamisten bestürzt und überrascht gewesen. Muhho lässt hier keinen Zweifel aufkommen und erklärt: »NEIN. Der Westen hat bewusst den Arabischen Frühling ausgeheckt. Der Westen hat auch bewusst den Aufstieg der Islamisten ausgeheckt, um den Mittleren Osten zu destabilisieren ...«[42]

US-Millionen, CIA und Drogen

Was all diese ungeheuerlichen und zunächst kaum zu glaubenden Vorgänge und Zusammenhänge betrifft, wie sie nicht nur von vielen Autoren unterstellt, sondern auch durch Fakten untermauert werden, scheint die weltweit betriebene Demokratisierung vielmehr zur »Dämonkratisierung« zu geraten. Oder sollten jene Behauptungen an den Haaren herbeigezogen sein? Tatsächlich scheint eine Förderung der Islamisten mit Geldern aus den USA vielen heute noch abwegig und lediglich Produkt konspirativer Thesen.

Am 14. März 2015 allerdings veröffentlichte die *New York Times* einen Bericht, der nichts anderes nahelegt.[43] Das »Wie« und »Warum« wird hier zwar in einen Kontext misslicher Umstände gestellt, doch sowohl die unausgesprochenen Schlussfolgerungen als auch die weitreichenden Konsequenzen stechen klar hervor. Wie die NYT mitteilt, flossen seitens der USA tatsächlich Millionenbeträge an *al-Qaida*. Vermutungen über die Geldquellen weisen in Richtung geheimer CIA-Fonds zur Bezahlung von Entführern, wobei das berüchtigte Terrornetz die plötzlich erhaltenen Mittel für ihre Operationen und Waffenkäufe nutzte. Details hinsichtlich jener dubiosen Geldflüsse seien in den Papieren von Osama bin Laden gefunden worden, wobei seltsame Informationen in Umlauf kamen. So habe bin Laden angeblich befürchtet, das Geld sei vergiftet oder verstrahlt worden, auch habe er angeblich geglaubt, es werde genutzt, um Spuren von Angehörigen seines Netzwerks zu verfolgen.

Kurt Nimmo von *Info Wars* streicht in einem Beitrag zur Sachlage heraus: »Die jüngsten Bemühungen, dem Feind Geld zukommen zu lassen und auf diese Weise den für den militärisch-industriellen Komplex hochprofitablen Krieg gegen den Terror unvermindert weiterzuführen, haben mehr als 100 Millionen Dollar verschlungen. Der Großteil des Geldes entfällt auf Lösegeldzahlungen, die die USA offiziell bestreiten. [...] Über ihre Alliierten in den Golfemiraten haben die USA zugelassen, dass Millionen Dollar in die Taschen der mit *al-Qaida* – und nun dem Islamischen Staat – verbündeten Söldnergruppen in Syrien flossen. Von der gigantischen Operation der CIA in Afghanistan, mit der die Mudschaheddin, die sich dann später zu *al-Qaida* und den *Taliban* entwickelten, gegründet und aufgebaut wurden, bis zur Zusammenarbeit des Geheimdienstes mit anderen Terrorgruppen wie etwa der mit Rauschgift handelnden *Ushtria Çlirimtare e Kosovës* (UÇK, ›Befreiungsarmee des Kosovo‹), tschetschenischen Terroristen und den Terroristen der Dschundollah, die den Iran angreifen, gibt es zahlreiche Beweise dafür, dass die Regierung der USA und ihre Verbündeten Terroristen unterstützen, um ihre politischen Ziele zu erreichen.«[44] Soweit Kurt Nimmo. Nebenbei bemerkt, die Recherchen investigativer Journalisten haben viele Stränge freigelegt, die eine innige Verbindung der CIA mit dem internationalen Drogenhandel aufzeigen. Enthüllungen hierzu sind allerdings in Kreisen der CIA – die scherzhaft auch schon als »Cocaine Importation Agency« tituliert wurde – nicht sehr beliebt. Wer hier nachforscht, schaufelt sich womöglich unter (meist mysteriösen) Umständen sein eigenes Grab. Wiederholt starben Journalisten unter solch mysteriösen Umständen, noch während sie die Netzwerke zu ergründen versuchten; sei es nun 1991 der US-Journalist Danny Casolaro, der kurz vor dem Treffen mit einem Topinformanten angeblich Selbstmord in der Badewanne beging, oder der Pulitzer-Preisträger Gary Webb, der gezielt zu Verbindungen zwischen CIA und Drogenhandel recherchierte und aufgrund seiner Berichte den Job verlor, um dann im Jahr 2004 seinerseits »freiwillig« aus dem Leben zu scheiden. Zumindest stellten die Behörden Suizid fest. Bemerkenswert daran: Er starb an *zwei* Kopfschüssen! Die Lokalzeitung berichtete zudem von mehreren Schusswunden, und das Büro des Gerichtsmediziners wurde mit Telefonanrufen bombardiert. Der dortige Chef erklärte, zwei Einschusswunden seien bei Suizid ungewöhnlich, aber doch bereits vorgekommen, sodass eine entfernte Wahrscheinlichkeit dafür bestehe.

Damals berichtete die *Los Angeles Times* zu den Verletzungen, Webb habe sich mit einem Kaliber-38-Revolver erschossen, den er nahe seinem rechten Ohr ansetzte. Der erste Schuss sei durch das Gesicht hindurchgegangen und an der linken Wange wieder ausgetreten. Der zweite Schuss habe dann eine Arterie getroffen.[45] Webb muss wohl sehr schnell nachgelegt haben. Seine Witwe sei überzeugt, dass ihr Mann tatsächlich Suizid begangen habe, doch selbst wenn – was war der Auslöser?

Der Journalist brachte nach seinen Enthüllungen keinen Fuß mehr auf den Boden, er fand keine Arbeit, musste sein Haus verkaufen, war ruiniert. Er war das Opfer mächtiger Kräfte geworden, die im Hintergrund agierten und ihm nicht die geringste Chance ließen. Trotzdem bleiben Zweifel am eigenhändigen Doppel(selbst)mord. Und die Serie an ungewöhnlichen Todesfällen unter missliebigen Journalisten nimmt bis heute kein Ende.

Was den Aspekt »Rauschgifthandel« betrifft, so wurde auch George Soros bereits mit dem Verdacht konfrontiert, sein Vermögen zumindest teils durch Drogengeschäfte oder die Wäsche von Drogengeldern vergrößert zu haben. Der republikanische Abgeordnete John Dennis Hastert, als ehemaliger Sprecher des US-Repräsentantenhauses eine der einflussreichsten Persönlichkeiten in den Vereinigten Staaten, hatte – übrigens wenige Monate vor dem rätselhaften Tod von Gary Webb – im Rahmen mehrerer Radiointerviews entsprechende Mutmaßungen geäußert, worauf George Soros eine offizielle Beschwerde beim US-Repräsentantenhaus einreichte. Soros erklärte im September 2004, Hasterts Kommentare legten sehr deutlich das wohlüberlegte Bestreben nahe, Verleumdungstaktik, Beleidigung und Unwahrheiten zu nutzen, um Kritik an der US-Regierung verstummen zu lassen.[46]

Hastert hatte indirekt auf den Sitz des *Quantum Fund* angespielt und unter anderem gesagt: »Sie wissen, einiges von Soros' Geld stammt von Übersee. Es könnte Drogengeld sein. Wir wissen nicht, woher es kommt.«[47] Beweise dafür konnte Hastert nicht vorlegen, und deshalb äußerte er lediglich eine Vermutung, wenn auch eine sehr weitreichende. Und allein schon sie brachte Soros genügend auf. Immerhin stammte die Aussage von einem hohen US-Politiker, mit dem sich allerdings selbst einige ziemlich dunkle Kapitel verbinden.

Interessant ist in diesem Zusammenhang auch Soros' Finanzierung von Kampagnen zur Legalisierung von Drogen.[48] Freier Drogenkonsum scheint für Soros unbedingt zu einer offenen Gesellschaft dazuzugehören – ungeachtet aller gesundheitlichen und gesellschaftlichen Schäden, die mit ihm einhergehen können. Jedenfalls ist Soros schon seit Langem ein offener Befürworter der Drogenfreigabe. Schwer vorstellbar, wie die Freigabe abhängig machender Substanzen eine offene Gesellschaft fördern soll. Somit erscheint auch dies als seltsames Paradoxon der Vorstellungswelt von George Soros.[49]

Doch noch einmal kurz zurück zur CIA-Finanzierung der Islamisten. Man mag von dem 2013 verstorbenen, bereits erwähnten CIA-»Whistleblower« und Top-Desinformanten der CIA, Oswald LeWinter, denken, was man will, doch seine intimen Kenntnisse geheimdienstlicher Aktivitäten und Winkelzüge dürften außer Frage stehen. Es gab keinen Aspekt, über den er nicht erstaunlich detaillierte Insiderkenntnisse besessen hätte. Wenn er ins Reden kam, verstand er es, den Zuhörer in seinen Bann zu ziehen. Und schon Jahre vor den NYT-Enthüllungen berichtete er in einem privaten Gespräch von hohen Summen, die seitens der CIA an die *al-Qaida* geflossen seien. LeWinter behauptete, CIA-Ausbilder von Osama bin Laden gewesen zu sein – nicht etwa, was Waffentechnologie anging, sondern hinsichtlich sicherer Telekommunikation. Er habe ihn nach den Anschlägen des 11. September 2001 noch ein einziges Mal getroffen. Die Information steht zwar unbewiesen im Raum und kann lediglich anekdotisch weitergereicht werden, doch würde sie sich bestens ins später aufgedeckte Schema fügen. Wenigstens der entscheidende Teil jener sehr langen Unterredung soll hier in einem kurzen Auszug wiedergegeben werden. Auf die Frage, warum sie die Attacken durchgeführt hätten, habe bin Laden erklärt: »Auf einmal sind riesige Geldmengen eingetroffen und unglaublich viele junge, idealistische Kämpfer zu uns gestoßen. […] Warum nicht zugeben, dass wir schuldig sind? Und so haben wir das gemacht. Was soll es? Es hat uns geholfen.« LeWinter wollte wissen, was nun mit dem Geld geschehe. Darauf der von Nimmo als »CIA-Aktivposten« bezeichnete bin Laden: »Es ist alles dezentralisiert. Wir sind, wenn du so willst, die internationale Bank des Terrorismus.«

Alles in allem jedenfalls wurde nicht zuletzt durch die NYT-Berichterstattung klar, dass LeWinter, der exzellente CIA-Desinformant, offenbar nicht allzu sehr fabuliert haben dürfte und dass tatsächlich Millionenbeträge von der CIA zu den Islamisten flossen. Aber das war längst nicht alles.

In einem AFP-Artikel vom April 2011 erklärte Michael H. Posner, der ehemalige US-Vizestaatssekretär für Menschenrechte, die USA hätten zwei Monate zuvor rund 5000 Aktivisten aus Ägypten, Tunesien, Syrien und dem Libanon ausgebildet. Ziel sei es gewesen, Technologien zur Verfügung zu stellen, um regierungsseitige Behinderungen zu umgehen und den Aktivisten dabei zu helfen, einen »Welleneffekt« auszulösen, indem sie ihre Kollegen in der Kunst der Regierungsdestabilisierung unterwiesen.[50] Wie der amerikanische Autor Robert Beaudine anmerkt, seien laut Posner rund 50 Millionen Dollar aus Händen der US-Regierung geflossen, um neue Technologien zu entwickeln, die Aktivisten vor einer Arretierung durch autoritäre Regierungen zu schützen. Diese Hilfestellung habe den Arabischen Frühling zwar nicht hervorgerufen, durchaus aber dazu beigetragen, ihn weiterführen zu können, so Beaudine in einem Beitrag zu den Architekten eines »führungslosen« Arabischen Frühlings.[51] Die in dessen Folge aufkeimenden Proteste der Bewegung *Occupy Wallstreet* wurden ebenfalls als spontane, führungslose Aktionen und somit als authentische Graswurzelbewegungen beschrieben, während überall die Insignien des Astroturfing anzutreffen waren. In diese Richtung äußert sich auch Beaudine zu diesen Bewegungen: »Tatsächlich war keine von beiden spontan oder ohne Führung. Der Arabische Frühling wurde Jahre zuvor geplant und dann durch die Kräfte der Unterdrückung ausgeführt, von denen die Leute annahmen, sie würden sie umzustürzen versuchen.«[52]

Vor all diesen Hintergründen, die hier eigentlich nur angedeutet werden konnten, erscheint die Entwicklung in den betroffenen Ländern doch in einem ganz anderen Licht.

Tragische Initialzündung

Auch viele Einzelereignisse des Arabischen Frühlings sind von Merkwürdigkeiten oder sogar eindeutiger Manipulation charakterisiert, die das Gesamtbild weiter stützen, ein Bild, das zwar wiederum dem ergiebigen Feld konspirativer Thesen zugeordnet wird, aber letztlich nichts als reale Konspiration bestätigt.

Schon der erste Vorfall, allgemein als Auslöseereignis des Arabischen Frühlings angesehen, stimmt in seinen Details nachdenklich.

Es war ein so grauenvolles wie befremdliches Ereignis, das sich am 17. Dezember 2010 in Tunesien zutrug, dort, wo die Welle der Unruhen begann. Alles schien aus dem Nichts zu kommen, Reisegäste wurden im beliebten Urlaubsland von den Geschehnissen überrascht und suchten massenweise das Land zu verlassen. An jenem Dezembertag übergoss sich der 26-jährige und eigentlich als unpolitisch beschriebene Gemüsehändler Mohamed Bouazizi in aller Öffentlichkeit mit Benzin – und zündete sich an! Er war vor der Präfektur erschienen, um gegen die ungerechte Behandlung durch die Regierung zu protestieren, wobei sich der Zorn wie bei vielen anderen vor allem natürlich gegen den damaligen, autokratischen Präsidenten Zine al-Abidine Ben Ali richtete. Mittlerweile 23 Jahre im Amt, war er 1987 per Revolution an die Macht gekommen, man sprach seinerzeit bereits von der Jasmin-Revolution, worauf sich dann die Revolution 2010/2011 ironisierend stützte.

Unmittelbar nach der grausamen Selbstverbrennung bildeten Gruppen aus der Bevölkerung ein Unterstützungskomitee. Alles ging wie gesagt sehr schnell, die Tunesier stellten sich flächendeckend hinter Bouazizi, der rund zwei Wochen im Koma lag, bevor er dann schließlich am 4. Januar 2011 starb. In dieser Zeit besuchte ihn auch Ben Ali noch, bot den Angehörigen eine Summe von 10 000 Euro Entschädigung, um sein Image aufzubessern, bewirkte damit aber eher das Gegenteil. Bilder seines kurzen Besuchs am Krankenbett des am ganzen Körper verbrannten Bouazizi gingen um die Welt. Bouazizi ist zu dem Zeitpunkt bereits so gut wie tot, von ihm ist auch nichts zu sehen. Wie eine Mumie ist er in Bandagen gehüllt, von Kopf bis Fuß. Aus dem Mund ragt ein Schlauch. Was war in diesem Menschen vorgegangen und hatte die Tat ausgelöst? Eine wahrscheinlich nie mehr sicher zu beantwortende Frage. Die neue Jasmin-Revolution nahm nunmehr aber unaufhaltsam ihren Lauf.

Einiges zum Fall Bouazizi scheint in der Rückschau bemerkenswert eigenartig, wenn man das angesichts eines dermaßen schrecklichen Todes überhaupt so lapidar sagen darf. In der öffentlichen Darstellung war Bouazizi ein Akademiker, der keine Arbeit fand, politisch engagiert zu sein schien und aktiv gegen das Unrecht im Land vorgehen wollte. Er stammte aus armen Verhältnissen, musste die Familie nach dem Tod des Vaters seit seinem 14. Lebensjahr ernähren und wollte vor allem im Leben weiterkommen. Doch das gestaltete sich äußerst schwierig.

Faktisch ließ sich über Bouazizis Person nur äußerst wenig herausfinden. Journalisten bemühten sich um verwertbare Informationen, doch bis auf wenige relativ gut gesicherte Fakten kursierten häufig widersprüchliche Gerüchte. Bouazizi hatte jedenfalls nicht studiert, und wie sich schließlich herausstellte, konnte er sich entgegen vieler Behauptungen auch das Abitur nicht ermöglichen. Er war offenbar zu keiner Zeit als politisch engagiert aufgefallen, seine Lebensumstände waren allerdings stets extrem bedrückend gewesen, so viel dürfte feststehen. Doch bewogen sie ihn dazu, sich wirklich selbst anzuzünden?

Bei einem Menschen, über den trotz seiner noch lebenden Mutter und der fünf jüngeren Geschwister wie gesagt kaum etwas in Erfahrung zu bringen ist, wird sich das schwer beantworten lassen. Wenn er aber protestieren wollte, dann doch sicherlich für ein besseres Leben und nicht für den Tod, vor allem nicht, da er seiner Familie stets beistand und sie wohl auch nicht der Schande einer Selbsttötung aussetzen wollte. Sicher, hier ging es um eine höhere Sache, doch Bouazizi war nach allem, was bekannt ist, eben nicht politisch, und er dürfte wohl nicht davon ausgegangen sein, mit seinem Tod ein Fanal zu setzen – geschweige denn eine über das Land hinaus blitzartig um sich greifende Revolution auszulösen. Die Familie selbst erklärt, das alles sei ein schrecklicher Unfall gewesen. Dann das nächste Gerücht: Er sei von Faida Hamdi, einer Polizistin des Ordnungsamts, während einer Auseinandersetzung geohrfeigt worden. Eine besondere Demütigung, allerdings wohl nie wirklich bestätigt. Da er keine Verkaufslizenz besaß, zog er mit seinem Karren umher und musste immer wieder mit Ärger rechnen. Die Polizistin beschlagnahmte seine Ware und eine elektronische Waage. Bouazizi fordert sie von der Polizeiwache zurück, verhält sich dabei aber ruhig, wie es heißt. Da man ihm die Herausgabe verweigert, entschließt sich Bouazizi gegen die Mittagszeit, den Gouverneur aufzusuchen und den Vorfall zu schildern. Er dringt nicht durch. Nun übergießt er sich Berichten zufolge vor dem Gebäude spontan mit »einer brennbaren Flüssigkeit«, ganz offenbar Benzin, und zündet sich an.

Der Ablauf des grausamen Vorfalls löst auch bei einigen westlichen Medien Verwunderung aus, einmal abgesehen von den ungeahnten Konsequenzen. So schreibt die *Welt* am 17. Dezember 2011 und somit zum ersten Todestag Bouazizis: »Kein Schrei, keine Parolen, keine Botschaft – jedenfalls ist nichts dergleichen überliefert.« [53] Und was hatte die Familie angeblich erklärt: Es sei ein schrecklicher Unfall gewesen. Galt diese Interpretation nur zur eigenen Beruhigung? Er habe sich zwar wirklich mit Benzin übergossen, aber nur aus Protest, und sei dann herumgesprungen, um auf sich aufmerksam zu machen – bis ihm ein einziger Funke aus seinem Feuerzeug zum Verhängnis wurde. Was auch immer wirklich geschah, die Folgen waren nicht nur für Bouazizi selbst verheerend. Sein Tod markiert nach allgemeiner Ansicht nicht nur den Beginn der riesigen Revolution, sondern auch die Stunde, in der das Internet zum Revolutionär wurde, zum bestimmenden Faktor der Ausbreitungsgeschwindigkeit von Protest und Aufruhr. Der Cousin Bouazizis erreicht den Unglücksort kurz vor dem Abtransport des Brandopfers. Befremdlich scheint dabei, dass er nichts anderes im Sinn hat, als seinen bereits auf der Bahre liegenden Vetter mit dem Handy zu filmen, die aufgenommenen Sequenzen in den nächsten Stunden zu schneiden und im Internet zu verbreiten. *Al Jazeera,* der mittlerweile weltweit ausgestrahlte Sender, zeigt die Bilder noch am selben Abend. Und damit beginnt die Revolution, ausgelöst durch einen Vorfall in einer kleinen Provinzstadt namens Sidi Bouzid, knapp 300 Kilometer südlich von Tunis entfernt, irgendwo im Nirgendwo.

Am 5. Januar 2011 und somit einen Tag nach Bouazizis Tod flammten die Unruhen in Algerien auf, am 7. Januar setzten die Proteste gegen die jordanische Regierung ein, am 25. Januar begann die Revolution in Ägypten, am 27. Januar folgte der Jemen. Plötzlich entzündete sich die arabische Welt, alle Länder gingen blitzartig in die Rebellion über, in direkter Reaktion auf den Tod Bouazizis. Und das, obwohl er gewiss nicht das Opfer von Diktatur und Tyrannei war.

Nachdem die extremen Folgen der selbstzerstörerischen Tat bereits in ausreichender Tragweite bekannt waren, konnten auch die großen westlichen Medien nur staunend attestieren: »Das bisher Undenkbare ist geschehen: Eine arabische Autokratie wurde im ersten Anlauf gestürzt, nicht durch einen Putsch des Militärs oder konkurrierender Machtgruppen, sondern buchstäblich durch das Volk. Das Regimeknicken, das eine Weile lang den poetisch-optimistischen Namen ›Arabischer Frühling‹ trug, hatte begonnen.«[54] Das erklärt der *Welt*-Autor Thomas Schmid in seinem Beitrag über den rätselhaften Tod des Mohamed Bouazizi. Er verweist auch auf die komplexen Ereignisketten, aus denen sich Revolutionen für gewöhnlich konstituieren.

Und vor allem: Noch seltener seien sie an einen einzelnen Menschen geknüpft, der eindeutig als Auslöser eines solchen Umsturzes identifiziert werden könne.

Die PR-Maschine

Natürlich wird diese neue Entwicklung, wie schon mehrfach erwähnt, der Kommunikationselektronik zugeschrieben – sodass vor allem die technologische Revolution auch zur arabischen Revolution, jener »Arabellion«, geführt habe. Wie aber ebenfalls mehrfach erwähnt, kann diese eine Komponente nicht als Pauschalerklärung gelten, auch wenn sie in der sanktionierten öffentlichen Darstellung als solche herhalten muss. Hinzu kommen sehr gezielte Einflussnahmen von »oben«, die sich konkret nachzeichnen lassen. Da wirken Regierungsorganisationen und vermeintliche Nichtregierungsorganisationen wie das CIA-nahe NED, das seinerseits programmatisch offenbar im Wesentlichen im Einklang mit den NGOs von George Soros steht. Ein Umstand der, wie erwähnt, von verschiedenen Autoren registriert wurde. Da gibt es zudem Beispiele für eindeutige Manipulationen der Medien, Verfälschung von Information in Wort und Bild, nicht existente Zeugen oder Opfer und dergleichen mehr, um insgesamt die erwünschte Stimmung und öffentliche Meinung hervorzurufen.

Da gibt es den Soros-Kontext zur *International Crisis Group,* in deren Beirat auch der mit den westlichen Eliten gut vernetzte ägyptische Diplomat Mohammed el-Baradei anzutreffen ist. Er wurde von Mubarak einst aus dem Land gejagt, um zwölf Jahre später dann im Arabischen Frühling zurückkehren zu können.[55] Da gibt es die US-Handelsministerin Penny Pritzker, die George Soros 2015 an den geschäftlichen Verhandlungstisch nach Tunesien brachte, um den Wiederaufbau der Wirtschaft im Land zu diskutieren. Mit von der Partie war ebenfalls der KKR-Vorsitzende und Ex-CIA-Chef David Petraeus.[56] Und da gäbe es noch eine ganze Reihe weiterer Beispiele.

Für den amerikanischen Autor Webster G. Tarpley steht fest: Der Arabische Frühling ist das Ergebnis umfangreichen manipulativen Eingreifens der CIA. Unter dem bereits sehr aufschlussreichen Titel »Aus dem manipulierten ›arabischen Frühling‹ der CIA wird ein langer, heißer Kriegssommer« schreibt Tarpley auf dem Nachrichtenportal *Kopp Online* am 25. Juni 2011: »Am 14. Juni richtete US-Außenministerin Hillary Clinton eine ungewöhnlich scharfe Verurteilung an die Adresse von Damaskus wie auch Teherans, wobei sie erneut das Argument vorbrachte, der Iran unterstütze die Niederschlagung der Proteste in Syrien: ›Der Iran unterstützt heute die gewaltsamen Angriffe des Assad-Regimes auf friedliche Demonstranten und militärische Aktionen gegen die eigenen Städte.‹ Doch in der realen Welt wuchs der Verdacht, viele Medienberichte seien reine Fiktion, so wie derzeit die Brutkastenbabys in Kuweit und Jessica Lynch.«[57]

Tarpley greift diese Geschichten nicht umsonst auf. Es ist wohl einfach ab und an nötig, wieder einmal das Gedächtnis aufzufrischen und sich dessen zu erinnern, was den herrschenden Kräften bereits glückte, wenn es darum ging, der Öffentlichkeit faustdicke Lügen aufzutischen. Und in aller Regel haben die Systemmedien fleißig in den Chor eingestimmt.

Da war also jene ungeheuerliche Brutkastenlüge: Am 10. Oktober 1990 berichtete ein 15-jähriges Mädchen namens »Nayirah« vor einem Menschenrechtskomitee des US-Kongresses unter Tränen über ihre eigenen schrecklichen Erlebnisse in einem Hospital in Kuwait, wo irakische Soldaten etliche Säuglinge aus den Brutkästen genommen hätten und angeblich auf dem kalten Boden jämmerlich sterben ließen.

Nichts davon stimmte. Aber der US-Senat stimmte seinerseits bald darauf für eine Irak-Intervention. Wie sich später herausstellte, war Nayirah die Tochter des kuwaitischen Botschafters Saud Nasir as-Sabah in den USA und hatte nie in einem solchen Krankenhaus gearbeitet. Doch das Kind war bereits »aus dem Brutkasten gefallen«, das Ziel erreicht. Auch das von Soros gestützte[58] *Amnesty International* war auf den Schwindel hereingefallen oder wollte ihn vielleicht nicht wahrnehmen.[59]

Nayirah stand nicht für einen persönlichen Kommentar zur Verfügung. Journalisten der *Canadian Broadcasting Corporation* baten den Botschafter um Erlaubnis, seine Tochter befragen zu dürfen, doch der habe dieses Ansinnen deutlich verärgert abgelehnt. So gab es also zumindest von hier aus kein weiteres Broadcasting zu den Brutkästen. Später konnte Nayirah dann aber von Mitarbeitern des New Yorker Rechercheunternehmens *Kroll Associates* im Auftrag der kuwaitischen Regierung befragt werden, und sie gestand ihre »wild verzerrte« Geschichte selbst ein.[60]

Was seinerzeit als blanke Verschwörungstheorie gegolten hätte, wird heute allgemein unbestritten als »PR-Kampagne« zur Medienmanipulation und Desinformation eingestuft, so steht es sogar bei *Wikipedia* zur Brutkastenlüge zu lesen, im Abschnitt »Rezeption«.[61] Interessant, wie es hier auch heißt, diese Kampagne habe dazu gedient, »um Politik, Medien und Öffentlichkeit kriegsreif zu machen«.[62] Diese Formulierung legt, ob nun beabsichtigt oder nicht, doch nahe, dass nur gewisse mächtige, der Politik offenbar übergeordnete Kreise dieses Ziel verfolgten. Wie man die Aussage auch interpretieren mag, die Manipulation steht fest, und der Hintergrund tritt immer deutlicher hervor.

Amina

Im obigen Zitat von Webster G. Tarpley kommt unmittelbar eine weitere Lügengeschichte zur Sprache, nämlich zur jungen US-Soldatin Jessica Lynch. Auch ihre Befreiung aus irakischer Gefangenschaft im Juni 2003 stellt eine einzige große Inszenierung dar. Und ein weiteres Märchen dreht sich erneut um ein junges Mädchen – die PR-Maschine der »Strippenzieher« weiß genau, was sich gut verkauft und wie man am besten auf die Tränendrüse drückt. Diese Geschichte hat sich ebenfalls als besonders dreiste Lüge erwiesen. Es ist die seltsame Geschichte der jungen Amina Abdallah Arraf al Omari, dem lesbischen Mädchen aus Syrien. Erstmals tauchte sie am 19. Februar 2011 im Netz auf, als Bloggerin, die in ihrem Internettagebuch über ihr schwieriges Leben als lesbische Muslima in Syrien berichtete. Sie schrieb über sich, ihre Herkunft als in Virginia geborene Tochter einer US-Amerikanerin und eines Vaters aus alter syrischer Familie. Und interessanterweise berichtete sie immer auch über ihre politische Haltung. Demnach stand sie eindeutig auf der Seite der syrischen Opposition. Westliche Medien wurden erstmals im Mai 2011 auf den Blog aufmerksam. Bemerkenswert war, dass die junge Frau trotz ihrer sexuellen Orientierung und der Menschenrechtsverletzungen in Syrien sehr offen auftrat. »Amina« gab sogar ein CNN-Interview, in dem sie ihrem Glauben Ausdruck verlieh, ein politischer Wechsel könne die Rechte für Homosexuelle verbessern helfen.[63] In ihrem Blog erklärte »Amina«, Familienangehörige in der Regierung und der Muslimbruderschaft zu haben. Für sie sei daher ganz selbstverständlich, politisch aktiv zu sein. Im Lauf der Zeit nahm sie eine zunehmend kritische Haltung gegenüber der Regierung ein und beschrieb dramatische Situationen, in denen Regierungsagenten sie mit Vergewaltigung bedroht und beinahe verhaftet hätten.[64]

Während der syrischen Aufstände schaltete sich dann bald eine andere Person ein. Am 6. Juni 2011 meldete sich diese Person als Cousine Aminas zu Wort und erklärte, die Bloggerin sei von bewaffneten Zivilisten verschleppt worden. Plötzlich war Amina überall bekannt, schnell formierten sich Kampagnen. Menschenrechtler protestierten gegen die Freiheitsberaubung, und bald waren 15 000 Menschen beteiligt. Wieder einmal entwickelte sich in kürzester Zeit ein Sturm der Entrüstung. Schon einen Tag später äußerten allerdings Autorin Liz Henry und Journalist Andy Carvin wie auch einige andere ihre ernsten Bedenken am Wahrheitsgehalt der ganzen Geschichte. Denn mittlerweile hatte sich herausgestellt, dass von »Amina« veröffentlichte Fotos, die sie angeblich selbst zeigen, einer ganz anderen Person zuzuordnen waren.

Die in Großbritannien lebende Kroatin Jelena Lečić, die am Londoner *Royal College of Physicians* arbeitete, wurde von einem Freund auf die zwischenzeitlich auch beim britischen *Guardian Online* veröffentlichten Fotos aufmerksam gemacht. In der BBC-*Newsnight*-Sendung vom 8. Juni 2011 erklärte sie dann, sehr aufgebracht zu sein, da die Bilder einfach von ihrem *Facebook* Account gekapert worden seien, wo es zwar private Sicherheitseinstellungen gebe, die aber nicht funktionierten. Jeder könne demnach private Bilder dort entwenden und mit einer beliebigen Geschichte verbinden. Lečić erklärte, zuvor nie von jener syrischen Frau gehört und auch nicht gewusst zu haben, dass ihre persönlichen Fotos bereits eine ganze Zeit über verwendet worden waren.[65, 66]

Am 12. Juni 2011 teilten die Autoren Ali Abunimah und Benjamin Doherty von ihrer Internetpräsenz *Electronic Intifada* aus neue Enthüllungen mit, denen zufolge eine sehr hohe Wahrscheinlichkeit bestand, dass ein gewisser Tom McMaster hinter der falschen Identität »Amina« stand.[67] Bereits wenige Stunden nach dieser Veröffentlichtung meldete sich dann McMaster auf »Aminas« Blog und erklärte sich tatsächlich verantwortlich für den riesigen Schwindel.[68]

Damit war die Sache nun endlich klar. Oder vielleicht doch nicht? Klar war in erster Linie nunmehr eigentlich nur, dass nicht allein Jelena

Lečić, sondern die ganze Welt auf gefährliche Weise an der Nase herumgeführt worden war. Und ohne die intensiven Recherchen einzelner Journalisten sowie den glücklichen Zufall, dass Jelena Lečić noch relativ bald nach den Zeitungsveröffentlichungen auf die Bilder aufmerksam gemacht wurde, wäre alles vielleicht erst wesentlich später ans Licht gekommen.

Doch weiterhin blieb unbeantwortet, welche Motive jenen Tom McMaster dazu getrieben hatten, diesen gewaltigen und folgenschweren Internetbetrug auszuhecken, ihn umzusetzen und über Monate hinweg zu betreiben. War das nichts als eine Art verspäteter »Dummejungenstreich« eines mittlerweile allerdings 40 Jahre alten, in Edinburgh lebenden US-Amerikaners? War McMaster tatsächlich der einzige ausführende »Master-Mind« dieser Aktion?

Das alles mutete doch äußerst seltsam an. Schließlich war da vor allem noch McMasters Ehefrau, Britta Froelicher. Sie wird als »Associate Fellow« des *Centre for Syrian Studies* an der St.-Andrews-Universität Edinburgh beschrieben, außerdem als »Middle East Peace Education Programme Associate« einer als *American Friends Service Committee* bekannten Organisation.[69, 70] Das nun wieder erweist sich als besonders interessante Tatsache, da diese Quäker-Organisation laut eigener Information von den *Open Society Foundations* zumindest einmal, nämlich im Jahr 2000, mit 50 000 US-Dollar eine finanzielle Zuwendung erhielt.[71] Warum nur treten bei all diesen Ereignissen immer wieder die *Open Society Foundations* in Erscheinung?

»Amina« entstand gewiss nicht aus Spaß an der Freud, sicher nicht als skurriler Internetscherz ohne ernste politische Absichten. Gerade der Hintergrund von Britta Froelicher legt das absolute Gegenteil nahe und damit eine gezielte Aktion. Diese unglaubliche Geschichte, ebenso wie das Beispiel von Nayirah, belegt wiederum, wie schnell sich Stimmung machen lässt, wie Meinungen beeinflusst werden und welche fatalen Folgen das haben kann. Dabei spielt es letztlich keine Rolle, ob der Schwindel auffliegt oder nicht, sobald die gewünschte Wirkung erreicht ist.

Aus diesem Blickwinkel dürfte auch die erstaunliche Geschichte um Amina zu betrachten sein, wobei es letztlich ebenfalls Monate dauerte, bis die Sache aufflog. In diesen Monaten zeigte die Aktion ihrerseits spürbar Wirkung. Das schnelle Eingeständnis McMasters, nachdem der Stein ins Rollen und die Wahrheit durch das öffentliche Auftreten von Jelena Lečić ans Licht gekommen war, wird wohl vorrangig im Sinne der eigenen Schadensbegrenzung zu verstehen sein.

Medien machen gezielt Stimmung

Wenn auch aus etwas anderer Gesamtperspektive, so führt nicht zuletzt der Grimme-Preisträger Klaus Scherer die Manipulation von Nachrichtenbildern vor, insbesondere Fälle aus dem weltweiten Netz. In einer Fernsehdokumentation von 2015 nannte er zahlreiche Beispiele für irreleitende visuelle Dokumentation, ob nun fragwürdige oder nachweislich gefälschte Fotoillustrationen oder aber Filmsequenzen, jeweils zur Manipulation der öffentlichen Meinung, Stimmungsmache und politischer Desinformation.[72]

Da waren jene schockierenden Filmaufnahmen, die einen etwa zwölfjährigen Jungen im Beisein eines IS-Kämpfers zeigen. Das Kind hält eine Schusswaffe auf zwei Russen und richtet die beiden kahl rasierten Gefangenen kaltblütig hin.

Bei nüchternerer Betrachtung jedoch wirkt alles unecht, einfach künstlich und gestellt. Das bestätigte auch ein BND-Experte, der das Material analysiert hat. Es gibt keine Einschusswunden. Die Kleidung der Hingerichteten ist seltsamerweise frisch gebügelt, die Schusswirkung entspricht nicht der Situation – nichts scheint hier authentisch. Reale Szenarien sehen anders aus. Doch der Schockeffekt ist erzielt, darauf kommt es an.

Immer wieder werden hierfür von »höherer Seite« Kinder instrumentalisiert, in welcher Form auch immer, stets natürlich im Kontext blanker Rohheit und Gewalt. Dass die Welt davon traurigerweise wirklich zu aller Zeit reichlich zu bieten hat, bedarf keiner weiteren Diskussion. Doch nicht zuletzt deshalb ist die besondere Rolle der Fälschungen und der Instrumentalisierung zu betonen.

Reichlich verfügbares Material wird aus dem Kontext gerissen, um damit öffentlich Stimmung zu machen. Scherer zeigt das Bild eines kleinen Mädchens mit einem Hund im Arm, beide völlig verschmutzt. Das Kind wird als Opfer ukrainischer Soldaten präsentiert, zumindest von der Gegenseite. Doch das Foto zeigt laut Scherer nichts anderes als ein Kinderporträt, das bei einem Fotowettbewerb in Australien prämiert wurde. Von Krieg und Opferrolle demnach keine Spur.

Nichts kann somit Glauben geschenkt werden. Ebenso nicht »Bildbeweisen« zu Kindern, die ins Kreuzfeuer syrischer Heckenschützen gerieten, angeblich. Doch waren die Szenen das Produkt eines norwegischen Filmteams, das auf Malta drehte und Millionen Menschen täuschte. Es gibt genügend weitere Beispiele der Manipulation und Propaganda, und zwar auf allen Seiten, sodass selbst Fachleute oft kaum mehr in der Lage sind, aktuelle Situationen einzuschätzen.

Die BBC erklärte, lieber in Kauf zu nehmen, verspätet zu berichten, als einer falschen Nachricht aufsitzen zu wollen. Medien machen selbstverständlich genügend Erfahrungen in dieser Hinsicht. Nur hängt im Mainstream die Berichterstattung eben doch weitgehend davon ab, was den »Eliten« genehm ist und was nicht. Da bleiben dann vielleicht einige krasse Fälle, die nicht mehr vertuscht werden können oder sollen. Sie erfüllen innerhalb des großen Systems durchaus auch eine Alibifunktion, um die Glaubwürdigkeit nicht allzu sehr aufs Spiel zu setzen. Schließlich muss jeweils abgewogen werden, welche Schäden entstehen können, sofern einem Nachrichtenmagazin gezielte Desinformation nachgewiesen werden kann.

Sehr vorsichtig äußerte sich die BBC zu einem gleichfalls schockierenden Foto, das nicht unabhängig verifiziert werden könne, so die damalige Kurzbeschreibung. Doch jeder starrte erst einmal entsetzt auf dieses unbeschreibliche Bild. Darauf ist ein Kind zu sehen, das wie im Hürdenlauf über dicht an dicht gereihte weiße Leichensäcke springt, als ginge es um eine Selbstverständlichkeit dabei. Das Foto erschien unter der deutlichen Überschrift »Syrisches Massaker in Hula mit wachsender Empörung verurteilt«.[73] Dann meldete sich allerdings der Bildautor zu Wort, der international tätige Marco di Lauro. Er sei völlig perplex gewesen, dieses Bild nun in diesem Kontext wiederzusehen und erklärte, die Aufnahme bereits während des Irakkriegs gemacht zu haben.[74] Das war geschlagene neun Jahre früher, am 27. März 2003!

Natürlich reagierte die BBC zügig auf diese Enthüllung und nahm das Bild von ihrer Internetseite. Auch hier dürfte aber das Wesentliche gewesen sein: Die Botschaft war in die Öffentlichkeit geleitet worden und wirkte hinsichtlich der aktuellen Situation verstärkend auf die Meinungsbildung ein, vor allem, da viele Medien versäumten, den wahren Ursprung nachträglich mitzuteilen. Auch di Lauro vermutete eine bewusste Propagandaaktion. In vielen Fällen lässt sie sich nicht sicher nachweisen, auch bleiben etliche NGO-Aktivitäten ohne völlig sicheren Beweis zu den verfolgten Absichten. Allerdings liegen diese häufig sehr nahe, allein durch bestehende Querverbindungen und Wechselbeziehungen. Wer ist wo aktiv? Welche Gruppen werden unterstützt? Welche Ziele werden allgemein vorgegeben? Was wird wirklich getan und angestrebt? Und vor allem: Wer hat einen Nutzen davon?

Es sind solche Fragen, die oftmals weiterhelfen, wenn es darum geht, ein Bild der wahren Verhältnisse abzuleiten oder zumindest eine Ahnung davon zu entwickeln. Es sind der reinen Zufälle und dummen Verwechslungen einfach zu viele, zu viele ins jeweilige politische Kalkül gut passende Ereignisse, als dass es eben nur reine Zufälle und dumme Verwechslungen sein dürften.

Keine Organisation, die öffentlich unerwünschte, manipulative Ziele verfolgt, wird dies öffentlich machen, sondern logischerweise mit verdeckten Karten unter Vorgabe hoch ehrenvoller und erstrebenswerter Absichten tätig werden. Allein die Versicherung solcher Absichten kann gerade in der heutigen, komplexen Gesellschaft jedoch kaum genügen, um zu überzeugen.

Was kann man also noch glauben? Welche Medienberichte, welche Nachrichten, welche Bilder? Immer wieder gehen ungeheuerliche Meldungen um die Welt, von denen natürlich manchmal genau die am wenigsten glaubhaften sich dann als wahr erweisen.

Die massive Medienpräsenz und die gigantischen Informationsflüsse vor allem in Fernsehen und Internet sorgen mehr denn je für Irritation und Unsicherheit. Interessanterweise funktioniert Manipulation heute immer noch wie früher.

Noch vor wenigen Jahrzehnten waren die öffentlichen Informationskanäle sehr eingeschränkt. Auch die Ära filmischer Berichterstattung war letztlich linear, das Medium wurde schnell als Propagandainstrument im Sinne der Wochenschauen erkannt, anderslautende Informationen wurden über verschwiegene Kanäle an kleine Gruppen geleitet. Heute kann sich jeder im Internet umsehen, um ungefilterte Informationen zu durchforsten. Er kann sich dort in den Mainstream begeben, kann allerdings auch alternative Quellen lesen und versuchen, die Informationen abzugleichen, um ein für sich plausibleres Bild der Faktenlage zu entwickeln. Dabei wird er allerdings wiederholt auf Schwierigkeiten stoßen, denn der Vorteil der ungefilterten Information wird schnell dadurch aufgehoben, dass jeder alles schreiben kann.

Hinzu aber kommen auch hier die nicht zu unterschätzenden Aktivitäten von einflussreichen Lobbys sowie die aus NGOs finanzierten Aktivisten, die wie schon erwähnt in einschlägigen Foren, in Leserkommentaren, in offenen Briefen, in Internetinitiativen und so weiter höchst umtriebig dafür sorgen, die Meinung zu beeinflussen. Auch deshalb bleibt es mit der Wahrheitsfindung ein schwieriges Geschäft. Dennoch kann jeder die verschiedenen Querverbindungen bestimmter NGOs und Lobbygruppen verfolgen, Daten abgleichen und auch offizielle Dokumente zurate ziehen.

»Regionen des Fortschritts«

Bei offener Betrachtung aus verschiedenen Perspektiven wird insgesamt klar, wie sehr doch machtvolle Akteure auch im Hintergrund des Arabischen Frühlings wirkten, wie ganz offenkundig in höherem Interesse gelogen wurde und nicht zuletzt wie NGOs Einfluss auf das Geschehen nahmen.[75]

Laut *NewsMax Finance* warnte George Soros, das globale Finanzsystem sehe sich mittendarin, den Abhang eines sich selbst verstärkenden Auflösungsprozesses hinabzugleiten. »Die Folgen wären ziemlich desaströs. Sie müssen tun, was sie nur können, um die Entwicklung in diese Richtung zu stoppen.«[76] Die sich in Afrika und der arabischen Welt ausbildenden Märkte dienten, so *Newsmax,* als Lichtblicke in einer ansonsten düsteren Weltwirtschaft. Das Magazin zitiert noch einmal Soros, der die Situation sehr optimistisch beschreibt: »Es ereignen sich viele positive Dinge. Ich sehe Afrika zusammen mit dem Arabischen Frühling als Regionen des Fortschritts. Der Arabische Frühling war eine revolutionäre Entwicklung.«[77]

Der bereits zitierte Tony Cartalucci verwies 2011 darauf, die neue ägyptische Verfassung sei nicht vom ägyptischen Volk entworfen worden, sondern von jenen vielen Protestlern, die von den USA gestützt worden seien und die den Regimewechsel in erster Linie herbeigeführt hätten. Gruppen der bürgerlichen Gesellschaft hätten bereits mehrere Entwürfe vorgelegt, dies habe ein im kuwaitischen Exil lebender Richter erklärt. Dabei fallen auch Namen der Gruppen.[78] So ist mitunter die Rede vom *Arabic Network for Human Rights Information* (ANHRI).

Jener Richter, Hisham al-Bastawisy, erklärte seinerzeit: »Die gegenwärtige Verfassung ist tot, und nichts davon sollte verwendet werden.«[79] Und zudem betonte er zu den von ihm erwähnten Gruppen, sie würden nicht erst auf die Zustimmung der Armee warten. Das ANHRI plane bereits, andere NGOs zu kontaktieren und sofort an die Arbeit zu gehen. Dies habe ANHRI-Direktor Gamal Eid gegenüber *Reuters* bestätigt.[80] Im Kontext bemerkenswert ist dabei vor allem nun, dass das ANHRI wiederum völlig offen von den *Open Society Foundations* unterstützt wird.[81] Aus der umfangreichen Auflistung von David Horowitz geht zudem hervor, dass die *Open Society Foundations* ihrerseits gleichfalls die *Arab American Institute Foundation* unterstützen oder unterstützt haben. Horowitz weist darauf hin, jene in Washington, D.C., ansässige AAI »charakterisiert Israel als brutalen Unterdrücker des palästinensischen Volkes«, womit eine deutlich antiisraelische Haltung zur Sprache kommt«.[82] Zudem sei das *National Endowment for Democracy* unterstützend für die *Egyptian Organization for Human Rights* (EOHR) tätig (gewesen)[83], die mit Menschenrechtsorganen der Vereinten Nationen verbunden ist und hier einen speziellen beratenden Status einnimmt. Ein von Cartalucci bezüglich der NED-Unterstützung genannter Link ist nicht mehr aktiv.[84] Die EOHR ist Mitglied in fünf internationalen Organisationen, unter anderem auch der *Arab Organization for Human Rights.*

Der amerikanische Autor vermutet, dass die von Soros ebenfalls gestützte *International Crisis Group* für die Entwicklung der Strategien verantwortlich war. Hervorstechend ist in der Summe jedenfalls die Beteiligung der diversen NGO-Strukturen an der Entwicklung des Arabischen Frühlings mit seinen massiven Umwälzungen über ganze Nationen hinweg.[85]

8 | Welt im Wandel: Ursachen und Wirkungen

Das Gewissen der Welt

»Vor dem Sonnenaufgang kommt erst einmal die Finsternis«, so sagte George Soros einmal.[1] Er sagte das mit Bezug auf die Finanzkrise, deren Tragweite auch ihn überrascht habe, und er sagte das mit Blick auf den 2008 bevorstehenden US-Regierungswechsel, wobei er erklärte, große Hoffnungen in Barack Obama zu setzen. Auch Soros kann sich also täuschen. Nun, das würde auch er selbst wohl nie bestreiten, folgt er doch der bereits erwähnten Philosophie des Fallibilismus: Da Irrtümer nun einmal menschlich seien, sollte man sich

Abb. 12: »Vor dem Sonnenaufgang kommt erst einmal die Finsternis«: Will George Soros die Welt wirklich retten?

ihrer nicht schämen, außer man unterlasse es, sie für die Zukunft zu korrigieren. Viel zitiert ist die Einschätzung seiner Fehlerquote, wenn er sagt: »Ich habe wohl in nicht mehr als der Hälfte aller Fälle recht, aber ich verdiene einfach sehr viel Geld, wenn ich richtig liege, und ich verliere so wenig Geld wie möglich, wenn ich unrecht habe.«[2]

Soros verfolgt aber in seinem sich abzeichnenden dualistischen Spiel aus Licht und Schatten ein lebenslanges Ziel, einen Plan. Er will die nach seiner Definition offene Gesellschaft global realisieren und nimmt, so wie es aussieht, doch hohe »Kollateralschäden« dafür in Kauf.

Die USA haben weder Freiheit noch Demokratie in die Länder gebracht, die sie von Tyrannen befreit haben. Soros, der nach eigener Darstellung ein großer Freund von Zuständen des Ungleichgewichts ist, hat bislang mit seinen *Open Society Foundations* genau jene Kräfte unterstützt, die auch dem NED stets am Herzen lagen, wobei Chaos, Aufruhr und Kriege in den betroffenen Regionen die Folge waren. Heute geht es keinem jener Länder besser, Chaos, Aufruhr und Krieg beherrschen weiterhin die Szene. Von friedlichen Verhältnissen keine Spur, nur tödliche Ungleichgewichte. Der Preis für eine verkehrte Philosophie kann enorm hoch sein, wobei ihn hier andere bezahlen müssen.

Soros gab wiederholt zu, immer schon eine sehr hohe Meinung von sich gehabt und sich immer schon eingebildet zu haben, »eine Art Gott zu sein oder ein Wirtschaftsreformer wie Keyes oder, sogar noch besser, ein Wissenschaftler wie Einstein«.[3] In erster Linie dürfte zutreffen, dass es Soros unbestritten gelang, zu einem Gott des Geldes zu werden, der zumindest hier auf Erden in vielerlei Hinsicht nach Belieben schalten und walten konnte, dem sich viele Türen in die höchsten politischen Kreise plötzlich wie von selbst öffneten, und der sich globale Macht leisten konnte, wenn man schon nicht »kaufen« sagen will.

Tatsächlich erklärte er in anderen Veröffentlichungen wie auch im Lauf diverser Gespräche, von Kindheit an ziemlich machtvolle, »messianische« Fantasien entwickelt zu haben. Schließlich hatte er sich doch seinerzeit in seinem großen Jahr 1944 auch ziemlich unverwundbar gefühlt. Es habe sich dabei schlicht um Fantasien gehandelt, denen er nachgeben wollte, solange er sich das eben leisten konnte[4] – was, so möchte man hinzufügen, doch zu einem anhaltenden Zustand geriet.

Vieles scheint befremdlich, auch dass gerade der Atheist[5] Soros sich wie eine Gottheit oder Schöpfergestalt wahrnahm, wie er selbst sinngemäß in der Rückschau gesagt hat. Sein oft maßlos erscheinendes Ego sei ihm nach eigener Aussage durchaus immer bewusst gewesen, wobei er ebenfalls in der Rückschau fast bescheiden wirkt oder zumindest wirken will, wenn er so kritisch mit seiner Selbsteinschätzung ins Gericht geht. Und doch blieb es beim Ego, das durch den riesigen finanziellen Erfolg gewiss nicht reduziert wurde.

Seinem Biografen Michael Kaufmann erklärte er einmal, die Welt benötige ein Gewissen. Das würde nicht unbedingt er, Soros, selbst sein. Vielmehr könnten seine *Open Society Foundations* diese Funktion übernehmen.[6] Das käme allerdings so ziemlich auf dasselbe hinaus. Zielt er mit diesem Netzwerk wirklich nur darauf ab, seine lebenslange Vision der offenen Gesellschaft möglichst weitgehend umzusetzen? Kann sie sich bei ihm in einen Wahn gesteigert haben, in eine mit seinem Vermögen gewachsene Megalomanie?

Sein Vater wirkte, wie schon beschrieben, wesentlich auf den jungen Soros ein. Gerade auch als Esperantist lag Tivadar Soros die Auflösung von Barrieren am Herzen. Sprachliche Grenzen überwinden, darauf schließlich zielt Esperanto ab. Sicher ist es nicht uninteressant, sich genauer mit dieser Welthilfssprache zu beschäftigen, die 1887 von dem Warschauer Arzt Ludwik Lejzer Zamenhof erstmals öffentlich vorgestellt wurde. Er selbst legte sich das Pseudonym »Dr. Esperanto« zu, *der Hoffende*. Seine Idee war, eine möglichst leicht erlernbare Plansprache zu schaffen, die eine kulturelle Gleichberechtigung möglich werden lässt und Menschen verschiedener Völker die Verständigung wesentlich erleichtert. Sozusagen die verspätete Antwort auf Babylon und eine fantastische Idee, gegen die Unbilden allgemeiner Verständigungsprobleme anzukämpfen, wie sie letztlich oft auch den Fortschritt blockiert und zu fatalen Missverständnissen geführt haben. Zamenhof hatte das in seinem persönlichen Umfeld schon als Kind gespürt und sich entschlossen, eine einfache Weltsprache zu entwickeln. Tatsächlich wird Esperanto bis heute weltweit gebraucht, wenn auch nicht allzu umfassend. Englisch hat ihm da eindeutig den Rang abgelaufen, auch wenn diese internationale Nationalsprache letztlich in vielen Ländern nicht unbedingt als »neutral« aufgefasst wird, was bei Esperanto wohl weit eher der Fall wäre.

Interessant ist aber gerade auch die Bemerkung in einer kurzen Informationsschrift zu Esperanto, in der es um die praktische Anwendung dieser Sprache geht. Hier heißt es dann: »In speziellen Fällen wird Esperanto verwendet als Wissenschaftssprache, Handelssprache und als Arbeitssprache einiger nichtstaatlicher Organisationen.«[7]

Damit wären wir also wieder bei den NGOs, den Nichtregierungsorganisationen, zu denen die *Open Society Foundations* von George Soros zählen. Da wäre dann die Fortsetzung der begrüßenswerten Gedanken seines Vaters anzutreffen, der eine internationale Sprache favorisierte, um Menschen zu einem leichteren und besseren gegenseitigen Verständnis zu bringen.

Möglicherweise ist George Soros wirklich von einer Vision besessen, die Welt zu »retten« und sie in einen Zustand zu überführen, innerhalb dessen statt eines religiösen Überwesens dann seine eigene Schöpfung weltweit über sie wacht, selbst wenn – wie Soros es ausdrückt – vor dem Sonnenaufgang erst einmal die Finsternis kommt. Könnte diese Sichtweise sämtliche Paradoxien um die Person des George Soros auflösen? Eines Mannes also, der die Welt beherrscht, weil ihn das Geld beherrscht, eines Mannes, der nicht aufhören kann, gigantische Spekulationsgeschäfte zu betreiben, nur um als »riesenhafter Darm« alles wieder abzustoßen, wenn auch in eine sehr bedacht angelegte »Kanalisation«, was am Ende offenbar nur wieder seinem eigenen Einfluss und Reichtum zugutekommt. Blutgefäße eines globalen Kraken. Nein, diese Sichtweise kann gewiss nicht alles erklären.

Bisher war trotz des vielen Lichts, das Soros selbst abbekam, für die Welt vor allem Finsternis zu sehen. Ewige Finsternis für ewiges Licht? Tatsächlich bestätigt die Situation doch Gore Vital, den 2012 verstorbenen Schriftsteller und Politiker, der einem seiner Bücher den Titel gab: *Ewiger Krieg für ewigen Frieden.*[8]

Die »Soros-Welt« gleicht am ehesten einer Welt aggressiver Globalisierung, wobei Soros nach wie vor als jener alte Spekulant auftritt, der er immer war, um mit seinen Aktionen und Transaktionen möglichst mehrere Fliegen mit einer Klappe schlagen zu können. Er scheint bei aller Philanthropie sich selbst der Nächste zu sein, der nicht nur keinem großen Finanzgeschäft widerstehen kann, sondern auch die Welt, die politische Landkarte, nach seinen Vorstellungen verändern und formen will, soweit das eben möglich ist.

»Anti-Sorosismus«

Die OSFs sollen entsprechende Umwälzungen fördern. Sie können längerfristig Einfluss nehmen, müssen aber auch in der Lage sein, die jeweiligen aktuellen Entwicklungen aufzugreifen und flexibel zu reagieren, um die Weichen für die Zukunft in die richtige Richtung zu stellen. Geöffnet werden soll der Weg zu einem »Überamerika« und zur Umsetzung eines Freihandelsabkommens, das grundsätzlich rein auf unternehmerische Interessen abgestimmt ist und dessen Verhandlungen von Geheimnistuerei und Verschleierung beherrscht sind, so betonen Kritiker.[9]

George Soros ist gewiss kein Einzelkämpfer, zieht aber mit enormem Potenzial und zäher Beharrlichkeit an einem einzigen, jedoch sehr kräftigen Strang. Helfer hat er genug, im eigenen Netzwerk und darüber hinaus. Seine Vision scheint ihn sein gesamtes Leben über dominiert, geradezu beherrscht zu haben. So etwas macht letztlich unfrei, um nicht zu sagen: abhängig, bei allen zur Verfügung stehenden Finanzmitteln, sprich: größtmöglicher persönlicher Unabhängigkeit. »Die Welt ist nicht genug.« Dieser Satz trifft wohl gerade auch auf ihn zu, jenen besonderen Philosophen, der sich von einem menschlich höchst bescheidenen, materiell genügsamen Wissenschaftler wie Albert Einstein offenkundig äußerst fasziniert gezeigt hat. Gegensätze ziehen sich bekanntlich an, das mag auch hier der Fall sein. Übrigens, auch dessen Relativitätstheorie wird natürlich in Esperanto diskutiert. Und selbst für George Soros, aber nicht allein für ihn, sollte es wohl darüber hinaus eine Art »Relativitätstheorie der Macht« geben.

Was George Soros anbelangt, führen Einschätzungen seines Charakters auf Grundlage seiner persönlichen Geschichte, seiner Spekulationsgeschäfte bis hin zu seinen philanthropischen Aktivitäten nicht so ganz selten zu einem eher ungünstigen Bild, wobei das exorbitante Vermögen von Soros nicht als der einzige Faktor für eine stark polarisierte Beurteilung seiner Person betrachtet werden sollte. Doch es ist nun einmal genau dieser Faktor, der Soros das nötige Handlungspotenzial verleiht. Die Wechselbeziehungen und offenbar doch deutlich übereinstimmenden Interessen des Soros-Netzwerks mit US-Denkfabriken, Stiftungen und Regierungsbehörden sowie die Art und Weise der Einflussnahme seiner OSFs haben zahlreiche Kritiker auf den Plan gerufen, die geäußerte humanitäre Absichten in Zweifel ziehen. Der

Mainstream greift diese Kritik immer wieder auf, um sie als Verschwörungstheorien zu reflektieren. Ja, es gibt sogar eine eigene *Wikipedia*-Seite, die sich den »George Soros conspiracy theories« widmet, wobei hier der amerikanische Historiker, Journalist – und fast möchte man sagen: »Mainstream-Revoluzzer«, Michael Wolraich erwähnt wird, der für das »Phänomen« der Soros-Kritik den Begriff »Anti-Sorosismus« geprägt habe.[10]

Wolraich vergleicht diese Negativeinstellung gegenüber Soros mit den Vorbehalten und Verdächtigungen, wie sie zuvor insbesondere die Rothschild-Familie betrafen: »Die großen bösen ›jüdischen Drahtzieher‹ aus Hitlers Tagen waren die Rothschilds, eine Bankiersfamilie, die seit dem 19. Jahrhundert eine wichtige Rolle in antisemitischen Verschwörungstheorien gespielt haben. Wie Soros wurden auch sie beschuldigt, die Medien zu kontrollieren, Kriege anzuzetteln, Regierungen zu stürzen und, natürlich, die Weltherrschaft an sich zu reißen.«[11] Ob es wirklich vertretbar ist, derlei lineare Vergleiche zwischen deutlich voneinander verschiedenen historischen Phasen zu ziehen und stets wirksame Tabuversatzstücke zu integrieren, sei dahingestellt. Es sind aber definitiv zwei völlig verschiedene Dinge, pauschal Antisemitismus zu attestieren, der bei einigen Zeitgenossen sicherlich derlei Beobachtungen dominiert, oder schlichtweg unabhängig davon Fakten festzustellen, die sich konkret aufzeigen lassen.

Die Interpretation der jeweiligen zugrunde liegenden Motive von Soros dürfte ebenfalls einer gewissen Unschärfe unterliegen, da sie zu einem gewissen Grade eben subjektiver Natur sind und außerdem nie sämtliche notwendige Fakten bekannt sein können. Und da wären wir eigentlich schon wieder beim Fallibilismus. Dennoch sollte es legitim sein, und zwar vor allem innerhalb der vielgepriesenen offenen Gesellschaft, genau derlei Information und Beobachtungen unabhängig von jeweils bestehenden Religionszugehörigkeiten zu notieren, ohne unmittelbar in den Verdacht des Antisemitismus zu geraten oder allgemeiner: wegen freier Meinungsäußerung attackiert zu werden.

Für jeden auch nur einigermaßen vernünftig denkenden Menschen unserer Zeit muss doch außer Frage stehen, dass es sich in allergrößter Selbstverständlichkeit schlichtweg verbietet, einer Person nur aufgrund ihrer Abstammung, Kultur, Rasse, Religionszugehörigkeit oder naturgegebenen Eigenschaften unlautere Absichten zu unterstellen. Doch darf umgekehrt eine Religionszugehörigkeit auch nicht zur

Stillschweigeverpflichtung geraten, wenn völlig unabhängig von Glauben und Abstammung bedenkliche Aktivitäten festgestellt werden.

Bei George Soros gestaltet sich die Sachlage komplexer. Da wäre einmal die Frage, ob ein Mann, der weithin als Atheist beschrieben wird, überhaupt wirklich dem jüdischen Glauben angehören kann. Damit wäre zumindest wohl dieser Aspekt weitgehend vom Tisch. Andererseits kann bei einigen Gegnern dennoch ein vielleicht bestehender Antisemitismus tatsächlich Auslösefaktor sein, Soros besonders massiv anzugreifen, unter Umständen sogar manipulativ hinsichtlich der Faktenlage.

Dass vor allem in den extremen Lagern solche Verzerrungen gehäuft auftreten, lässt sich immer wieder feststellen. Gewiss sind all diese Aspekte zu berücksichtigen, sie liefern jedoch aus sich selbst heraus keinen Grund zur Entwarnung hinsichtlich der wahren Absichten des Megaspekulanten. Viele Informationen zu Soros und seinen Intentionen, wie sie auch in diesem Buch angesprochen werden, stammen entweder aus seinen eigenen Schilderungen oder können anhand des OSF-Netzwerks und seines Umfelds aufgezeigt werden. Und die Gesamtschau verheißt nicht unbedingt Gutes. Auch ohne größere Fantasie dürfte klar sein, dass ein derart umfassendes weltweit aktives Netzwerk, zudem ein von einer Privatperson ins Leben gerufenes und beherrschtes Netzwerk, das nachweislich politisch agiert, eine potenzielle Gefahr darstellt. Hier wird im Interesse einer mit exzessiven Finanzmitteln ausgestatteten Einzelperson, die bereits ganze Volkswirtschaften aus dem Gleichgewicht gebracht hat, wesentlich Einfluss auf großräumige politische Entwicklungen genommen. Dabei entziehen sich diese Aktivitäten in bemerkenswerter Weise der öffentlichen Kenntnis und damit auch Kontrolle. Und das kann kaum positiv sein. Die Involvierung in Entwicklungen wie den Arabischen Frühling dürfte genügen, um zu verstehen, warum.

Wenn es um den von Wolraich definierten »Anti-Sorosismus« geht, habe sich diese Tendenz erstmals während der späten 1990er-Jahre in den Vereinigten Staaten abgezeichnet. Damals sei allerdings weder Soros noch seiner Gegnerschaft eine erhöhte öffentliche Aufmerksamkeit zuteil geworden. Diese Feststellung scheint zumindest, was Soros betrifft, etwas seltsam, denn spätestens seit er 1992 als der Mann bekannt wurde, »der die Bank von England sprengte«, war sein Name in aller Munde.

Wie dem auch sei, laut Wolraich habe sich dann im Jahr 2003 alles geändert. Damals sei Soros so verärgert über die Politik von George W. Bush gewesen, dass er seine philanthropischen Bemühungen auf die Heimat gerichtet habe – damit war nicht etwa Ungarn gemeint, sondern Amerika. Und schließlich habe Soros im Lauf der Kampagne zur Präsidentschaftswahl 2004 immerhin rund 23 Millionen US-Dollar an politisch aktive Gruppierungen gespendet, um eine Wiederwahl des Texaners zu verhindern.[12] Daraus ließen sich einige Schlussfolgerungen ziehen. Die vielleicht wesentlichste ist, dass Soros damals ansehnliche Geldsummen aufwendete, um politisch Einfluss zu nehmen. Damit widerlegt sich Wolraich amüsanterweise zu einem gewissen Grad selbst. Die andere Beobachtung ist natürlich, dass Soros mit seiner Aktion offenbar keinen Erfolg hatte – Bush blieb, und nicht nur zum Bedauern von George Soros, vier weitere Jahre in seinem Amt. Nun ließe sich daraus vielleicht ableiten, der Einfluss des Multimilliardärs sei nicht so hoch wie oft vermutet. Vielleicht spielt dabei auch wieder die Perspektive eine Rolle, vor allem wenn man sich an den Fallibilismus und einige unternehmerische Taktiken von Soros erinnert, der generell weniger von einer hohen Erfolgsquote spricht als davon, stets auf die Asymmetrie hoher Gewinne bei niedrigen Verlustrisiken zu setzen. Überhaupt dürfte der wesentlichste Faktor sein, den *Spekulanten* Soros im Auge zu behalten.

Zum »Thema« George W. Bush wäre da allerdings noch einiges festzustellen. Was Soros zu diesem US-Präsidenten sagt, kann jeder normal denkende Mensch eigentlich – so überraschend das klingen mag – nur unwidersprochen unterschreiben.

»Anti-Bushismus«

In seinem Buch *Die Vorherrschaft der USA – eine Seifenblase*[13] geht Soros hart ins Gericht mit Bush und seiner Politik nach dem 11. September 2001. Der Präsident führe das Land und die gesamte Welt auf einen sehr gefährlichen Kurs; der Krieg gegen den Terror sei von der US-Regierung instrumentalisiert worden, vor allem, um den Traum einer umfassenden, unumschränkten Vorherrschaft wahr werden zu lassen. Die Bush-Doktrin verberge sich hinter »orwellschem Doppelsprech«, eine Taktik, für die Soros nach eigener Aussage sensibilisiert

Abb. 13: George W. Bush mit seiner Sicherheitsberaterin, der späteren US-Außenministerin Condoleezza Rice, eine knappe Woche nach den Anschlägen auf New York und Washington vom 11. September 2001

sei, da er in Ungarn zunächst unter den Nazis und dann unter den Kommunisten gelebt habe. Und wenn Präsident Bush wiederholt davon spreche, die »Freiheit« werde den Sieg davontragen, so meine er faktisch die USA, denen es gelingen werde, die Vormachtstellung zu erlangen.[14] Nur einige Beispiele für die umfangreiche Kritik, wie sie der eine George am anderen übte.

Zumindest Lesern, die nicht gerade den Republikanern angehören, dürfte es spürbar schwer fallen, Soros nicht fortwährend zuzustimmen. Er spricht auch Erdöl und Israel an. Beides habe das außenpolitische Kalkül der Regierung Bush überschattet. Weder das eine noch das andere sei aber öffentlich von Bush und seinen Beratern als Grund genannt worden, in den Irak einzumarschieren. Im Gegenteil, man habe darüber nicht sprechen können, ohne unmittelbar als unpatriotisch zu gelten. Terrorismus und Massenvernichtungswaffen seien zum sich gleichsam gegenseitig verstärkenden Kriegsargument geworden.[15] So wurde demnach auch laut Soros ein einziges Lügengebilde errichtet und die amerikanische Bevölkerung rundum betrogen. Aber wie man sieht, gab und gibt es auch in einer angeblich freien Gesellschaft immer absolute Tabuthemen und Meinungsdiktate. Wer sich nicht daran hält, verlässt den Mainstream, wird schnell zum Paria der betreffenden Gesellschaft.

Soros erinnert an Poppers Werk über *Die offene Gesellschaft und ihre Feinde,* um in diesem Kontext aus seiner persönlichen Perspektive beinahe wehmütig zu fragen, wer damals, rund 60 Jahre vor der Bush-Administration, gedacht hätte, dass die Vereinigten Staaten von Amerika dereinst zu einer Bedrohung für die offene Gesellschaft werden könnten.[16] Er beschreibt das explizite Hegemoniestreben der USA als »krude, primitive Spielart des Sozialdarwinismus« und prangert vor allem die Neokonservativen als mächtige Exekutivgruppierung an, die eine solche Ideologie zielstrebig verfolgten und nach dem 11. September 2001 ungleich einflussreicher geworden seien.[17] Streckenweise liest sich das erwähnte Werk von George Soros wie eine Schrift, die landläufig als »verschwörungstheoretisch« bezeichnet wird. Ein unangepasstes, unbequemes Buch, zumindest für Bush und die Neokonservativen.

Wie verträgt sich diese Darstellung aber damit, dass Soros die *International Crisis Group* (ICG), eine Ansammlung politischer Hardliner, finanziell unterstützte? Oder damit, dass er ebenso auf der Linie der Neocon-Gründung NED liegt? Da tun sich wieder jene für ihn typischen alten Paradoxien auf. Die Auflösung dieses Widerspruchs kann nur im jeweiligen Fokus spezifischer Eigeninteressen liegen.

Der konservative Autor Richard Poe, der im Jahr 2006 zusammen mit David Horowitz das Buch *The Shadow Party* veröffentlichte, schrieb im Mai 2004 über Soros und seine Attacke auf George W. Bush. Auf einigen einleitenden Zeilen hebt Poe die wesentlichen Informationen hervor: die Milliarden des George Soros, natürlich auch die jährlich von seinen Stiftungen investierten 400 Millionen Dollar sowie seinen Versuch, die Präsidentschaftswahl 2004 für die Demokraten zu kaufen. Soros habe offen davon gesprochen, Bush aus dem Oval Office treiben und einen »Regimewechsel« in den Vereinigten Staaten erzwingen zu wollen.[18]

Wie Poe ausführt, müsse es im vorausgegangenen Jahr wohl ein surrealer Augenblick gewesen sein, als Soros seine Anti-Bush-Besessenheit gegenüber der *Washington Post* erstmals zum Ausdruck brachte. Amerika unter Bush sei eine Gefahr für die Welt, so habe er der Zeitung gegenüber betont. Außerdem würde er möglicherweise sein gesamtes Vermögen dafür ausgeben, Bush aus dem Weißen Haus zu manövrieren, zumindest dann, wenn es eine Garantie auf Erfolg gäbe. Es handele sich um den Dreh- und Angelpunkt seines Lebens, eine Angelegenheit von Leben und Tod.

Man solle seine Worte nicht auf die leichte Schulter nehmen. »Er hat solche Schlachten schon zuvor gewonnen. Er hat gute Chancen, auch diese zu gewinnen«,[19] so erklärte Poe damals. Millionensummen seien aus jenen Töpfen bereits in die Kampagne der Demokraten geflossen. Der Autor attestiert eine radikale Agenda, die Soros verfolge: »Mittlerweile setzt Soros' private Philanthropie, die insgesamt beinahe fünf Milliarden Dollar erreicht, die Unterminierung traditioneller westlicher Werte fort. Seine Spenden haben für eine Förderung von Abtreibungsrechten gesorgt, für Atheismus, Legalisierung von Drogen, Sexualaufklärung, Euthanasie, Feminismus, Waffenkontrolle, Globalisierung, Massenimmigration, gleichgeschlechtliche Ehe und andere radikale Experimente sozialer Manipulation.«[20]

Ein umfangreicher Katalog, wenn auch eine wild anmutende Mischung. Und dann fragt auch Poe: »Was treibt Soros? Was an George W. Bush ist es, das ihn so tief verletzt, dass er sogar sein Multimilliarden-Dollar-Sparschwein schlachten würde, um den Präsidenten zu stürzen?«[21]

Die öffentlichen Erklärungen des erbitterten Bush-Gegners lieferten nur sehr vage Anhaltspunkte für die damit verbundenen Motive. Seine Jeremiaden gegen den US-Präsidenten klängen falsch und seien gekennzeichnet von typischen angestaubten Standardfloskeln der Demokraten. Hierzu zitiert er Soros und seine 2003 bereits im oben erwähnten Buch getroffene Feststellung, die Regierung des mächtigsten Landes der Erde sei in die Hände von Extremisten gefallen. Das rücksichtslose Streben nach der amerikanischen Vorherrschaft habe die USA und die übrige Welt in Gefahr gebracht. Was die Bush-Aversion von George Soros betrifft, erinnern wir uns natürlich an die Aussage von Neil Clark. Demnach gebe es nur eine Antwort. In der Kritik gehe es gar nicht um Ziele, sondern lediglich um den Weg dorthin.

Poe spricht seinerseits natürlich auch die Soros-Zuwendungen an jene demokratische Organisationen an, die nach Paragraf 527 der amerikanischen Steuergesetzgebung von der Steuer ausgenommen und daher als »527er-Organisationen« oder »527er-Gruppen« bekannt sind, darunter auch die Aktivistengruppe *MoveOn.org*, wobei Poe von 2,5 Millionen US-Dollar spricht, die Soros gespendet habe.[22] Andere Quellen mögen abweichende Zahlen nennen, allerdings zählt Soros eindeutig zu den Unterstützern.

Laut *Washington Post* gaben George Soros und seine damalige Frau Susan Weber Soros weitere fünf Millionen Dollar an ACT, *America Coming Together.*[23] Nebenbei bemerkt interessant: Auf einer Übersetzungswebsite vom Deutschen ins Russische findet sich zu »together« als Textbeispiel Folgendes: »In diesem Bemühen habe ich zehn Millionen Dollar für *America Coming Together* (ACT), eine Basisorganisation für höhere Wahlbeteiligung, bereitgestellt und 2,5 Millionen für den *MoveOn.org*-Wählerfonds, eine populäre Internetwerbegruppe, die in veröffentlichten Anzeigen die Verfehlungen der Regierung herausstreicht.«[24] Man muss nicht zweimal fragen, wer hier zitiert wird. Interessant auch die Erwähnung von zehn Millionen US-Dollar für ACT.

MoveOn.org geriet vor allem auch in die Kritik, als die Organisation Anzeigen schaltete, die Bush mit Hitler verglichen[25], was seinerzeit die amerikanische *Anti-Defamation League* auf den Plan rief, wobei die Republikaner dann später ihre eigenen Retourkutschen zu Obama fuhren.

Richard Poe erinnert an ein berühmtes Bush-Zitat: »Sie sind entweder für uns oder gegen uns«, das Soros zitiert, vor allem, da es ihn an die Deutschen erinnere. Die Erfahrungen, die er damals unter Nazi- und Sowjetherrschaft gemacht habe, hätten ihn sensibilisiert. Poe hakt hier nach, rhetorisch fragend: »Sensibilisierte ihn?«, um sofort hinzuzufügen: »Vielleicht. Erfahrene Soros-Beobachter zählen allerdings ›Sensibilität‹ nicht gerade zu seinen bemerkenswerten Eigenschaften. Rücksichtslosigkeit, ja. Machiavellistische Durchtriebenheit, gewiss. Megalomanie, ohne jeden Zweifel. Aber Sensibilität? Jene, die Soros kennen und studieren, sind dazu geneigt, sich um zynischere Erklärungen für seine Vendetta zu bemühen.«[26]

Das Bildungswesen im Visier

Was die politischen Aktivitäten von George Soros betrifft, auch wenn sie häufig als linksliberal angesehen werden, dürften für die herkömmlichen Muster und Kategorien kaum genügen. Doch der alte Fehler

Abb. 14: Soros im Gespräch mit Ex-US-Präsident Bill Clinton, *Clinton Global Initiative*

wird immer wieder gemacht, bewusst oder unbewusst, absichtlich oder unbeabsichtigt. Dabei geraten auch die von Soros unterstützten Organisationen je nach Interessenlage mal ins Kreuzfeuer des einen, mal des anderen Lagers.

MoveOn.org kam ihrerseits nicht allein wegen des Hitler-Bush-Vergleichs unter republikanischen Beschuss, sondern auch wegen einer klaren Infragestellung der persönlichen Integrität von Ex-CIA-Chef General David H. Petraeus, der bei *MoveOn.org* zum »General Betray Us« mutierte, »General verrate uns«, so lautete eine ganzseitige Anzeige[27] in der *New York Times* vom 10. September 2007, die von den Aktivisten als Reaktion auf den von Petraeus wesentlich zu verantwortenden Bericht an den Kongress zur Situation im Irak (»Petraeus-Report«) gedacht war.[28] – Petraeus landete später allerdings vor allem wegen einer außerehelichen Affäre wieder in den Schlagzeilen. Die Leute von *MoveOn.org* hatten zwischen 2007 und 2010 auf ihrer Website noch versucht, die Gründe für die NYT-Anzeige klarzustellen. Ab dem 23. Juni 2010 allerdings, als Präsident Obama den so scharf attackierten General zum neuen führenden US- und NATO Commander in Afghanistan ernannte, verschwanden diese Internetseiten so plötzlich wie vollständig.[29]

Ende 2012 reichte Petraeus sein Rücktrittsgesuch ein, das einen Tag später von Präsident Obama angenommen wurde. Petraeus, der auch an der *Bilderberg*-Konferenz von 2015 teilnahm, ist seit Frühjahr 2013 für die bekannte Beteiligungsgesellschaft *Kohlberg, Kravis, Roberts & Co.* (KKR) tätig und wirkt dort als Vorsitzender des *KKR Global Institute.* KKR und das *Soros Fund Management LLC* begegneten sich beinahe selbstverständlich auf NGO- und Geschäftsebene. So wurde das von Soros finanzierte *Center for American Progress* nach einer Liste von 2013 auch von KKR unterstützt.[30]

Von hier aus wird nachhaltig ins Bildungswesen eingegriffen. KKR und Soros treten bei *Laureate Education, Inc.* in Erscheinung, ein im Jahr 1998 ins Leben gerufener »privater Bildungskonzern«. Beschrieben wird das Unternehmen als Holding, die 80 Privatuniversitäten und Hochschulen in 28 Ländern betreibt, bei einem Eigenkapital von über einer Milliarde US-Dollar.[31]

Der Soros Fund erwarb ebenfalls Unternehmensanteile von *Laureate.* Mittlerweile ist *Laureate* noch merklich gewachsen. 2015 wurde eine Zahl von über einer Million Studenten und mit 64 000 Angestellten des Bildungskonzerns genannt.[32] Diese auf die Zukunft gerichteten Kapazitäten sollen keinen Einfluss auf die Gesellschaft haben?

Laureate gelang es im Jahr 2010, Ex-US-Präsident Bill Clinton als Marketingfrontmann zu gewinnen. In der Funktion eines »Ehrenkanzlers« bereiste er wiederholt die Welt, um für *Laureate* kräftig die Werbetrommel zu rühren. Natürlich nicht ganz selbstlos. Clinton ist dafür in »barer Münze« entlohnt worden, allerdings wird die Summe geheim gehalten.[33, 34] Sowohl Clinton als auch *Laureate* äußern sich selbstverständlich nicht dazu – denn schließlich gilt auch hier: Über Geld spricht man nicht, Geld hat man!

So tun sich mit Blick auf George Soros und sein weit verzweigtes Netz immer wieder neue Pfade und Nebenlinien auf, die jede für sich weitere Belege für ein kaum vorstellbares, kaum nachvollziehbares Maß an Einflussnahme in allen wesentlichen Bereichen der Gesellschaft darstellen. Einflussnahme, die letztlich von einer einzigen Person ausgeht!

Selbstverständlich wird in vielerlei Hinsicht auch der Bereich Bildung zum wesentlichen Stichwort. Das zeigt sich unter anderem beim *Soros International House,* einem Projekt, das laut Selbstbeschreibung darauf abzielt, zusammen mit »Sozialpartnern wie Migrantengemeinden und Finanzinstituten ein europäisches Netzwerk relevanter Einrichtungen zu schaffen, sodass Migranten in den Partnerländern erreicht werden und ihre Integration in die Gesellschaft gefördert wird«.[35] Mittels INTEGRA als »Integrationskit« für Migranten soll dabei eine Basissprache für finanzielle Belange erlernt werden. Man fühlt sich dabei auch deutlich an die Bemühungen von Tivadar Soros beziehungsweise Ludwik L. Zamenhof erinnert. Die vom *Soros International House* angestrebte Sprache scheint von diesen Quellen inspiriert, um aktuell eine Art »Finanz-Esperanto« zu repräsentieren.

Cyberaktivismus

Beinahe selbstredend spielen auch im Soros-Netzwerk zunehmend Internet & Co. eine sehr maßgebliche Rolle. Moderne Medien eignen sich ganz besonders dazu, die Massen zu erreichen und zu beeinflussen. So sind auch die als »Graswurzelorganisationen« ausgelegten Multiplikatoren nach Art von *MoveOn.org* entsprechend wirksame Werkzeuge der Cyberaktivisten. Dabei wäre natürlich auch *Avaaz* zu nennen, *Die Welt in Aktion.*

2007 begründete der britisch-amerikanische Politologe und Ökonom Ricken Patel unter Mitwirkung von Abgeordneten und Unternehmern diese Onlineplattform. Patel war interessanterweise in vielen Ländern für die von Soros mitfinanzierte *International Crisis Group* tätig, um später bei *MoveOn.org* zu arbeiten und dort das Internet für den Aktivismus nutzen zu lernen.

Avaaz (persisch: »Stimme«) hat sich viel Gutes auf die Fahne geschrieben. Doch Kritiker empfinden hier nun »viel« als »zu viel« des Guten, was eine Oberflächlichkeit im Umgang mit den thematisch oft stark differierenden Anliegen bedinge, abgesehen von potenziell fragwürdigen Motiven. Bei den Kampagnen gehe es darum, jeweils möglichst hohe Klickzahlen und damit Zustimmung zu erreichen. Man wolle bei *Avaaz* schnell und aktuell sein, Massenkampagnen wirklich genau dann lostreten, wenn es darauf ankommt, eben zum richtigen Zeitpunkt. Dabei werde allerdings deutliche Meinungsmache bei politisch wichtigen Themen betrieben, beispielsweise werde »ein Krieg gegen Libyen mit dem Euphemismus ›Flugverbotszone‹ beworben«.[36] In solchen Fällen sei allerdings »Schluss mit lustig«. Immerhin habe es zu dieser Aktion über 1,2 Millionen Unterschriften gegeben. *Avaaz* suggeriere den entpolitisierten Mausklick von der heimischen Couch aus als »politisches Engagement« und sei keineswegs eine Graswurzelbewegung. Kaum etwas käme hier wirklich »von unten«, sondern werde stattdessen deutlich von oben kontrolliert.[37]

Die Werkzeuge des Cyberaktivismus mehren sich ständig. Zu *MoveOn.org* gesellten sich *SignOn.org, Change.org* oder *PetitionOnline.*

Wie bereits angedeutet, auch *MoveOn.org* geriet bereits spürbar in die Kritik. Da waren die Republikaner, die sich über den »Hitler-Bush« und den »General Betray Us« entrüsteten, während sonst wohl meist eher Aufrüstung gefragt ist. Allerdings müssen auch die Demokraten erwähnt werden, die *MoveOn.org* ihrerseits unter anderem dafür verantwortlich machten, gemäßigten Republikanern einen Grund gegeben zu haben, sich (buchstäblich) hinter Bush zu stellen und seinen Unterstützern eine Möglichkeit zu bieten, die allgemeine Aufmerksamkeit vom Kriegsgeschehen abzulenken. Die Sorge um die »gemäßigten Republikaner« stand seinerzeit im Zusammenhang mit einer Antikriegsresolution der Demokraten, die im Senat bestehen sollte.[38]

Die Doppelpersönlichkeit

Wenn es nun vor allem wieder um Soros selbst und seine Kritiker geht, werden auch hier Stimmen aus beiden altbekannten Lagern laut. Dabei beziehen sich viele Einwände logischerweise vielfach auf sein globales Netzwerk der *Open Society Foundations.*

Von der »linken Seite« wird vor allem angeprangert, die OSF-Struktur diene der Festigung herrschender kapitalistischer Interessen. Die gesellschaftliche und wirtschaftliche Ordnung solle durch dieses riesige künstliche Gebilde ähnlich wie zu früheren Zeiten bereits durch die Ford- oder die Rockefeller-Stiftungen gestärkt werden. Selbst wenn George Soros immer wieder auf die Schwachstellen der internationalen freien Märkte hinweise, auf ein Systemversagen und untragbare Zustände, gegen die er sich sogar ungeachtet eines damit verbundenen persönlichen Nachteils einbringen wolle, sei er doch ein neoliberaler Geist, der die konkurrierenden Märkte gleichsam als die »beste aller Welten« und als wesentliches Ordnungsinstrument der Gesellschaft betrachte. Seine *Open Society Foundations* fungierten demnach unter dem Deckmantel eines radikalen gesellschaftlichen Änderungsvorhabens, um die bestehenden Regeln faktisch nicht umzuwälzen, sondern lediglich weltweit zu installieren.[39]

Als eher »von rechts« stammend eingestuft wird Kritik, derzufolge Soros mittels seines Netzwerks verschiedene Staaten und deren Gesellschaft unterwandere, um Veränderungen in Richtung einer neuen globalen Weltordnung zu bewirken. Und wenn beide Seiten zu einem gewissen Grad recht haben sollten? Unvereinbar – oder eben doch möglich? Die Interessen von George Soros dürften sich nicht allzu sehr nach politischen »Altlasten« richten. Für Soros dürfte weit mehr zählen, was ihn selbst voranbringt, ungeachtet jeglicher wie auch immer gearteter Ideologien.

Wer bereit ist, sich einmal von den tief verwurzelten Kategorisierungen und Schemata zu lösen sowie die vielen globalen Facetten der *Open Society Foundations* zu bedenken, wer darüber hinaus die hervorstechendsten Eigenschaften von Soros berücksichtigt, wird wohl auch zur Einsicht gelangen müssen, dass dieser Mann sich gewiss nicht mit Kleinkrämerei herumschlägt oder mit nur einem einzigen Erfolg zufrieden gibt. Soros, das muss ihm der Neid lassen, ist dafür viel zu intelligent und verschlagen.

Wie sich gut beobachten lässt, gelingt es ihm bis heute ausgezeichnet, in seinen wesentlichsten Zielsetzungen stets undurchsichtig zu bleiben, ja sogar große Fragezeichen zu hinterlassen und geradezu als paradoxe Sphinx zu erscheinen. Trotz der weltweiten Aktivitäten, Publikationen, Verbindungen: Wieder und wieder bleibt nebulös, was Soros wirklich im Schilde führt. Entsprechend oft wird die Frage gestellt. Zumindest seine Kritiker wollen die genannten philanthropischen Motive nicht als wahren Grund für sein intensives Engagement sehen, das ihn noch im hohen Alter pausenlos um die ganze Welt treibt.

Es könnte aber vielleicht ein wenig weiterhelfen, diesen wahren »Giganten unter den Spekulanten« als eine Art ganz spezieller Spielernatur zu sehen, deren »Spielzeug« die Welt ist. Als einen gleichsam bereits Süchtigen, der nie aufhören kann zu spekulieren und damit auch sein Ego zu stärken, zu erhöhen, zu erweitern bemüht ist, ebenso wie sein Vermögen, seine Macht, seinen Einfluss. Als einen Mann, der spüren will, dass er die Welt verändert und die Gleichgewichte empfindlich stören kann, um selbst damit zu gewinnen. Jemand, der nach jeder gelungenen Megatransaktion das Gefühl, diesen Triumph genießt, wie seine Strategie, seine Rechnung, sein Kalkül aufgeht. Als jemanden, der seine ganz eigene Idee von der Welt umsetzt und dabei noch enorme Profite einstreicht. Als eine Person, die durch ihre philanthropischen Bemühungen zudem hohes Ansehen gewinnt, um dennoch letztlich ohne Rücksicht auf Verluste anderer zu agieren, wie es der Markt seiner eigenen Definition nach gestattet. Als offen und dennoch verdeckt agierenden Multimilliardär, der Ungleichgewichte liebt und sich nicht in Widersprüche verwickelt, sondern sie gezielt herbeiführt, und der von sich selbst sagte, beinahe über sein gesamtes Leben hinweg – also nicht nur in seiner Jugendzeit unter dem Naziregime – als Doppelpersönlichkeit gelebt zu haben.[40] Sicherlich sollte man diese Bemerkung nicht überstrapazieren, doch scheint sie auf Soros in mancherlei Hinsicht glänzend zuzutreffen. Ob das hier skizzierte Schema wirklich zutrifft, das kann nur Soros selbst beurteilen. Niemand kann vollends in die Tiefe eines Menschen blicken, und so müssen solche Spekulationen zu den Motiven des Weltspekulanten Soros gleichfalls Spekulation bleiben. Allerdings deutet wohl vieles, was heute über ihn und sein oft widersprüchlich scheinendes Handeln bekannt ist, auf diese Eigenschaften und Motivationen einer wirklich einzigartigen Doppelpersönlichkeit hin.

Teufelszeug

Soros greift, das dürfte sich gezeigt haben, aktiv und effektiv in globale Entwicklungen ein, die er mit jahrelanger Geduld und durchaus auch Anpassungsfähigkeit in einer Weise lenkt, die wohl seiner Vision der profitabelsten denkbaren Welt am nächsten kommt. Dabei wurde ihm eine Nähe zum Thatcher-Flügel der britischen *Tory*-Partei attestiert, aus deren Reihen ganz unabhängig davon übrigens Vergleiche zwischen dem lange amtierenden Bundeskanzler Helmut Kohl und Adolf Hitler stammten. Ebenso gab es hier Kampagnen gegen die deutsche Wiedervereinigung – so hieß es dann »Deutschland, das Vierte Reich«. Tatsächlich hatte der britische Journalist Simon Heffer, dessen Veröffentlichungen auch mit dem sehr kontroversen britischen Politiker und Vorsitzenden der *United Kingdom Independence Party* (UKIP) Nigel Farage sympathisierten, unter anderem geschrieben:

»Wo Hitler militärisch versagte, Europa zu erobern, haben die modernen Deutschen Erfolg vermittels Handels und finanzieller Disziplin. Willkommen im Vierten Reich.«[41]

Trotz seiner wiederholt betonten Sympathien für Deutschland, die noch auf seine Kinderzeit zurückzuführen seien, finden sich aus der Feder von George Soros auch völlig anders lautende Äußerungen.[42] So warnte er 2004 in seinem Buch *Underwriting Democracy*, ein wiedervereintes Deutschland werde die Balance in Europa kippen. Es sei leicht zu erkennen, wie sich das Zwischenkriegsszenario wiederholen könnte. Ein wiedervereinigtes Deutschland werde die stärkste Wirtschaftsmacht, werde Osteuropa als seinen Lebensraum entwickeln – wobei »Lebensraum« auch im englischsprachigen Original verwendet wird, und diese Entwicklung sei potenzielles Teufelszeug. Damit liegt mehr als nahe, dass Soros jederzeit bereit gewesen sein muss, sein nicht unerhebliches Gewicht in die Waagschale zu werfen und dadurch ein erneutes Ungleichgewicht zu schaffen. In diesem Falle und nach der erfolgten Wiedervereinigung, wie sie andere Kräfte für sinnvoll hielten, galt es, der eigenen Philosophie folgend eine Schadensbegrenzung zu erreichen und Deutschlands Position inmitten Europas zu schwächen.

Soros wirkt beinahe wie eine Art »tapferes Schneiderlein« von Hochfinanz und Weltpolitik. Nicht nur, dass er sie nach seinen Maßgaben zurechtzuschneidern bemüht ist, er will mit seiner riesigen Klatsche gleich viele Fliegen auf einmal schlagen. Und wie gesagt, wenn er Chancen für Profite sieht, die er mit seinem politischen Ziel verbinden kann, wird er gewiss reagieren – je nachdem für oder wider eine Entwicklung.

Die amerikanische Autorin Anne Williamson betonte seinerzeit im Kontext gegenüber Poe und *NewsMax* zur Bush-Aversion des Megaspekulanten: »Für Soros geht es nicht um Leben oder Tod, es ist das Geld – und die daraus folgende Macht, die ihm noch mehr Geld bringt. […] Er hat eine viel geringere Traktion mit der Bush-Regierung.«[43] Wohl weitaus geringer als mit den Clintons.

Williamson, die selbst jahrelang in Russland lebte, fügt daher hinzu: »Die Clintons empfingen Soros mit offenen Armen. Soros erwies den Clintons seine Dienste, und im Gegenzug gewährten sie ihm einen weiten Spielraum für seine geschäftlichen Unternehmungen im ehemaligen sowjetischen Block. Soros dehnte unter Bill und Hillary nicht nur seinen Reichtum aus, er stimmte auch mit ihrem gegenkulturellen ›Zeitgeist‹ überein. Durch sie fand er eine öffentliche Plattform, seine exzentrische Politik zu verfechten. Mit Bush an der Macht besaß Soros nicht mehr länger diese Art von Einfluss. Das ist zum großen Teil das, was ihn auf die Palme bringt.«[44] In die Amtszeit Präsident Clintons, jene Zeit der »goldenen 90er« mit ihrem politischen Umbruch, fallen Jahre besonders großen finanziellen Erfolgs für Soros.

Poe zitiert in diesem Zusammenhang auch Connie Bruck, die am 23. Januar 1995 für *The New Yorker* einen Beitrag mit dem Titel »The World According to Soros« schrieb. Darin sagt sie: »Während der Clinton-Regierung vollführte Soros, ein frisch übergewechselter Demokrat, die Art von Übergriffen, wie sie ihm zuvor unmöglich waren.«[45] So habe er »außergewöhnlich gute Beziehungen zu hochrangigen Amtsträgern im Außen- und Finanzministerium« aufbauen können.

Einer derjenigen, die besonders hart mit Soros ins Gericht gegangen sind, ist der amerikanische Fernsehmoderator Glenn Beck. In einer dreistündigen Sendung von *The Glenn Beck Show* mit dem Titel »Puppet Master« nahm er sich den »Puppenspieler« Soros sehr gründlich vor und ließ kein gutes Haar an ihm.[46] Glenn Beck, dessen Show höchst erfolgreich auf *Fox News* lief und somit ein Millionenpublikum erreichte, zitiert auch den erwähnten Beitrag von Connie Bruck, was den *New Yorker* im ... Jahr 2010 zu einer Reaktion veranlasste. Zwar sei dieser Beitrag tatsächlich existent, doch habe man ihn trotz korrekter Übertragung zur Lüge umfunktioniert, indem er in einen fingierten Kontext gestellt worden sei.[47]

Diese Zeilen wirkten allerdings nach einem recht mühsamen Versuch, die Situation zu retten, denn unabhängig vom Kontext enthielten die zitierten Sätze in sich ganz klare Aussagen, die auch für sich alleine hätten stehen können. Connie Bruck veröffentlichte in derselben Ausgabe des *New Yorker* noch einen weiteren Beitrag, dessen Überschrift lautete: »Soros kauft die Ukraine«.

Ohne dies vorerst weiter kommentieren zu wollen, ist es interessant, sich zumindest noch für einen Augenblick dem Moderator Glenn Beck selbst zu widmen, vor allem natürlich inhaltlichen Fragen zu seiner Sendung. Auch wenn Beck bemerkenswerte Zusammenhänge aufzeigt und sich seiner Sache ganz nach amerikanischer Fernsehtradition sehr sicher zu sein scheint, sind einige Aussagen mit gebotener Zurückhaltung zu genießen. Beck riss tatsächlich einiges aus dem Zusammenhang. So erklärte er, Soros habe im Jahr 2004 davon gesprochen, es sei keine normale Präsidentschaftswahl und dass in Zeiten eines Regimewechsels keine normalen Regeln anwendbar seien. Soros sei dabei, eine »Schattenpartei« zu errichten, um in die Wahl von 2004 einzugreifen. Doch die Zitate von Soros stammen aus einem Gespräch mit Krisztina Koenen und faktisch aus dem Jahr 1995, beziehen sich also auf einen ganz anderen »Regimewechsel«. Sie konnten demnach nichts mit der Präsidentschaftswahl von 2004 zu tun haben. Sofern also George Soros nicht an anderer Stelle in diesem Kontext die gleichen Worte ein weiteres Mal gebrauchte, was auch eine Möglichkeit gewesen wäre, hat in diesem Fall Glenn Beck doch manipuliert. Völlig unabhängig davon hat Soros wiederum teils sehr ähnliche Sätze über Jahre hinweg ausgesprochen.

Laut Beck habe sich Soros zudem durch folgende Aussage als Globalisierungsbefürworter entlarvt: »Das hauptsächliche Hindernis einer stabilen und gerechten Weltordnung besteht in den USA.« Diese Aussage hat Soros sinngemäß in der einen oder anderen Form wiederholt getroffen. Allerdings bezog er sich dabei auf die Bush-Regierung und darauf, seine persönliche Hauptpriorität bestünde darin, die Haltung und Politik der USA zu ändern. Es gäbe nun eine ganze Reihe weiterer Beispiele zur Arbeitsweise von Glenn Beck. Er war so deutlich für George W. Bush eingenommen, dass er sozusagen nichts ausließ, seine Position zu stärken. Allerdings hat sich der Bush-Gegner George Soros nun wirklich nicht gerade als Globalisierungsgegner erwiesen.

Wenn er in seinen Büchern seinerseits über die Mängel der Globalisierung spricht, so in seinem *Globalisierungreport*[48] und dem Folgewerk *Die Vorherrschaft der USA – eine Seifenblase*[49], dann offenbar nur im Interesse dessen, genau jenes System zu stärken, in welchem er seinen großen Erfolg feiern konnte.[50] Sein gesamtes Handeln und seine *Open Society Foundations,* die insbesondere in Osteuropa, aber auch in völlig anderen Regionen der Welt nach Soros-Definition zu einer Umwandlung von »geschlossenen« Gesellschaften in »offene« Gesellschaften führen sollen, legen beredt davon Zeugnis ab.

Wenn auch die Darstellung von 2010 seitens Beck teilweise ins Extrem gegangen sein dürfte und wenn er auch immer wieder durch völlig unangemessene und sogar geschmacklose Kommentare auffiel, so ganz daneben lag der *Fox*-Moderator hinsichtlich der Einflussnahme von Soros in der Gesamtbilanz sicher nicht. Auch jene Kritiker gingen zu weit, die Beck als absoluten Kretin hinstellten, der lediglich Konfabulationen zum Besten gab. Von welcher Seite und auf welcher Ebene in dieser Sache gekontert wurde, war allerdings bemerkenswert, da hier eine eigene Form der gezielten Meinungsmanipulation offenbar wird. Wo anders als in den Unterhaltungsmedien lässt sich der Hebel mit großer Breitenwirkung und somit auch entsprechender Wirksamkeit ansetzen? Da kommen Zeichentrickfilme, Satiriker und Comedians gerade recht. Tatsächlich werden diese Mittel schon lange genutzt, um unterschwellig oder aber deutlicher, wenn auch mit humoristischen Elementen, politisch wirksam zu werden. Nicht anders bei der Kritik an Beck, wenn beispielsweise der amerikanische Satiriker Stephen Colbert sagte: »Ich liebe die geistige Gesundheit von Glenn Beck, und ich fürchte um sie.«[51] Der weltberühmte Autor Stephen King bezeichnete den amerikanischen Fernsehmoderator als »Satans geistig behinderten jungen Bruder«.[52] Und der bereits erwähnte Autor Michael Wolraich, der für ein *CNN Special* über Becks – wie er es nennt – »bizarren, gefährlichen Schlag gegen Soros« berichtete[53], fasst die Hauptvorwürfe des erfolgreichen Moderators zusammen und spricht dabei vor allem Becks »Fünfpunkteplan« an, den George Soros verfolge:

1. die Errichtung einer »Schattenregierung« unter dem Deckmantel humanitärer Hilfe,
2. die Übernahme der Medienkontrolle,
3. die Destabilisierung des Staates durch Schaffen einer gegen die Regierung gerichteten Stimmung,
4. die Unterwanderung des amerikanischen Wahlsystems,
5. die Übernahme der Weltherrschaft »natürlich«, wie Wolraich bemerkt.[54]

Wie abwegig oder zutreffend diese Punkte sind, wird wohl jeder nach einer Überprüfung der verfügbaren Fakten ganz für sich selbst entscheiden müssen. Beck, der seine Fernsehshow zuvor bei *CNN* präsentierte, ging 2009 zum *Fox*-Nachrichtensender, wo man jemanden suchte, der die Regierung zu attackieren bereit war und Durchhaltevermögen besaß. Bemerkenswert: Beck fing einen Tag vor Amtsantritt von Präsident Obama bei *Fox* an. Rund zweieinhalb Jahre später, im April 2011, wurde das Programm dann allerdings abgesetzt. Natürlich wieder ein interessanter Zeitpunkt, gerade auch mit Blick auf die Entwicklung im Arabischen Frühling. Bemerkenswert auch die Gründe: Einige bedeutende Unternehmen hatten wegen der aggressiven Inhalte von Becks TV-Präsentation ihre Werbeverträge gekündigt.[55] Außerdem ließ auch *Fox* durchblicken, Becks Ziele deckten sich nicht mehr mit denen des Senders. Glenn Beck machte sich daraufhin mit einem kostenpflichtigen Internetsender selbstständig.[56]

Kampf der Giganten

Und wie äußerte sich George Soros selbst zum Thema Beck? Wie dürfte einer der reichsten Männer der Welt, der schon in frühen Jahren ein pyramidales Ego besaß, der sich von einer Mission geleitet sieht und sich in einer äußerst privilegierten, überlegenen Position wähnen darf, in einer solchen Sache wohl reagieren? Überhaupt nicht, sondern einfach ignorieren, würde man zunächst jedenfalls meinen. Doch das war nicht möglich, wurde er doch von *CNN*-Moderator Fareed Zakaria direkt darauf angesprochen. In dem Interview gab sich Soros sehr gelassen und ging lachend über die »Beck-Theorie« hinweg.[57]

Mancher hätte eingedenk der wiederholten Charakterisierung von Soros als dem »zornigsten Milliardär«[58] und seiner ungarischen Abstammung vielleicht ein kräftigeres Echo vermutet. Andere wurden bereits mit »dessen juristischer Spitzfindigkeit« vor Gericht konfrontiert.[59]

Zakaria fragte Soros, was er denn von Becks endlosen Anstrengungen hielte, ihn als den »Strippenzieher«, als den gefährlichen »Puppenspieler« vorzuführen. Die Antwort von Soros war kurz und simpel, er gab den Schwarzen Peter einfach weiter und sprach davon, Beck projiziere hier Aktivitäten einer anderen Person auf ihn. Soros hielt auch nicht hinter dem Berg mit dem Namen und sagte klar, wen er meinte: Rupert Murdoch. Damit traf er sozusagen voll ins Schwarze, ins Herz eines gigantischen Medienunternehmens.

Rupert Murdoch, geboren 1931 in Australien und somit kaum nennenswert jünger als George Soros, schaffte es in seinem Heimatland enorm zügig, ein einzigartiges Imperium aus dem Zeitungsverlag seines Vaters zu machen. Murdoch wusste, was die Leute lesen wollten, aber auch, was er selbst ihnen hauptsächlich mitteilen wollte. Bald schon sollte sich sein junges Unternehmen international ausweiten; der Australier wurde damit zum Milliardär. Murdoch gründete in Großbritannien den Fernsehsender *Sky*, arbeitete sich später dann in alle wesentlichen Bereiche von Satelliten-TV bis Internet vor.

Niemand wird davon ausgehen, dass Murdoch damit nicht in der Lage sein sollte, die öffentliche Meinung weitreichend zu beeinflussen – ganz ähnlich wie der fiktive Medienmogul Eliott Carver, ausgemachter Schurke und Gegenspieler von James Bond in *Der Morgen stirbt nie,* wobei der Drehbuchautor, wie es heißt, auf den 1991 verstorbenen britischen Medienmogul Robert Maxwell anspielte.

Wie auch immer, in der heutigen Welt scheint sich wohl keine andere lebende Persönlichkeit in einer besseren Position zu befinden als Rupert Murdoch, wenn es darum geht, Meinung zu manipulieren. Nicht allein Soros wirft Murdoch vor, seine *News Corporation* weidlich zu nutzen, um eine konservative Weltanschauung zu verbreiten.

Damit würde sich im »Kampf der Giganten« zwischen Soros auf der einen und Murdoch auf der anderen Seite vielleicht einiges schlussendlich wieder ausgleichen, selbst wenn beide nicht immer mit den gleichen Mitteln und Methoden kämpfen. Murdoch wird hier mit seinen unzähligen Nachrichtenorganen eher zum vordergründigen Manipulator, scheint greifbarer als Soros, der trotz seiner *Open Society Foundations* weniger exponiert ist. Man glaubt es kaum, aber selbst Leute, die es eigentlich besser wissen müssten, kennen seinen Namen auch heute noch nicht.

Soros ist kein Medienmogul, er wirkt auf eine raffiniertere, subtilere und daher intelligentere Weise, um auf breiterer Basis effektiv Einfluss zu nehmen. Es scheint ohnehin bemerkenswert, dass der Megakapitalist Soros als linksliberaler Geist verstanden wird, doch schließlich hat er einen großen Teil seiner Milliarden im Sinne sozialer Gerechtigkeit umverteilt, was ihm bei öffentlichen Auftritten natürlich vielfach großen Beifall und Jubel einbringt. Nur dass eben die allgemeine Informationslage gewisse Zweifel zu seiner offiziell verlautbarten Motivation aufkommen lässt. Wenn dabei am Ende dann tatsächlich nur wieder Profite für Soros und eine veränderte Welt herauskommen, wäre doch manches zu relativieren.

Das geradezu Teuflische daran bleibt der Verweis auf eine positive Rückkopplung – je mehr Profite, desto mehr Philanthropie. Damit lässt sich gut argumentieren. Wie allerdings unzählige frei verfügbare Quellen nahelegen, von denen in diesem Buch mittlerweile etliche genannt wurden, besteht der grundsätzliche Zweck der philanthropischen Bemühungen in der Umsetzung einer Neuordnung der Welt nach dem Bilde von »Gott Soros«. Ob die Konsequenzen daraus nun als insgesamt positiv oder aber negativ für den »Rest der Menschheit« zu bewerten sind, liegt sicherlich im subjektiven Betrachtungswinkel. Allerdings hat sowohl die ökonomische als auch die geostrategisch-politische Einflussnahme von George Soros laut öffentlich zugänglicher Quellen und Recherchen investigativer Journalisten bereits Millionen von Menschen eklatante Nachteile beschert.

Glenn Beck fokussiert seinerseits messerscharf auf Soros, übersieht aber in seiner Mission dabei sicherlich viele andere Kräfte, die unseren Gesellschaften brandgefährlich sind. Soros ist (noch) nicht der Alleinherrscher dieses Planeten, ebenso wenig, wie man die eine große Rothschild- oder Rockefeller-Verschwörung bemühen kann, um sämtliche Kriege und Krisen zu erklären. Genau wie auch in der *Bilderberg*-Gruppe finden sich hier Individuen, die niemals völlig gleichartige Interessen verfolgen. Beileibe nicht jeder Teilnehmer einer *Bilderberg*-Konferenz ist sogleich ein Weltverschwörer!

Allerdings zeigen gerade auch Konstrukte wie *Bilderberg* oder der *Council on Foreign Relations,* transatlantische Organisationen wie die Trilaterale Kommission und andere machtvolle Strukturen, wie sich Eliten organisieren, um trotz Vorgabe von Offenheit und Pluralismus eine egalitäre, uniforme Philosophie zu zementieren, die den Eigeninteressen dieser modernen Aristokratie als bevorzugter, sich teilweise »auserwählt« wähnender kleiner, aber enorm einflussreicher Menschengruppe dient. Das mag recht verschwörerisch klingen, wird aber durch die Fakten bestätigt – allein schon durch die Existenz solcher Gruppen, durch die Tatsache, bei wesentlichen Entscheidungen unter sich zu bleiben, sowie auch durch die weltweit zunehmend feststellbaren Entwicklungen einer aggressiven Globalisierung.

Der Normalbürger verliert zunehmend Rechte und Freiheiten. Selbstbestimmung und Privatsphäre sind längst überholt von Kontrolle und Überwachung in allen Bereichen. Meinungsfreiheit existiert nur auf dem Papier, die Realität ist eine völlig andere, die geplante Abschaffung von Bargeld führt nahtlos in die totale Kontrolle, der Bürger wird zu keiner wesentlichen Entscheidung mehr gefragt, Wahlen geraten zur Farce, weil die große Politik nicht parteiabhängig ist, die Eliten haben ihre Völker in der Hand, mehr denn je.

Am Ende steht nichts als eine subtile Versklavung der »dummen Masse«, die durch eine jahrelang anhaltende und gesteigerte mediale Propaganda auf die gewünschte Linie geführt wird. Hier die hochgeschätzten »Gutmenschen«, dort die ewigen Quertreiber, die sofort den Stempel einer gefährlichen politischen Farbe aufgedrückt bekommen. Hier darf gnadenlos unterstellt werden, weil nie hinterfragt wird, hier darf beleidigt werden, weil politische Korrektheit zur effektiven Scheuklappe missliebiger Fakten gerät. Und wer nicht mitmacht, darf einfach auch nicht mitreden. Das sind die ungeschriebenen Regeln, und es wird immer schlimmer damit.

Wer das für blanke Übertreibung hält, für reine Verschwörungstheorie – gut, auch diese Meinung sollte gelten, und es bliebe sogar zu hoffen, dass genau diese Kreise am Ende recht behielten. Nichts wäre schöner als das. Nur ist die Gesellschaft bereits weit über den Punkt hinaus gedriftet, bis zu dem sich die grundsätzliche Frage überhaupt noch stellte. Es geht nur noch darum, wie lange eine Lüge aufrechterhalten werden kann. Und es ist spannend zu verfolgen, wie lange es der konformen Medienmacht gelingen kann, die Mehrheit irrezuführen. Wie lange es dauert, bis der letzte aufwacht. Also, vorerst heißt es noch abwarten.

»Becksche Mundart?« Für manchen, der nicht zu differenzieren imstande ist, vielleicht. Aber vielleicht sind deutlichere Worte einfach angebracht. Weil das Maß in Wirklichkeit längst voll ist, was die generelle Situation in dieser so enorm freien Gesellschaft angeht. Sicher stimmen viele Vorwürfe nicht, wenn mit Blick auf George Soros ein Alleinstellungsmerkmal für das »Böse« postuliert wird. Da dürfte die Situation schon komplexer sein, ganz gleich, welchen Stellenwert Soros nun wirklich einnimmt.

Was nun Rupert Murdoch auf der anderen Seite betrifft, so lässt sich sein Handeln auch nicht immer so linear beschreiben, wie manche es gerne hätten. Immerhin stellte er sich nach dem Sturz der Konservativen in Großbritannien hinter Tony Blair. Die Gründe zu diskutieren ist hier gewiss nicht der Ort, allerdings ist klar, dass auch *Fox TV* zum Murdoch-Imperium zählt und Beck in dessen Horn blies.

Beim Sender ging laut Aussagen eines ehemaligen Mitarbeiters sogar täglich ein Memo mit den zu behandelnden Themen ein, natürlich mit der Intention, die öffentliche Meinung zu manipulieren.

2004 erschien die Dokumentation *Outfoxed: Rupert Murdochs War on Journalism,* ein Film des US-Produzenten Robert Greenwald, der später beim Wahlkampf von 2008 auch die Vorgehensweisen der rechtskonservativen Medien in die Kritik nahm. In *Outfoxed*[60] *(Überlistet)* geht es um die tendenziöse Berichterstattung des *Fox News Channel,* gerade auch durch die Moderatoren Sean Hannity und vor allem Bill O'Reilly, der bei den *Fox*-Nachrichten die größte Popularität genoss.

Diese Fernsehleute hätten ihre Gäste sofort unterbrochen oder sogar beleidigt, sobald sie unerwünschte, vor allem Bush-kritische Meinungen äußerten.[61] Da sei es auch schon mal vorgekommen, dass man einen Gast des Studios verwiesen habe. Nun, dass Gäste mit missliebigen Meinungen entweder rüde im Redefluss gestoppt oder auch lächerlich gemacht werden, kommt gewiss nicht nur bei *Fox* vor, das scheint vielmehr bereits allgemeine »Medienkultur« geworden zu sein. Solche Fälle sind nicht zuletzt aus Deutschland bekannt, wo Meinungsfreiheit angeblich großgeschrieben wird – wenn man einmal das Kleingedruckte weglässt.

Murdoch habe jedenfalls über *Fox* erreicht, dass tatsächlich eine Mehrheit der Zuschauer an die Lüge von den irakischen Massenvernichtungswaffen glaubte. Laut *Avaaz*[62] habe er außerdem auch die britische Presse in den Würgegriff genommen, um seine Desinformationen zu verbreiten. Allgemein wird von verschiedener Seite kritisiert, er habe die Nachrichten massiv nach seiner Interessenlage beeinflusst. Er selbst äußerte sich dazu natürlich nur sehr zurückhaltend.[63]

Es ist gewiss richtig, dass Murdoch seine Medienmaschinerie für eine einseitige Berichterstattung nutzt. Auf der anderen Seite sieht es aber keineswegs besser aus. So bleibt anzumerken, dass *Outfoxed* mithilfe des *Center for American Progress* produziert wurde. Das ist genau jene Organisation, die sich wie bereits erwähnt einer finanziellen Unterstützung durch George Soros erfreut. Außerdem war an *Outfoxed* auch *MoveOn.org* beteiligt. Und daher scheint jeder weitere Kommentar überflüssig.

So indiskutabel auch etliche Äußerungen von Glenn Beck sind, komplett von der Hand zu weisen dürften einige von ihm zum Ausdruck gebrachten »Bedenken« hinsichtlich der Einflussnahme des Soros-Imperiums kaum nicht sein. Auffallend war übrigens auch die Art und Weise, wie jener Film in Umlauf gebracht wurde: *Outfoxed* ging den ungewöhnlichen Weg, zunächst im privaten Umfeld und im Rahmen von Initiativen gezeigt zu werden, um dann auch per Internet zur allgemeinen Verfügung zu stehen.

Fox legte Rechtsmittel gegen den Film ein, der ungenehmigt Filmsequenzen der *Fox*News eingebaut habe, außerdem forderte das Unternehmen alle sich von *Outfoxed* überzeugt zeigenden Nachrichtenmedien auf, 100 Prozent ihrer redaktionellen Richtlinien und internen Memos herauszugeben. Der Fox News Channel erklärte, daraufhin gleichfalls 100 Prozent der eigenen Richtlinien und Memos veröffentlichen zu wollen, um dann im direkten Vergleich die Öffentlichkeit entscheiden zu lassen, wer in der Sache fair sei.

Interessant: In derselben öffentlichen *Fox*-Mitteilung vom 13. Juli 2004 heißt es explizit: »Die illegalen Copyrightverletzungen von *Moveon.org* in Kooperation mit der *New York Times,* einschließlich des ›Treffens einer Vereinbarung‹, dem *Fox News Channel* keine angemessene Zeit zur Reaktion zu geben, ist ohne Beispiel. Die *New York Times* korrumpiert den journalistischen Prozess, indem sie Befehle von einer durch George Soros geförderten Internetseite annimmt – Soros ist ein milliardenschwerer Währungsspekulant des linken Flügels, der viele liberale Bemühungen finanziert. Das ist die wahre Geschichte. Falls jedwede Nachrichtenagentur sich dazu entschließen sollte, daraus eine Anti-*Fox*-Nachrichtenstory zu machen, dann wird ihr gesamtes Material augenblicklich Futter für möglicherweise aus dem Kontext gerissene und voreingenommene Dokumentationen.«[64]

So könnte es mit Beispielen munter weitergehen. Glasklar ist jedenfalls, dass sich die beiden einflussreichen Herren alles andere als »grün« sind, im Gegenteil, der Kampf der Giganten zeigt sich ganz offensichtlich. Es ist an sich schon traurig, wie hier einer dem anderen vorwirft, die Öffentlichkeit zu manipulieren und der »wahre Puppenspieler« zu sein.

Aber was, wenn man diesbezüglich beiden einmal uneingeschränkt glauben darf?

Neusprech, politische Korrektheit und die Folgen

George Soros stellt im *CNN*-Gespräch mit Fareed Zakaria fest, *Fox News* habe »die Methoden von George Orwell importiert, Sie wissen schon – ›Newspeak‹ –, womit Sie Menschen Unwahrheiten erzählen und sie täuschen können.«[65] Und schon wieder ist es sehr bemerkenswert, was George Soros hier wohl gewiss nicht umsonst anspricht. Überhaupt sollte man wohl bei ihm öfter zwischen den Zeilen lesen. Jedenfalls spricht Soros nun erneut den vielzitierten Orwell an und

Abb. 15: George Orwell (eigentlich: Eric Arthur Blair, 1903–1950)

jene von ihm für die Welt seines Erfolgsromans entwickelte, grundsätzlich völlig fiktive Abwandlung der englischen Sprache, die er im Kontrast zum alten, üblichen Englisch dann als »Newspeak« einführte, als »Neusprech«, wie man das übersetzt. Dieses modifizierte Englisch ist eine kontrollierte Sprache, sie wurde vom totalitären Staat *Oceania* geschaffen, um die Bevölkerung zu unterdrücken. »Newspeak« dient der Einschränkung von Gedankenfreiheit und aller Bedrohungen des Systems: Freiheit, Individualität, Selbstdarstellung und andere Werte, wie sie in einer liberalen, humanitären Gemeinschaft gleichberechtigter Menschen gelten müssen. Die Sprache wird simplifiziert und auf einen reduzierten Wortschatz eingedampft, in dem sämtliche Begriffe fehlen, die Menschen möglicherweise auf »falsche« Gedanken bringen könnten. Das gewünschte Ergebnis ist natürlich eine Beschränkung der Denkfähigkeit. An Revolten gegen das System ist im Idealfall buchstäblich nicht zu denken, denn die Begriffe hierzu fehlen komplett. Die kontrollierte, reduzierte Sprache läuft daraus hinaus, auch »Gedankenverbrechen« zu eliminieren.

Orwell erkennt für seine fiktive Welt das Problem historischer Zeiten sowie der Überlieferung jener alten, unzensierten Sprache in entsprechenden alten Schriften – und so lässt er sie ins »Neusprech«

umschreiben, ein zum Zeitpunkt der Handlung noch andauernder Prozess, der nach Vorgabe der Herrschenden dann zum Jahr 2050 völlig abgeschlossen sein sollte.

Soros verweist auf die selektive Darstellung (wenn auch nicht Wahrnehmung) von Rupert Murdoch, sieht sie als modernes Pendant zu jenem »Neusprech« des George Orwell. Tatsächlich ist weder von der Hand zu weisen, dass Murdochs Medien ein gezielt selektives Bild der »Wirklichkeit« zeichnen, noch dass es heute weltweit sehr verschiedenartige Ausprägungen von »Neusprech« gibt, in welcher Gesellschaft auch immer. Denn überall gibt es Tabus.

Unser modernes, westliches Neusprech heißt Political Correctness. Darin findet sich die allgemeine Konvention, was gesagt werden darf und was nicht, was diskutiert werden darf und was nicht. Und wer sich nicht an die Regeln hält, wird zum »Gedankenverbrecher« und aus der Gemeinschaft ausgestoßen.

Einen sehr lesenswerten Beitrag zum Thema hat Josef Joffe in der *Zeit* veröffentlicht.[66] Dazu ein kurzer, wohl aber notwendiger Einschub: Joffe, Mitherausgeber der *Zeit,* wurde unter anderem auch wegen seiner wiederholten Teilnahme an *Bilderberg*-Konferenzen und vieler seiner Kommentare deutlich angegriffen. Der deutsche Medienwissenschaftler Uwe Krüger, der auch die (wenn überhaupt einmal stattfindende) journalistische Berichterstattung zu den *Bilderberg*-Konferenzen hinsichtlich einer neutralen und unabhängigen Haltung infrage stellte, nahm sich in seiner Dissertation den Einfluss der Eliten auf deutsche »Alpha-Journalisten« sowie Medien vor und attestiert deren mangelnde Unabhängigkeit.[67] Dabei erwähnte er Joffe als einen der mit den Eliten am stärksten vernetzten Journalisten. Als dieser Vorwurf im TV-Kabarett *Die Anstalt* aufgegriffen wurde, ließ Joffe einen Unterlassungsantrag an das ZDF ergehen, da ein Einzelaspekt nicht zutraf. Schlussendlich untersagte dann das Hamburger Oberlandesgericht der Satiresendung, Joffe und den *Zeit*-Redakteurr Jochen Bittner mit transatlantischen Lobbyorganisationen in Verbindung zu bringen, denen diese nicht angehören.[68]

Gerade aber diese Klage ließ die Diskussion erst so richtig hochkochen und bewirkte wohl das glatte Gegenteil von dem, was sich Joffe, Bittner und andere betroffene Journalisten gewünscht hätten. Eigentlich war das abzusehen gewesen. In der Folgezeit wurde dann natürlich auch

Abb. 16: Die Abschottung der *Bilderberg*-Konferenz 2015 war enorm. Teilnehmer konnten während der Tagung lediglich aus mehreren Kilometern Entfernung von umliegenden Bergen aus fotografiert werden, wenn sie sich auf den Terrassen und dem Hotelgelände aufhielten. Die in *Bilderberg*-Kreisen als »ausgedientes Konzept« bezeichnete Privatsphäre wird für die Eliten hochgehalten.

diskutiert, mit welchen transatlantischen Organisationen und in welchem Maße die betreffenden Medienleute nun tatsächlich in Verbindung stehen und mit welchen nicht. Josef Joffe selbst wird hinsichtlich allgemein bestehender Verflechtungen zwischen Journalisten und Meinungsmachern aus Politik sowie Wirtschaft mit den Worten zitiert, es handele sich hierbei um eine »schreckliche, symbiotische Beziehung«[69], was doch eine recht interessante Feststellung zu sein scheint. Ungeachtet hier völlig irrelevanter Spekulationen, ob nun Joffe selbst unter dem Einfluss wie auch immer gearteter Eliten stehen mag oder nicht, tut er seine Meinung zur Tabuisierung deutlich kund.

Was moderne Pendants zu Orwell betrifft, so heißt es bei Joffe im oben bereits angesprochenen Beitrag unter der Überschrift »Neusprech und Gutdenk« völlig klar und sicher sehr richtig: »Im Schutz eines Tabus lebt es sich bequem, die Kritiker müssen schweigen.«[70] Doch, so wird gleich anschließend festgehalten, ganz ohne Denkverbote funktioniere keine Gesellschaft. Man könnte vermuten, dass George Soros möglicherweise Einspruch erheben und seine *Open Societies* als die rühmliche Ausnahme von dieser Regel nennen würde und dass sein großes Ziel eben die weltweite Realisierung solcher Gesellschaften sei. Deswegen läge ihm auch »Esperanto« näher als »Neusprech«. Und deshalb habe er sich auch vor allem um die geschlossenen Gesellschaften gekümmert, gerade deshalb habe er auch umfangreiche Aktivitäten im osteuropäischen Raum entfaltet, wo er den Übergang in eine freie, eine offene Gesellschaft erleichtern wolle.

Es ist jetzt an der Zeit, diese Entwicklungen und die erkennbaren, ja sogar von Soros teilweise selbst bestätigten Einflüsse seines Netzwerks auf diese Regionen ein wenig näher in Augenschein zu nehmen und schließlich die Folgen zu betrachten, die für Mitteleuropa im Brennpunkt des gesamten Geschehens vom Arabischen Frühling bis hin zu den Umwälzungen in Osteuropa offenbar genau aus jenen gezielten Bemühungen heraus erwachsen.

9 | Umbrüche: Osteuropa im Fokus

Verräterische E-Mails

Mitte des Jahres 2015 wurden delikate Informationen publik. Zu jener Zeit veröffentlichte die Hackergruppe *CyberBerkut* verschiedene E-Mails aus einem internen Austausch zwischen dem ukrainischen Präsidenten Petro Poroschenko und George Soros. Diese Informationen bestätigten einen wesentlichen Einfluss von Soros auf die aktuelleren Vorgänge in der Ukraine.[1] *CyberBerkut* gilt als prorussische Gruppe von Cyberkriminellen, deren Name sich von der *Berkut*-Sondereinheit der Polizei ableitet – entsprechend den US-amerikanischen SWAT-Teams. Der ehemalige ukrainische Präsident Viktor Janukowitsch soll die *Berkut*-Einheiten auch zu einem gewaltsamen Vorgehen gegen die ukrainischen Protestler eingesetzt haben, woraufhin sich die Cyberaktivisten formierten. Die Gruppe richtet sich gegen die EU- und NATO-Annäherung des Landes und macht Deutschland und die USA mitverantwortlich für die Konfliktsituation. Anfang

Abb. 17: George Soros (links) im Gespräch mit Petro Poroschenko (rechts)

2015 bekannte sich *CyberBerkut* im Internet dazu, die Webseiten von deutschem Parlament wie auch Kanzleramt für mehrere Stunden lahmgelegt zu haben.[2]

Dabei erkennen immer mehr Menschen, dass hier selten echte Graswurzelrevolutionen im Gange sind und nur selten zufällige Verflechtungen der Ereignisse diese Entwicklung bedingen. Vielmehr offenbart sich eine wesentliche Steuerung der Abläufe, die sich von den Unruheherden auf Mitteleuropa fokussiert. Die gezielte Destabilisierung während des Arabischen Frühlings genau wie die dramatischen Vorgänge im osteuropäischen Raum nehmen Mitteleuropa mehr und mehr in die Zange, wobei Deutschland buchstäblich eine zentrale Rolle spielt. Wir haben gesehen, in welch umfassender Weise die nur vordergründig harmlosen und unabhängigen Nichtregierungsorganisationen in verschiedenen Regionen Einfluss nehmen, und konnten dabei mehr oder minder exemplarisch einige wesentliche Aspekte aus einem weit komplexeren Gebilde herausgreifen. Doch die Grundsituation mitsamt ihren Tendenzen tritt auch so völlig klar zutage. Auch mit Blick auf die NGOs. Nun also folgte eine Bestätigung durch die *CyberBerkut*-Hacktivisten. Was hier enthüllt wird, läuft auf die alten Prinzipien heraus. So ist die Rede von Waffenlieferungen an die ukrainische Maidan-Regierung, der Ausbildung ukrainischer Soldaten in NATO-Bündnisstaaten sowie von Plänen zwischen dem polnischen General Waldemar Skrzypczak und seinem US-Kollegen General Wesley Clark, um die ukrainische Armee zu erweitern und effektiv einsatzbereit zu halten. Es ist die Armee, die vor den Minsker Waffenstillstandsabkommen noch gegen die eigene Bevölkerung aktiv wurde.

Für George Soros erwies sich die Ukraine schon sehr bald als wesentlich. Er gibt, wie schon gesagt, offenbar das Musterbeispiel eines Spekulanten, der eine regelrechte Sucht zu stillen hat, die Sucht nach ständigem Profit in ganz großem Stil, aber auch nach maximalem Einfluss in der Welt. Er vereint beides auf geniale Weise mit seinem Netzwerk. Seine moralische Abkopplung auf den Märkten scheint ihm bis heute Rechtfertigung, Nationen in den Niedergang zu führen, um gewaltige Profite einzustreichen, die nach eigener Aussage selbstverständlich nur wieder in philanthropische Aktivitäten fließen. Damit wäre eine hervorragende Rechtfertigung auf humanitärer Grundlage gegeben. Ziel bleibt, die Welt »besser« zu machen, allerdings nach den Vorstellungen von George Soros.

Es gehört schon viel dazu, um derlei Einfluss nehmen und gleichzeitig als Menschenfreund glänzen zu können. Dabei geht wirklich alles Hand in Hand. Von der amerikanischen Autorin Anne Williamson war bereits die Rede. Sie hob die Rolle der Clintons für Soros hervor, die Bedeutung jener Zeit sowie die Möglichkeiten für ihn, in der ehemaligen Sowjetunion geschäftlich aktiv zu werden. Das war eine goldene Ära, die allerdings enden musste wie jede andere goldene Zeit auch.

Mit Putin wurde alles anders, er sorgte bezüglich einer fremden Einflussnahme für eine Art »Hausputz«. Plötzlich waren NED, Soros & Co unerwünscht im Land. Soros und Putin dürften nicht gerade als die besten Freunde gelten. Der betreffende digitale Schriftverkehr zwischen Poroschenko und Soros stammt aus der Spanne zwischen Dezember 2014 und März 2015. Daraus gehen doch sehr interessante Details hervor.

Soros hatte ohnehin wiederholt davon gesprochen, sehr umfassend in die Ukraine investieren zu wollen, sofern er aus der westlichen Staatengemeinschaft entsprechende Investitionsgarantien erhielte. Auch hier folgt er treu seinem alten Prinzip der Asymmetrie: bei Erfolg höchste Gewinne einstreichen, um bei Misserfolg immer noch glimpflich davonzukommen. Wir erinnern uns: Soros ist ein Mann der Asymmetrie und der Ungleichgewichte. Nun, der Spekulant scheint immer weniger Vollblutphilanthrop als vielmehr eben das, was er stets schon gewesen ist: ein Großinvestor und Megaspekulant mit dem eigenen Vorteil ständig vor Augen. Dieses Ziel treibt ihn an wie, mit Verlaub gesagt, die Rübe den Esel, nur dass dieser »Vergleich« natürlich hinkt. Denn Soros hat sich eindeutig als raffinierter Fuchs erwiesen. Sein Anspruch an die eigene Rolle in der Welt geht bekanntlich weiter. Und der ansonsten durchaus bescheiden wirkende Soros kann ganz anders klingen, wenn es um seine ureigensten Interessen geht. Das geht auch aus den gehackten E-Mails hervor, in denen Soros ganz nach jener ihm eigenen Diktion Ratschläge erteilt und Wünsche äußert. Jeder, der seine entsprechenden Kommentare las, musste sie unweigerlich als Forderungen und Anweisungen empfinden. Und die Inhalte wirkten nun nicht gerade sehr friedlich, sie liefen auf eine deutliche Militarisierung der Ukraine hinaus. So »empfiehlt« Soros in seiner von *CyberBerkut* öffentlich gemachten Korrespondenz auch, mit welchen Anliegen man sich am besten an POTUS, also den ***President Of The United States,*** wenden sollte.[3]

Die Vereinigten Staaten sollten die Ukraine mit dem gleichen Level ausgereifter Waffen versorgen, wenn auch nur zu Verteidigungszwecken, wie es auf der Seite der gegnerischen Kräfte existiert. Der Ukraine sollte mit der tödlichen militärischen Unterstützung beigestanden werden, die sie benötigt, um sich gegen die überwältigende militärische Stärke Russlands zu erheben. Ukrainische Soldaten sollten außerhalb der Ukraine ausgebildet werden, beispielsweise in Rumänien, sodass das US-Militärpersonal nicht exponiert wäre und die NATO-Einsatzkräfte nicht in der Ukraine präsent sein müssten.

Diese Gedanken lassen durchblicken, wie in dieser Angelegenheit möglichst hinter den Kulissen agiert werden soll. Die vollständige Aufrüstung solle natürlich so durchgeführt werden, dass daraus kein Verstoß gegen das Minsker Waffenstillstandsabkommen resultierte. Soros weiß auch genau, wer die Ukraine bei der Aufwertung ihrer Armee unterstützen soll: US-General Wesley Clark.

Der General

Es ist genau jener Wesley Clark, der im Juni 1999 den Befehl an den britischen NATO-Kommandeur Sir Michael Jackson gab, die 200 russischen Soldaten am Flughafen von Priština zu isolieren. Davon war bereits die Rede, ebenso davon, dass Jackson damals den Befehl verweigerte und dies mit dem legendären Satz begründete: »Ich werde für Sie nicht den Dritten Weltkrieg beginnen.« Es gehörte einiges an Rückgrat dazu, sich der Order zu widersetzen, doch für Jackson hatte es

Abb. 18: US-General Wesley Kanne Clark Sr. hätte im Juni 1999 möglicherweise den Dritten Weltkrieg entfacht. Und 2015 empfahl er die Internierung von illoyalen US-Bürgern für die Dauer eines aktuell bestehenden Konflikts.

angesichts der möglichen Konsequenzen, den Befehl auszuführen, überhaupt keine andere Wahl gegeben.

Clark wurde nicht zuletzt wegen seines potenziell für die ganze Welt fatalen Befehls vorzeitig aus seinem Amt als SACEUR entlassen, wobei er allerdings auch die Clinton-Administration unverhohlen kritisierte, keine Bodentruppen im Kosovokrieg einsetzen zu wollen. Auch darin wird ein Grund für seine Entlassung gesehen. Der General gilt insgesamt als einer von denen, die ganz hart durchgreifen, wenn sie die Notwendigkeit sehen. Und das kann schnell geschehen.

Clark, der auf eine militärische Bilderbuchkarriere zurückblickt, befand sich über weiteste Strecken seines Lebens in hervorragenden Positionen, seine Überzeugungen zu vertreten und durchzusetzen, selbst wenn sie keineswegs allgemeine Zustimmung fanden. Um das Thema abzurunden: General Wesley Clark erklärte im Sommer 2015 gegenüber dem US-Sender *MSNBC*, er befürworte die Internierung von »entfremdeten« US-Staatsangehörigen – also solcher US-Bürger, die ihre Nation nicht bedingungslos unterstützten und somit also ein illoyales Verhalten an den Tag legten. Diese Personen sollten zumindest für die Dauer eines bestehenden Konflikts in geeigneten Lagern untergebracht werden. So weit ist es zwar noch nicht gekommen, aber allein die Tatsache, dass ein sehr hochrangiger US-Amtsinhaber derlei radikale Gedanken in die Diskussion führt, dürfte traurig genug sein.

Während Clark entsprechende Rechtsänderungen einforderte – und zwar auch für Großbritannien, Frankreich und Deutschland! –, nannten andere seinen ungeheuerlichen Vorstoß beim Namen, sie warfen dem Hardliner die »Rückkehr zu einem der moralisch dunkelsten Momente der Geschichte Amerikas« vor.[4] Und dieser Mann, der von gefährlichen radikalisierten US-Bürgern spricht, während er doch selbst ganz offenkundig der gefährlichste unter ihnen ist, ein Mann, der von drakonischen Maßnahmen gegen Andersdenkende träumt, wird zum Mann der Stunde für George Soros, der mit seinen *Open Society Foundations* nichts als Frieden und Freiheit in die Welt bringen will und dafür Milliarden verschenkt! Wie in all dieser Welt geht das zusammen?

Wahrscheinlich reicht das Primatenhirn des normal denkenden Bürgers nicht aus, um in diese hohen Sphären oder gar zum Geist des »Soros-Gottes« selbst vordringen zu können. Wieder fühlt man sich an den ewigen Krieg für den ewigen Frieden erinnert und daran, wie schnell auch die vielgepriesene Demokratie auf der Strecke bleibt. Entscheidungen werden auf anderer Ebene gefällt. Wenn der Kuchen spricht, müssen die Krümel schweigen, so war es immer, und so wird es immer bleiben. Mit Clark jedenfalls zielte Soros eindeutig auf jemanden ab, der um des Friedens willen nicht so schnell die Waffen aus der Hand legt und von Menschenfreundlichkeit gelinde gesagt eine sehr individuelle Idee hat.

Radikal nach »Urknall-Art«

Wenn es nun um die etwas weltlicheren Aspekte geht, so finden sich in den gehackten Mails und den »Vorschlägen« des Megaphilanthropen Soros ebenfalls eindeutige Richtlinien. Die Ukraine soll das Bankensystem und die Währung wieder stabilisieren. Die Unabhängigkeit der Notenbank soll weiterhin gewährleistet sein, und vor allem: »Die Ukraine muss ein neues Rahmenabkommen erreichen, das der Europäischen Kommission erlaubt, jährlich bis zu einer Milliarde Dollar für die Ukraine bereitzustellen.«[5, 6] Schön gesagt! Wieder wird Druck auf Europa ausgeübt, als Zahlmeister zu fungieren und damit die Lage im Land zu stabilisieren, denn die »neue« Ukraine befinde sich nahe eines Kollapses. So schreibt Soros laut den *CyberBerkut*-Enthüllungen am 23. Dezember 2014 in einem Brief an den ukrainischen Präsidenten Poroschenko und Premier Jazenjuk, die er mit »Mr. President, Mr. Prime Minister, My Dear Friends« anspricht: »Ich möchte an Sie appellieren, sich vereint hinter die Reformer Ihrer Regierung zu stellen und einer radikalen Herangehensweise nach ›Urknall‹-Art Ihre rückhaltlose Unterstützung zu geben. Das heißt, man würde administrative Kontrolle herausnehmen, und die Wirtschaft würde sich eher schnell als schrittweise auf die Marktpreise zubewegen.«[7]

Soros betont, nichts unversucht gelassen zu haben, um auf dem Dinner des EU-Gipfels am 18. Dezember 2014 für ein größeres Finanzpaket zu plädieren, sei dabei aber trotz der hilfreichen Kommentare der Präsidenten Tusk und Juncker nicht sehr erfolgreich gewesen. Allerdings habe er am Vortag seines Schreibens an Poroschenko und Jazenjuk mit IWF-Chefin Christine Lagarde gesprochen, die seine Argumente stütze und ähnliche Ansichten zum Ausdruck gebracht habe.

Die gegenwärtige Situation bringe die »neue« Ukraine, die in so entschiedenem Gegensatz zur »alten« Ukraine mit ihrer endemischen Korruption und ineffektiven Regierung stehe, in Gefahr. Im Folgenden diskutiert Soros Maßnahmen, um ein größeres Finanzpaket zu rechtfertigen. Vor allem geht es ihm um das Finanzwesen. Die Nationalbank der Ukraine verfüge praktisch über keine Hartwährungsreserven. Würde eine Panik ausbrechen und die Währung kollabieren wie in Russland, dann könnte die Regierung den Wechselkurs nicht stabilisieren – und sei dies nur temporär, wobei Soros an Russland erinnert, das zum Zeitpunkt jenes Schreibens einen radikalen Absturz des Rubels erlebte. Die Währung befand sich geradezu im »freien Fall«, die Zentralbank »verbrannte« um die 90 Milliarden Dollar an Fremdwährungen, um diesen Sturz aufzuhalten.[8]

Natürlich sollte man sich an dieser Stelle noch einmal an den Rubel-Crash vom Sommer 1998 erinnern, als George Soros eine 15- bis 25-prozentige Abwertung des Rubels empfohlen hatte und ihm Moskauer Zeitungen später vorwarfen, mit seinem Vorschlag Devisenspekulation betrieben zu haben. Soros selbst sah sich völlig ohne Schuld. Schließlich war die Entwicklung bereits abzusehen. So wird auch entsprechend festgehalten, Soros sei »nur« der Auslöser der Krise gewesen – was ja wohl bemerkenswert genug ist.[9] Soros jedenfalls überlässt es in seinem vorweihnachtlichen Schreiben vom 23. Dezember 2014 seinen beiden Freunden, das Szenario einer Finanzpanik für real genug zu halten, um vorbeugende Maßnahmen zu treffen. Wenn ja, so müssten sie wohl Kanzlerin Merkel anrufen, um eine Grundsatzverpflichtung für ein 15-Milliarden-Paket zu erbitten. Der hoch agile 84-Jährige schließt sein Schreiben dann mit der Bemerkung, am 27. Dezember nach Asien abzureisen und zuvor die angesprochenen Themen noch einmal miteinander zu diskutieren, am liebsten per Skype. »Ich werde die Intensität meines Engagements in der Ukraine für die nächsten drei Wochen reduzieren müssen. Ich plane nach Davos dann Kiew zu besuchen. Mein Stellvertreter Chris Canavan steht für einen früheren Besuch bereit, falls nötig.«[10] Der genannte Chris Canavan ist »Director of Global Policy Development« beim *Soros Fund Management, LLC,* dem er seit Sommer 2010 angehört. Zuvor war er 13 Jahre lang beim Unternehmen *Goldman Sachs* tätig.[11] Er findet sich auch im Global Board des *Fund for Global Human Rights.*[12]

Spekulationsobjekt Ukraine

Aus dem von *CyberBerkut* veröffentlichten Soros-Brief geht mehrfach deutlich hervor, wie wesentlich der Multimilliardär in die Ukraine involviert ist. Und so stellt dann die Wirtschaftsinfoseite *finanzmarktwelt.de* bezüglich dieser Verbindung fest: »Wenn man die Forderungen von George Soros liest, könnte man meinen, er wäre US-Präsident oder Außenminister, oder er wäre Präsident der Ukraine. Unglaublich, dass er direkt mit Präsident Poroschenko Mailverkehr betreibt und ihm sagt, wie Weltpolitik geht, als wäre es das Normalste der Welt. ›George Soros lenkt die Ukraine‹ … wohl mehr als eine Verschwörungstheorie!«[13]

Nun ließe sich freilich einwenden, die diesbezügliche Information stamme zunächst einmal nur aus einer einzigen Quelle – und zwar, wenn man so will, von einer wohl eher fragwürdigen Gruppe von Personen, die als »prorussische Cyberkriminelle« beschrieben werden. Schließlich hat jede Medaille zwei Seiten, immer gibt es verschiedene Interessengruppen, von denen einige als Gegner von Soros aktiv werden und ihn diffamieren könnten. Um der Sache gerecht zu werden, muss jeder aufrichtige Kritiker zumindest die grundsätzliche Möglichkeit einbeziehen, Fehlinformationen gleich welcher Art aufzusitzen.

Könnte *CyberBerkut* also so ein Fall sein? Darauf lässt sich mit einem klaren »Nein« antworten. Denn diese Hacktivisten stellen nicht die einzige verfügbare Quelle zur Ukraine-Aktivität von George Soros dar. Außerdem sollte seine eigene Aussage hierzu über jeden Zweifel erhaben sein. Es ist ja überhaupt nicht so, dass sich Soros große Mühe machen würde, seine Aktivitäten in der Ukraine zu verschweigen und zu vernebeln. Im Gegenteil, er spricht ganz offen davon. Nur aus einer anderen Perspektive eben, der seinigen. Schließlich geht es um gute Absicht. Auch Soros beherrscht Orwell und formuliert selektiv, dem bekannten Konzept folgend. Hier wird es nie um echte politische Einflussnahme oder gar eine Unterwanderung gehen, nicht um Spekulation, nicht um persönliche Profite, außer vielleicht zur Anreicherung des philanthropischen Spendentopfes. Hier geht es eben genau darum, den Übergang in eine freie, eine offene Gesellschaft intensiv zu »begleiten«, ihn tatkräftig zu fördern. Solche Aktivitäten werden dann schnell zum selbstlosen Engagement; genau dies soll der öffentlichen Wahrnehmung entsprechen.

Natürlich klingt das zunächst schon enorm: George Soros erklärt sich im Frühjahr 2015 bereit, eine Milliarde Dollar in die Ukraine zu investieren. Gleichzeitig fordert er den Westen auf, insgesamt 50 Milliarden Euro in die gleiche Richtung fließen zu lassen, um wieder für eine stabile Lage im Land zu sorgen und den russischen Einfluss aus der Region abzudrängen. Also scheint er mit seiner Bereitschaft zur Investition eines Milliardenbetrags die westlichen Staaten animieren zu wollen – als privater Impulsgeber für eine gute, lohnenswerte Sache.[14]

Wie er selbst sagt, verbindet er mit seinem Engagement das Interesse auf finanziellen Gewinn. Auch ein Soros allein schafft es nicht, ein durch Krieg erschüttertes Land wie die Ukraine wieder auf standfeste Beine zu bringen. Er braucht vielmehr den Westen als Verbündeten, um Aussicht auf Erfolg zu haben. Nur mit diesen vereinten Kräften kann der Aufbau gelingen, und nur dann wird der Wert der Ukraine in barer Münze wieder steigen, sprich: auch für Soros Gewinne bringen, vor allem abgesichert durch die von ihm eingeforderte, mit einem Zuckerstück von einer Milliarde schmackhaft gemachte 50-Milliarden-Spritze.

Natürlich erklärt Soros, sämtliche Gewinne wieder in die Stiftungen zu reinvestieren und damit ganz im philanthropischen Sinne der Allgemeinheit zufließen zu lassen. Doch sobald die Gewinne in den *Open Society Foundations* landen, befinden sie sich auch wieder in den Händen von George Soros, womit seine Macht wächst und seine Möglichkeiten noch umfassender werden. So schaukelt sich der Vorgang immer weiter auf, ganz im Sinne des Erfinders.

Nun wäre das der eine Teil der Geschichte. Der andere Teil dieser Geschichte führt nun auch zur Beantwortung der vorhin gestellten Frage, ob *CyberBerkut* vielleicht Informationen manipuliert haben könnte, um Soros in tiefere Beziehung zur Ukraine zu stellen. Wie gesagt, die Frage kann verneint werden. Im Mai 2014 fand das erwähnte *CNN*-Interview mit George Soros statt, geführt von Fareed Zakaria. Dabei ging es auch um die Ukraine. Zakaria fasst einleitend zusammen: »Zuerst zur Ukraine, eines der Dinge, die viele Menschen über Sie wissen, war, dass Sie während der Revolutionen von 1989 viele Dissidentenaktivitäten, Menschenrechtsgruppen in Osteuropa, Polen und der Tschechischen Republik finanziert haben.« Dann will er wissen: »Tun Sie ähnliche Dinge in der Ukraine?« Darauf Soros: »Nun, ich habe eine Stiftung in der Ukraine gegründet, bevor die Ukraine von Russland unabhängig wurde. Und die Stiftung ist seitdem aktiv und spielte eine wichtige Rolle bei den derzeitigen Ereignissen.«[15]

Einflussnahme im großen Stil

Die Aussage ist gleich doppelt relevant: Sie bestätigt die wichtige Rolle der von Soros in der Ukraine gegründeten Stiftung »bei den derzeitigen Ereignissen«, also den Maidan-Protesten. Somit steht die wesentliche Einflussnahme durch Soros *eindeutig* fest. Außerdem bestätigt Soros, seine Stiftung gegründet zu haben, *bevor* die Ukraine unabhängig von Russland wurde (im Zuge des Zerfalls der Sowjetunion per Referendum im Jahr 1991). Ein interessanter Aspekt, zu dem allerdings nur wenig zu hören ist. Lediglich die alternativen Medien machen darauf aufmerksam, dass George Soros seine Aktivitäten in der Ukraine längst entfaltet hatte, als im November 2013 die ersten Proteste auf dem Kiewer Maidan-Platz begannen.

Damals wurde öffentlich bekannt, dass die ukrainische Regierung das Assoziierungsabkommen mit der EU zumindest *noch* nicht unter-

Abb. 19: Gesteuerte Aufstände? *Euromaidan,* Kiew, am 1. Dezember 2013

zeichnen wollte. Dies wurde öfter als Hauptgrund für die Proteste genannt. Doch eine Umfrage unter den Demonstranten ergab, dass faktisch nur 28 Prozent gekommen waren, weil die EU-Angliederung ausgesetzt worden war. Die EU-Integration war in der Dekade bis 2014 ohnehin im Land unterrepräsentiert, um dann anzuwachsen.[16] Bis dahin war der Prozentsatz derjenigen, die eine Angliederung an Russland unterstützen, in etwa ebenso groß gewesen. Zum Abkommen selbst wusste allerdings weniger als ein Fünftel der Demonstranten Bescheid.[17] Dennoch gilt die abschlägige Entscheidung häufig als Auslöser der Proteste.

Am 25. November 2013 trat die seinerzeit inhaftierte ehemalige ukrainische Ministerpräsidentin Julija Tymoschenko in den Hungerstreik, um damit Präsident Janukowytsch zur Unterzeichnung des Abkommens zu zwingen. Die Milliardärin saß damals wegen finanziellen Missbrauchs in Haft, wurde dann auf Druck der EU 2014 rehabilitiert.

Soros hatte bereits 2004 zur »Orangenen Revolution« in der Ukraine die oppositionellen Gruppen und somit Wiktor Juschtschenko unterstützt. Wiederum interessant, welche Rolle die Perspektive spielt: Ähnlich wie in Serbien die einstige *Otpor*-Bewegung, in Georgien die *Kmara* oder andere Gruppierungen war in der Ukraine die Studentenbewegung *Pora!* tätig. Berichtet wurde durch die ukrainische Presse von terroristischen Aktivitäten, man habe unter anderem Sprengstoff bei der Gruppe gefunden. Bei Juschtschenko und auch im Westen galt sie allerdings nicht als terroristische Organisation. Faktisch wurden ihre Mitglieder sogar von westlichen Helfern ausgebildet und finanziell von westlichen Regierungen gefördert. Ungeachtet der Mittel bestimmt eben häufig die Interessenperspektive über die Einordnung bestimmter Gruppierungen, und auch bei Soros hat sich gezeigt, dass selbst für Philanthropen der Waffengebrauch ein offenbar probates Mittel sein kann.

Es ist längst kein Geheimnis mehr, dass vor allem das US-Außenministerium, die *United States Agency for International Development* (USAID), ebenso das von beiden mitgetragene und zusätzlich auch vom NED finanzierte *International Republican Institute* (IRI) sowie die Soros-Stiftungen auch Gelder an jene Aktivisten kanalisierten.[18] Nebenbei bemerkt, belegt dieses Schema erneut, dass sich Soros keineswegs einer einzigen US-Partei und somit politischen Linie zugetan fühlt, sondern ganz offenkundig innerhalb eines größeren Schemas auf reine Zweckmäßigkeit bedacht zu sein scheint. In diesem Falle waren es also nicht die demokratischen Kräfte, sondern den Republikanern wesentlich nähere Organe wie gerade auch das IRI, die seine Unterstützung erfuhren. Auf dieser Ebene muss man sich wohl von parteipolitischem Kleingeist trennen.

Laut verschiedener Quellen von *Foxnews* (allerdings auf Grundlage einer *Associated Press*-Meldung) bis *Zeit*[19, 20] flossen zweistellige Millionensummen aus den USA, um damals Juschtschenko und seinen Kurs zu unterstützen. Juschtschenko hatte im Falle seines Wahlerfolgs versprochen, den Plan für einen europäischen Wirtschaftsraum zerreißen zu wollen. Das kam der US-Politik gerade recht, was nicht zuletzt Juschtschenkos umfangreiche Finanzierung durch die USA bestätigt. Während die NATO-Macht ausgedehnt werden sollte, zielten die USA auf eine Schwächung Europas ab.

Die Einflussnahme durch die USA und die hilfsbereiten NGOs ist wie gesagt auch im Mainstream kein großes Geheimnis – der *Spiegel* brachte in Ausgabe 46/2005 gar einen Beitrag unter dem Titel *Die Revolutions-GmbH*[21], in dem eine sechsköpfige Autorengruppe auf 21 Seiten über die Mechanismen berichtete, wie unter anderem auch mit US-Beteiligung Revolutionen geplant und aus dem Boden gestampft werden, wenn auch nicht aus den Graswurzeln …

Selbst wenn geopolitische Hintergründe zur Sprache kommen, wird in jenem Beitrag der Kampf um Demokratie als Motivation genannt, von den »Fackeln der Freiheit« gesprochen sowie davon, die Aktivisten seien »die Kinder von Gandhi, Gates und Coca-Cola – und die Helden von heute.«[22] Das mag alles bedingt seine Richtigkeit haben, doch täuscht es nicht darüber hinweg, dass auch solche Helden oft zu Erfüllungsgehilfen von Spekulation im großen Stil werden.

Libysche Verhältnisse in der Ukraine

Die Aktivitäten von George Soros lassen sich nicht zuletzt in der Ukraine jedenfalls bereits über lange Zeiträume hinweg verfolgen.

Und schon 2011 gab die Partei der Regionen (PR) warnend zu verstehen, der globalistische Investor Soros werde in der Ukraine »libysche Verhältnisse« zur Realität werden lassen, sofern ihm nicht Einhalt geboten werde.

Während der Arabische Frühling mitten im Gange war, wurden in der Ukraine bereits die Sorgen deutlich geäußert, die gleichen Vorgänge würden von Soros auch in der Ukraine losgetreten. Konkret habe PR-Fraktionsvorsitzender Alexander Jefremow erklärt: »Ich besitze sogar Informationen, nach denen Soros Gelder bereitgestellt hat, um eine bestimmte Gruppe junger Männer hier in der Ukraine aufzubauen, die jederzeit bereitstünden, auf der Grundlage der Beispiele in Nordafrika ausgearbeitete Szenarien in Gang zu setzen.« Diese Männer, »im Kern gewaltbereite, bewaffnete Schläger der umstrittenen Gruppe Rechter Sektor und mit ihr verbundener neofaschistischer Gruppierungen, haben nun Berichten zufolge … die Kontrolle über die Hauptstadt Kiew übernommen«[23], so beschrieb damals Kurt Nimmo auf *Kopp Online* die Situation und führt weiter aus: »Die USA und die NATO haben 2011 Söldner unterstützt, die die Regierung stürzten und den Machthaber Oberst Muammar al-Gaddafi ermordeten. Heute ist Libyen als Staatswesen durch fraktionelle, regionale, ideologische und andere Spaltungen aufgrund von Stammeszugehörigkeiten gelähmt. Dieses Schicksal droht nun auch der Ukraine, in der Läden geplündert werden und sich vor Geldautomaten und in den Banken lange Schlangen von Menschen bilden, die teilweise erhebliche Mengen Bargeld abheben wollen. Die Währung des Landes verliert jeden Tag an Wert. Ein großer Menschenstrom verlässt die Hauptstadt in Richtung Odessa, Simferopol und Charkiw, den größten ukrainischen Städten, die im Wesentlichen noch loyal zur Regierung stehen und von den Unruhen weniger betroffen sind, wie *Russia Today* berichtete.«[24]

Eine dramatische Entwicklung, die an frühere Megaspekulationen à la Soros erinnert und natürlich an die Folgen. Sie erinnert auch an das spätere Schreiben von Soros und seinen Hinweis auf den finanziellen Zusammenbruch der Ukraine, auf mögliche Panik. Und sie erinnert an die künstlich generierten Graswurzelrevolutionen sowie Umstürze und synthetische Kriege, die eine Massenflucht zur Folge haben.

Renaissance

Die Beteiligung von Soros an den Umwälzungen und der Umwandlung der »alten« in eine »neue« Ukraine, seine jahrelange intensive Mitwirkung an diesen Veränderungen, selbstredend im Interesse von Frieden, Demokratie und einer offenen Gesellschaft, seine eingestandenen Gewinninteressen nach einer Milliardeninvestition und Aussagen wie jene von Jefremow, im Übrigen keineswegs die einzige in dieser Richtung, legen nahe, dass Soros ein so lukratives wie gefährliches Spiel mit dem Schicksal der Ukraine startete. Destabilisierung des Landes, Erwerb der Konkursmasse, mächtigen Partnern Anreize zum Wiederaufbau geben und dadurch die Gewinnchancen auf ein sicheres Level heben, am Ende viel kassieren. Ein Spiel, in dem er bereits einige Erfahrung hat. Für Nimmo ist zudem klar: »Die Destabilisierung der ukrainischen Regierung ist Teil einer anhaltenden geostrategischen Politik der Globalisten, die damit jeder Bedrohung ihrer hegemonialen Bestrebungen begegnen wollen. Libyen hat noch heute unter den Auswirkungen der Szenarien nach dem Motto ›Ordnung aus dem Chaos‹ zu leiden.«[25]

Geschäftlich höchsten Erfolg zu haben und dabei gleichzeitig die Weltpolitik ganz nach den Eigeninteressen zu formen, dürfte wohl das

Abb. 20: Julija Tymoschenko hatte befürchtet, George Soros wolle den Kurs der ukrainischen Währung für eigene Spekulationen beeinflussen.

größte Glück für Soros bedeuten. Auch Julija Tymoschenko äußerte sich in *Russia Today* 2011 zur Rolle von Soros und zu seinen Empfehlungen im Gefolge der Finanzkrise. Nimmo zitiert Tymoschenko: »Dies nährte den Verdacht, dass George Soros über solche Ratschläge den Kurs der ukrainischen Währung im Sinne seiner eigenen spekulativen Interessen beeinflussen könnte. Verschiedene Vertreter der Regierung unter Präsident Wiktor Juschtschenko erklärten, sie setzten sich für eine Untersuchung der Aktivitäten von Soros in der Ukraine ein. Aber dazu kam es niemals.«[26] Der amerikanische Autor fügt noch einige interessante Details hinzu. So auch, dass die ukrainische Staatssicherheit im Jahr 2010 damit begonnen habe, die »Aktivitäten der von Soros unterstützten und finanzierten Stiftung *Vozrozdeniye (›Renaissance‹)* und deren Verbindungen zu anderen in der Ukraine tätigen Nichtregierungsorganisationen (NGOs) zu überwachen. Diese Ermittlungen förderten aber keine verwertbaren Ergebnisse zutage«.[27]

Die *Renaissance* von Soros engagierte sich auch bei den ukrainischen Medien. So hatte im Jahr 2002 der Journalist Oleksandr Krywenko, der schon im folgenden Jahr bei einem Autounfall starb, das Projekt »Öffentliches Radio« ins Leben gerufen und wurde dabei finanziell insbesondere von *Renaissance* gefördert, bis ihm die Stiftung ihre Unterstützung versagte – mit Hinweis auf den zu jener Zeit erwarteten Durchbruch in Sachen Demokratie, so heißt es.[28]

Im Juni 2015 erhielt die *International Renaissance Foundation* übrigens den »CEU Open Society Prize« in Anerkennung ihrer Leistungen zur Schaffung einer

Abb. 21: George Soros, Ehrenpräsident der von ihm gegründeten *Central European University* in Budapest

offenen Gesellschaft in der Ukraine. Bei der CEU wiederum handelt es sich um die 1991 gegründete *Central European University* (ungarisch: *Közép-európai Egyetem*) in Budapest.

Man muss nicht extra erwähnen, dass die CEU von George Soros gegründet wurde.[29] Der »CEU Open Society Prize« wurde 1994 erstmals verliehen und ging damals an den noch im selben Jahr verstorbenen Sir Karl Popper. Bekannte Preisträger waren in späteren Jahren unter anderem Václav Havel, Kofi Annan sowie auch der amerikanische Topdiplomat und Verleger Richard C. Holbrooke, unter anderem führender Kopf des NED. Mit der Preisvergabe 2015 ehrte die *Open Society Foundation* sich natürlich gleichsam selbst, wobei George Soros als Ehrenvorsitzender der CEU in weißrotem Ornat erschien und den Preis höchstpersönlich verlieh.[30] Am selben Tag wurden auch 600 Hochschulabsolventen aus nahezu 80 Ländern geehrt.[31]

Ein sehr nützliches Medienzentrum

Hiermit wird wiederum internationale Breitenwirkung erzielt. Die beiden Säulen Bildungssystem und Medien prägen jeweils auf die ihnen zukommende Art die gesellschaftliche Meinungslandschaft.

Bevor es auf dem Maidan im November 2013 so richtig losging, war Soros bereits mit der Einrichtung des *Ukrainian Crisis Media Center* (UCMC) beschäftigt. Diesem Medienzentrum sei es Berichten zufolge allerdings nicht um eine objektive Betrachtungs- und Darstellungsweise der Entwicklungen gegangen, sondern in der Konsequenz wieder um die gezielte, gesteuerte Verbreitung von Information – sprich Propaganda – im Sinne von Soros. Das US-finanzierte Zentrum wurde auch von der ukrainischen Übergangsregierung mitgetragen und sollte die »ukrainische Stimme in den internationalen Medien« repräsentieren.[32] Damit war die Perspektive klar definiert, und die vielen westlichen Journalisten, die täglich zu »press briefings« erschienen, mussten wissen, dass die gerne gewählte Beschreibung als »internationales Medienzentrum«[33] wohl doch mehr Unabhängigkeit suggerierte als eigentlich vorhanden war. Andere sprachen es dann doch schon deutlicher aus und nannten das UCMC schlicht und ergreifend ein PR-Netzwerk. So geschehen gleichfalls in einem Blog vom April 2014, in dem eine private Finanzierung durch Soros, der Übergangsregierung und auch einer ukrainischen Tochtergesellschaft des bedeutenden PR-Unternehmens *Weber Shandwick* genannt wird.[34]

Hunderte von ausländischen Journalisten hätten sich beim UCMC angemeldet, auch Vertreter des ZDF, wobei das *Heute Journal*-Redaktionsmitglied Andreas Weise die vielfältigen Angebote des UMC für die Berichterstattung zur Ukraine als »sehr nützlich« eingestuft habe.[35]

Jedwede Kritiker der Übergangsregierung allerdings »dürfen sich weder auf den täglichen Pressekonferenzen noch in anderen vom *Media Center* vermittelten Interviews äußern«.[36] Damit würde wohl auch der Grundsatz der offenen Gesellschaft relativiert. Das *Media Center* selbst erklärt jedoch auf seiner Internetpräsenz eindeutig, während der Pressekonferenzen »keinen Einfluss auf die Inhalte der Sprecher« zu nehmen.[37]

Die Angelegenheit führte auch zu einer Kleinen Anfrage der Fraktion Die Linke.[38] In der von Gregor Gysi als seinerzeitigem Fraktionschef unterzeichneten *Drucksache 18/1274* geht es explizit um das Thema »Die deutsche Medienberichterstattung und der Regime-Change« in der Ukraine. So heißt es auch in einer zusammenfassenden Pressemitteilung des Bundestags: »Die Bundesregierung soll unter anderem Auskunft geben, inwieweit ihr bekannt ist, ob das ZDF in seiner Ukraine-Berichterstattung eng mit dem *Ukrainian Crisis Media Center* UCMC zusammenarbeitet und ob dieses unter anderem vom ›US-Milliardär George Soros, der ukrainischen Übergangsregierung und einer ukrainischen Tochtergesellschaft von *Weber Shandwick*, einem weltweit bedeutenden PR-Unternehmen, finanziert wird‹. Ziel von UCMC sei es, weltweit vor allem die Botschaft zu verbreiten, ›dass die Ukraine Opfer einer russischen Aggression, die ukrainische Übergangsregierung legitim, die Behauptung einer rechtsradikalen Gefahr Teil der russischen Propaganda‹ seien. Die Abgeordneten schreiben außerdem, dass die Geschehnisse in der Ukraine häufig von Journalisten kommentiert würden, ›die stark in euro-atlantische Elitenetzwerke eingebunden sind‹. [...]«[39]

Auf Putins Seite sieht es freilich nicht anders aus, auch dort wird Information gründlich selektiert und Propaganda betrieben. Allerdings entgeht diesbezüglich den westlichen Medien nichts. Hingegen wird sehr großzügig mit entsprechenden Aktivitäten umgegangen, die im direkten Interesse der sogenannten westlichen Eliten stehen. So wird sehr klar mit zweierlei Maß gemessen.

Die westliche Öffentlichkeit wähnt sich allerdings weitgehend noch so frei und gut informiert, dass viele Menschen niemals auf den Gedanken kommen würden, auch in unserer Hemisphäre einer massiven Propaganda ausgesetzt zu sein. Und doch wird auch uns nicht die Wahrheit an sich präsentiert, sondern nur die genehme Sicht der Dinge. Einige Politikwissenschaftler bestätigen diese Sachlage, so auch in einer NDR-Sendung zur *Ukraine – Berichterstattung durch die West-Brille?*[40]

NGOs in Russland

In einem denkwürdigen Gespräch des Journalisten Jörg Schönenborn mit Wladimir Putin konfrontiert der russische Präsident den WDR-Mann im April 2013 mit einigen unangenehmen Informationen über die NGOs und das Verhältnis zur Zahl russischer NGOs im Westen sowie westlicher NGOs in Russland, als Schönenborn das russische NGO-Verbot anspricht.[41] Putin relativiert die Darstellung. Da sei eben zunächst einmal das Missverhältnis von 654 NGOs in der russischen Föderation, während Russland lediglich zwei NGOs im Westen unterhalte. Zudem sei auch überhaupt nicht geplant, NGOs zu verbieten, sondern lediglich eine Mitteilungspflicht einzuführen – entsprechende Organisationen müssten sich registrieren lassen, sofern sie ausländische Gelder erhielten. Dies diene lediglich dem Zweck zu wissen, wer die Finanziers seien. Putin verweist umgehend darauf, dass diese Praxis gang und gäbe sei, in den USA seit genau 1938. Damit bezieht er sich auf jenes bereits erwähnte Gesetz namens *Foreign Agents Registration Act*: Sämtliche Gruppen, die von ausländischen Regierungen finanziert werden und Einflussnahme auf die US-Politik beabsichtigen, sind verpflichtet, sich beim US-Justizministerium als »ausländische Agenten« registrieren zu lassen.

Auf breiterer Basis ginge die Einflussnahme natürlich nicht allein oder zumindest nicht direkt von Regierungen aus. Allerdings beabsichtigte Putin offenbar doch eine härtere Gangart als er seinerzeit verlautbarte.

2010 schon hatten von westlichen NGOs gesponserte Regierungskritiker öffentliche Protestkundgebungen mit blauen Eimern als zunächst merkwürdig erscheinenden Accessoires durchgeführt. Dahinter steckte eine Philosophie des aus der »Soros-Generation« stammenden amerikanischen Politikwissenschaftlers Gene Sharp, der seit jeher für gewaltfreie Aktionen eintrat und wegen seines zivilen Widerstands gegen die Wehrpflicht während des Koreakriegs zu zwei Jahren Haft verurteilt worden war. Allerdings lässt die Praxis nur selten völlig gewaltfreien Widerstand zu, wofür schon die jeweilige Gegenseite sorgt. Außerdem mag Sharp in gewissem Grade auch von den Eliten instrumentalisiert worden sein. Wie dem auch sei, jedenfalls übernahm die CIA einige seiner Methoden, darunter die Zweckentfremdung von Alltagsgegenständen als eindeutige Signalgeber politischer Botschaften.

Die blauen Eimer sollten auf die vielfache, missbräuchliche Nutzung von Blaulichtern offizieller Fahrzeuge russischer VIPs anspielen. Zum Protest fuhren nun zahllose Fahrzeuge mit blauen Eimern auf den Dächern herum und sorgten in Moskau für ein Verkehrschaos. Insgesamt sollte mehr und mehr Unruhe gestiftet und der Unmut der Bevölkerung angefacht werden. Berichten zufolge steckte die *U.S. Agency for International Development* (USAID) dahinter. Im September 2012 erteilte Putin persönlich die Order, die USAID habe Russland zu verlassen. Die Rede war von angeblich etwa 57 NGOs, die von der USAID Fördermittel erhalten hätten.[42] Putin erließ per Parlamentsbeschluss im Frühling 2015, das war also rund ein Jahr nach dem erwähnten WDR-Interview, ein entsprechendes Gesetz, um »unerwünschte« ausländische Organisationen, darunter gerade auch das NED und die *Open Society Foundations,* grundsätzlich verbieten zu können. Außerdem gestattet das Gesetz, die Konten solcher Organisationen einzufrieren sowie deren Mitarbeiter mit Einreiseverboten oder auch Haftstrafen bis zu sechs Jahren zu belegen. Ein erklärender Gesetzeszusatz stellt fest, »zerstörerische Organisationen« müssten gestoppt werden, da sie eine Bedrohung der »Werte des russischen Staates« darstellten. Durch sie sei möglich, dass Umstürze wie in den vergangenen Jahren in ehemaligen Sowjetrepubliken angezettelt würden.[43]

Natürlich wurde in den westlichen Medien allgemein sofort mit dem Finger auf Putin gezeigt. Angesichts der mittlerweile ersichtlichen und in vielen Ländern der Erde sehr wirksamen Einflussnahme durch das Netzwerk der Soros-NGOs scheint Putins Reaktion allerdings weniger befremdlich als weit mehr die logische Konsequenz zu sein. Wer an seiner Stelle hätte wohl anders gehandelt?

Lebender Widerspruch mit »Revolutionsradar«

Teils haben sogar durchaus für George Soros eingenommene Autoren ihre positive Haltung über die Jahre hinweg sichtlich eingeschränkt, um zu einer kritischeren Sichtweise überzugehen. Der Glanz des Geldes kann nicht alles überstrahlen, ebenso wenig kann dies die öffentliche Darstellung erreichen, wenn Widersprüchlichkeiten allzu sehr überhandnehmen. So erschien einen Monat vor dem 80. Geburtstag des Megaspekulanten ein bemerkenswerter Beitrag, in dem die Soros-Biografin Krisztina Koenen als Co-Autorin zeichnet. Schon die einleitenden Worte dürften einiges aussagen. Denn gleich hier wird Soros unumwunden als der »Wolf im Schafspelz« tituliert, als jemand, der um Europa bange, jedoch gegen den Euro wette, als einer, der den Krieg kritisiere, aber Rüstungsaktien kaufe.[44] Und buchstäblich geht es so weiter im Text, wenn es dann heißt: »George Soros, ein lebender Widerspruch. Spekulant und Menschenfreund, Befreier Osteuropas und China-Fan?«[45] Denn ausgerechnet an China solle man sich ein Beispiel nehmen, hier werde zentral festgelegt, wie viel Kredite von den Banken an welche Industriezweige flössen. Die chinesische Regierung sei die derzeit beste funktionierende überhaupt. China, ausgerechnet eine Diktatur als Beispiel? Die Autoren hakten nach und erhielten als Antwort: »Richtig. Freie Märkte müssten doch besser sein als eine Diktatur! Also machen wir etwas falsch.«[46] Typische Soros-Logik. Irgendwie bringt Soros immer alles unter einen Hut. Auch seine deutliche Haltung gegen den Irakkrieg und die Beteiligung am *Halliburton*-Konzern als wesentlichem Armeezulieferer im Irak. Für Soros stellt ein derartiges Kontrastprogramm überhaupt kein Problem dar, denn schließlich habe es sich lediglich um einen minimalen Anteil gehandelt, »in Prozent der Marktkapitalisierung sehr wenig«[47], so versicherte er gegenüber seinen Interviewern, die daraufhin zur Schlussfolgerung gelangen, Grundsatz von Soros müsse sein, eben einfach alles zu tun, was auch erlaubt sei. So habe er nach einer Bestechungsaffäre wiederum Aktien der US-Rüstungskonzerne *Lockheed* und *Grumman* erworben, schlichtweg, weil deren Preise damals sehr gesunken waren, aber keineswegs, weil er deshalb Korruption guthieße. So geht es bei Soros immer weiter. Das Geschäft betrachtete er jedenfalls nicht als moralisch falsch.[48] Wiederholt hatte Soros sich darüber geäußert, dass Moral auf den Märkten nichts verloren habe, wiederholt betonte er: Hätte er selbst nicht agiert, so wären eben andere an seine Stelle getreten und hätten die Gunst der Stunde genutzt. Die Folgen wären also ohne ihn die gleichen gewesen, nichts hätte sich geändert, und somit treffe ihn auch keinerlei Schuld. Dennoch, der Megaspekulant Soros wirkt über seine Netzwerke nachhaltig auf gesellschaftliche und politische Prozesse ein, das dürfte sich kaum noch schönreden lassen.

Unter der Zwischenüberschrift »Soros, der böse Spekulant« schreiben die beiden Wirtschaftsjournalisten Krisztina Koenen und Hauke Reimer in ihrem durchaus kritischen Beitrag über das »besondere Gespür für Umbruchsituationen«, ein regelrechtes »Radar für Revolutionen«[49], über das Soros verfüge. In die Karten schauen lasse er sich nicht. So fassen die Autoren dann zusammen: »Der Spekulant steht hier im Widerspruch zum liberalen Politiker, auf den die Welt hört«, und erinnern an die wesentliche Rolle, die sein *Open Society Institute* beim Kollaps des Kommunismus in Osteuropa spielte: »Soros, ganz effizient, fand Hebel, die mit wenig Aufwand viel veränderten. Unvergessen bleibt die erste Aktion seiner Stiftung 1988 im noch kommunistischen Ungarn, als er Bildungseinrichtungen 200 Xerox-Kopierer schenkte und damit im Alleingang das Informationsmonopol der Partei brach.«[50] Niemand dürfte Soros einen Mangel an Erfindungsreichtum absprechen können. Er wusste stets, seine Interessen durchzusetzen. Ob nun in der Wirtschaft oder der Politik. Nur wenige Worte von ihm können viel ändern, es sind meist buchstäblich Machtworte, diktiert vom Gott des Geldes. Sie können Erdbeben auslösen. Und so käme George Soros eine enorme Verantwortung zu. Eigentlich in einem Maße, die ihn mehr und mehr zum Schweigen zwingen müsste. Doch davon keine Spur, um nicht zu sagen: Von Schweigen keine Rede …

Koenen und Reimer erinnern auch an die Medienberichterstattung über Soros und die Rolle Deutschlands hinsichtlich des Euro, sie erinnern an Überschriften der Art »Soros: Die Deutschen treiben Europa in eine Deflation«[51], ähnlich auch »Großspekulant Soros: Deutschland gefährdet den Euro«[52] oder »Soros: Deutschland sollte raus aus dem Euro«, eine Aussage, die er in den kommenden Jahren in Variationen wiederholte[53], wobei einige das tatsächlich nicht für schlecht hielten – so auch der *Princeton*-Gastprofessor Ashoka Mody. Er schreibt über eine Rückkehr zur D-Mark: »Die Deutsche Mark wird einen höheren Wert als der Euro haben. Mit der Mark werden dann mehr Güter und

Dienstleistungen eingekauft, als das heute mit dem Euro der Fall ist. Damit wären die Deutschen dann mit einem Schlag reicher. Zwar verlieren Deutschlands Aktivposten im Ausland im Rahmen der teureren Mark an Wert, doch deutsche Schulden könnten auch einfacher zurückgezahlt werden.«[54] Abschließend erklärt Mody dann allerdings: »Doch vielleicht wäre der größte Gewinn politischer Natur. Deutschland genießt die Rolle eines Anführers in Europa, will aber nicht die Kosten eines Anführers bezahlen. Dies macht Deutschland zu Europas Buhmann mit moralischem Anstrich. Anstatt eine ›stets engere Einheit‹ in Europa zu schmieden, gefährden die Deutschen deren empfindliches Gefüge. Um aufeinander zuzugehen, muss Europa die Fesseln, die die einzelnen Länder aneinanderketten, lösen.«[55] Auf einem Vortrag an der Frankfurter Goethe-Universität habe Soros erklärt, viele Menschen vermengten Euro und EU, doch beide seien nicht identisch. »Die EU ist das Ziel und der Euro ist ein Mittel zum Ziel. Es sollte dem Euro nicht erlaubt werden, die EU zu zerstören.«[56]

Der Euro war der Preis für die Deutsche Einheit, und Soros erklärte, ein Referendum in Deutschland würde zu einer glatten Ablehnung des Euro führen.[57] Damit dürfte er wohl recht haben. Doch bei all seinen Äußerungen und Erwägungen kann mit Spekulation zum eigenen Vorteil gerechnet werden. Denn der Mann der offenen Gesellschaft, der sich selbst nicht in die Karten blicken lässt, jener »Wolf im Schafspelz«, der Spekulant, hat stets so gehandelt. Das liegt ganz offenkundig in seiner Natur. Und in seiner vielzitierten Widersprüchlichkeit zieht er alle Register der Irritation, um auch im Kleinen nichts auszulassen, was ihm nutzt. So lässt ihn wohl auch sein Gedächtnis nur dann im Stich, wenn es gerade einmal sein soll. Koenen und Reimer stellten 2010 beispielsweise fasziniert fest: »Am 12. August feiert Soros seinen 80. Geburtstag, doch er denkt schnell, ist gründlich informiert und auf dem letzten Stand. Sein Gedächtnis ist phänomenal, er erinnert sein Gegenüber an Debatten, die beide vor 17 Jahren geführt haben.«[58] Doch schon 1995 konnte der dementsprechend jüngere Soros sich nicht mehr an die Details seiner sensationellen Wette gegen das britische Pfund erinnern, die er drei Jahre zuvor durchgezogen hatte. Dabei markieren genau diese Wette und das Jahr 1992 einen seiner Karriereglanzpunkte. Aber, und davon war bereits die Rede, im Gespräch mit Byron Wien erklärte er klipp und klar, sich nicht mehr an die genaue Abfolge der Ereignisse erinnern zu können, denn er sei mit einem extrem schlechten Gedächtnis geschlagen.[59]

Immer wieder bestätigt sich also, dass die Aussagen von George Soros besser mit einer gewissen Vorsicht genossen werden sollten. Seine Auffassungen von Wahrheit und Moral dürfen wohl zumindest als hoch individuell bezeichnet werden, der »Mann mit den tausend Gesichtern«, mit all seinen Widersprüchen, scheint nicht selten das Bild eines genialen Manipulators zu erfüllen, der wohl auch deshalb über ein so ausgeprägtes »Radar für Revolutionen« verfügt, weil er selbst nicht ganz unbeteiligt an diesen Entwicklungen ist.

Sein Copy-Coup aus Ungarn belegt bereits, wie er mit relativ geringen Mitteln enorm viel ausgelöst hat. Gewiss nicht immer waren seine Ziele verwerflich oder für die Gesellschaft schädlich. Doch nimmt er für andere offensichtlich auch beachtliche Nachteile in Kauf, wenn er damit den eigenen Zielen ein gutes Stück näher rückt. Zumindest legen dies die diversen Aktivitäten seiner diversen Stiftungen in diversen Ländern nahe.

Die Petersburger Trolle

Soros selbst betonte, dass der Übergang von einer geschlossenen in eine offene Gesellschaft einen revolutionären Regimewechsel erfordert habe, der nicht ohne eine von außen stammende Hilfe zu bewerkstelligen gewesen sei. Dies sei für ihn die ausschlaggebende Erkenntnis gewesen, innerhalb des sowjetischen Imperiums in einem Land nach dem anderen die *Open Society Foundations* zu gründen, um diesen Umbruch herbeizuführen.[60] Nun scheint das in der Konsequenz auch nichts Negatives gewesen zu sein und die Welt tatsächlich wesentlich »geöffnet« zu haben. Allerdings sollte jeder die Entwicklung wohl in einem umfassenderen Kontext betrachten, das heißt auch einbeziehen, welches Denken den Spekulanten dabei bewegt hat, wie die aktuelle Fortsetzung dieser Aktionen beschaffen ist, mit welchen Methoden das Soros-Imperium dabei agiert, was George Soros damit bezweckt und welche Folgen all dies somit letztlich für Europa und die Welt haben muss. Nicht zuletzt das Beispiel Ukraine lässt erahnen, wie die Megaspekulationen von Soros ausgelegt sind. Was Russland betrifft, schiebt Putin einen eisernen Riegel vor. Kein Wunder angesichts mancher NGO-Methoden.

So wurden vonseiten der *Open Society Foundations* möglicherweise auch Anstrengungen unternommen, sämtliche im Internet kursierenden prorussischen Kommentare als blankes Astroturfing einer von Putin installierten Sankt Petersburger »Trollfabrik« hinzustellen. Dabei wäre nicht zu vergessen, dass zu Beginn der »Ukrainekrise« keineswegs eine so große Zahl an Bürgern in Richtung Europaangliederung tendierte.

Im Frühjahr 2015 trat eine junge Frau namens Ludmilla Sawtschuk an die Öffentlichkeit, die eine bemerkenswerte Geschichte zu erzählen wusste. Die 34-Jährige habe seit Dezember 2014 über einen Zeitraum von zwei Monaten hinweg in jener seltsamen Einrichtung gearbeitet. Über eine Zeitungsannonce sei sie auf die »Agentur zur Erforschung des Internets« gestoßen und habe sich bald als Cyberaktivisten im heimlichen Kreis einer ganzen Schar jüngerer Leute befunden, die in den verschiedensten Foren, Blogs und Newsgroups sowie in Form von vorgeblich privaten Leserkommentaren auf die öffentliche Meinung einwirken sollten, wie toll und gut Präsident Putin doch sei. Von nun an war demnach auch Sawtschuks alleinige Aufgabe, die öffentliche Meinung zu beeinflussen, Stimmung zu machen und wo es eben nur ging das Wort für Putin zu ergreifen. Oftmals mit kurzen, eher unauffälligen, einfach authentisch wirkenden Wortmeldungen. Mehrere Hundert freie Mitarbeiter sollen der Petersburger Fabrik angehören, die in einem vierstöckigen modernen Bürohaus in der Uliza Sawuschkina 55 in langen Schichten unermüdlich für allein diese Aufgabe tätig sind.

Schon im Jahr 2003 seien solche besonderen »Trolle« aktiv gewesen, doch erst mit den dramatischen Vorgängen in der Urkaine wurden sie schließlich einer breiteren Öffentlichkeit bekannt. In einer *Titel-Thesen-Temperamente*-Sendung vom 26. Juli 2015 wurden einige mit versteckter Kamera gedrehte Filmsequenzen gezeigt, die das »Innenleben der Petersburger Trollfabrik« zeigen. Gelungen sei dies einem Journalistenteam der Petersburger Zeitung *Moj Rajon* (*Mein Kiez*).[61] Ehemalige Mitarbeiter berichteten mittlerweile auf dem Internet über ihre Arbeit in jenem am Eingang lediglich als »Business Center« bezeichneten Bürohaus und erklärten dabei auch, es sei nicht leicht hineinzukommen – so werde alles ständig streng bewacht, man gelange nur über ein Drehkreuz mit Zugangskarte ins Gebäude, wer keine Karte habe, müsse einen Antrag mit persönlichen Daten ausfüllen.[62]

So müssen die Journalisten sehr umsichtig gewesen sein, allerdings ist auf den Filmsequenzen auch nicht sehr viel zu sehen, bis auf eher verschwommene kurze Szenen, einige Bilder von Personen, die an Computern sitzen. Was sie dort tun, lässt sich leider nicht erkennen. Überhaupt ist kaum Konkretes zu erfahren. Die *freie Enzyklopädie Wikipedia* hält dies ebenfalls fest und spricht dann davon, es gelte »als gesichert, dass die Organisation nach Umzug in der Uliza Sawuschkina 55 in Sankt Petersburg ansässig ist.« Dabei bezieht sich die Internetenzyklopädie auf einen *Guardian*-Beitrag vom 2. April 2015.[63] Laut dem russischen Hackerkollektiv *Anonymous International,* das eine als authentisch bezeichnete Liste vorgefasster Kreml-Nachrichtenmeldungen (russisch »Tyomnik«) für Journalisten publizierte[64], muss sich jeder einzelne Troll dazu verpflichten, täglich mindestens 50 Kommentare zu verfassen sowie fünf *Facebook*-Profile zu betreuen, was wiederum weitere 15 Kommentare bedeutete. Auch Ludmilla Sawtschuk habe in Zwölfstundenschichten für das geheime Kreml-Projekt gearbeitet, politisch gefärbte Kommentare erstellt und sie auf den verschiedensten Internetseiten veröffentlicht. Die Arbeitsbedingungen seien extrem drückend gewesen, bei einem Monatsgehalt von etwa 800 US-Dollar. Acht Wochen habe sie hier gearbeitet, in dem grauen Gebäude von *Internet Research,* zusammen mit Leuten, die an sich nichts sonderlich ernst genommen hätten. Meist habe es sich um Studenten gehandelt, die dort lediglich aktiv waren, um Geld zu verdienen. Eine Ideologie hätten sie nicht verfolgt. Auch Sawtschuks einziger Antrieb, unter jener drückenden Atmosphäre von ständiger Überwachung zu arbeiten, sei das Geld gewesen. Sie habe täglich Anweisungen entgegengenommen, im Internet zu hetzen. Vorwiegend auf Russisch. Allerdings gebe es dort auch Leute, die für das Ausland aktiv wurden, die auf Englisch gegen Obama und für Putin hetzten, überall im weltweiten Netz. Auffallend: Offenbar erklärte Sawtschuk zunächst, diese verdeckte Tätigkeit allein des Geldes wegen ausgeführt zu haben, so berichteten auch deutsche Medien[65] im Frühjahr 2015, während dann einige Zeit später plötzlich von anderen Motiven die Rede war. Sawtschuk habe demnach von Anfang an geplant, die Petersburger Trolle zu infiltrieren und deren Treiben öffentlich zu machen. Nun wird sie als Aktivistin dargestellt.[66]

Spätestens damit stellt sich die Frage, wo die Wahrheit liegt. Sawtschuk selbst, die nun als Journalistin vorgestellt wird, habe Ende Mai gegenüber dem Magazin *Spiegel* erklärt, etwas richtigstellen zu wollen: Sie habe sich, anders als in den ersten Medienberichten publiziert, von Anfang an ganz bewusst in das Petersburger »Trollhaus« eingeschleust, um »diese Scheusale an die Öffentlichkeit zu zerren.«[67] Damit wird sich wohl nicht mehr sagen lassen, was wirklich stimmt.

Zumindest bleibt Ludmilla Sawtschuk in beiden Varianten eine sehr mutige Person, die irgendwann den Entschluss fasste, gegen die im Land auch als »Kremlbots« bekannte Desinformationsmaschine russischer Propandisten vorzugehen und offenzulegen, dass die recht große Zahl von Russland freundlich gesonnenen Kommentaren beinahe vollständig hinfällig sei. Schlichtweg deshalb, weil sie alle auf blanker Fälschung beruhten – als Produkt einer sich die Finger wund schreibenden Zunft geheimer Putin-Sklaven. Sawtschuk setzte sich mit solchen Enthüllungen natürlich einer unmittelbaren und permanenten Gefahr aus, denn wenn sie die Wahrheit spricht, muss sie um ihr Leben fürchten. Bald nach ihrem Ausstieg aus dem unheilvollen Reich der Trolle gründete sie die Gruppe *Info-Peace*, um jenen Ungeistern endgültig den Garaus zu machen. Denn die Wahrheit soll vollends ans Licht gelangen.[68] Was aber, wenn die Geschichte vielleicht einen ganz anderen Hintergrund besitzt?

Team 29

Tatsächlich gibt es einen solchen anderen Hintergrund, der zumindest nicht ungenannt bleiben darf, was allerdings in den Massenmedien in vertrauter Konformität geschieht. Also wird es erforderlich, die potenzielle Trollfabrik auch einmal von dieser Seite zu beleuchten.

Zunächst einmal war da anscheinend lediglich diese eine junge, sympathische Zeugin und Aktivistin, die auf die Fabrik aufmerksam machte. Ihre Darstellung schien jedoch nicht konsistent, wobei unklar ist, ob dies an fehlerhaften Medienberichten lag oder an einer unzuverlässigen Quelle, die ihre Darstellung mit der Zeit variierte. Damit war ein erster, wenn auch schwacher Anlass gegeben, über alternative Szenarien nachzudenken.

Könnte es sein, dass Ludmilla Sawtschuk für andere Kreise tätig wurde? Mochte sie vielleicht eine Art Troll der Trolle sein, die dann natürlich ihrerseits zu virtuellen Pseudotrollen verblassen müssten?

Mit anderen Worten: War die gesamte Trollfabrik ein Kunstprodukt, um missliebige prorussische Kommentare sehr bequem als Fälschung zu erklären? Nichts einfacher als eine solche Pseudoentlarvung. Im ersten Augenblick klingt das absurd. Die Russlandpolitik, die gesamte Entwicklung in der Ukraine – wer schon sollte hier auf Putins Seite stehen? Außerdem tauchten ja noch andere Zeugen auf. So beispielsweise ein 40-jähriger Mann namens Marat Burkhard.

In einem Gespräch mit *Radio Free Europe* habe Burkhard die bis dahin tiefsten Einblicke in Putins Propagandafabrik gewährt, doch ansonsten weiß man nur sehr wenig über ihn. Er habe sich unter einem Pseudonym geäußert, es sei nicht rein zufälligerweise ein Schweizer Name, denn laut Recherchen des *Tagesanzeigers* habe Burkhard im Jahr 2006 in Bern Literatur studiert und dann 2007 als Rezeptionist in Davos gearbeitet, um zum Zeitpunkt des Interviews in Sankt Petersburg zu leben.[69]

Auch Burkhard habe seine Trolltätigkeit nur aus Abenteuerlust ausgeführt, so erklärte er.[70] Doch scheint es einigermaßen seltsam, dass ausgerechnet Menschen ohne eine echte politische Überzeugung als Trolle arbeiten. Sie dürften trotz aller mit Sicherheit sehr ernster Repressalien und Bedrohungen immer noch das größere Risiko einer öffentlichen Enthüllung der Propagandamaschine bergen und kaum die Richtigen sein, für eine derartige Aufgabe engagiert zu werden.

Marat Burkhards Interview fand nun ausgerechnet auch noch bei *Radio Free Europe* statt. Von diesem Sender war vorhin bereits die Rede, im Kontext mit einem Artikel des Journalisten Neil Clark, der schon im Jahr 2003 darauf hinweist, dass dieser Sender von der CIA geschaffen worden ist und von Soros unterstützt werde.[71]

Wieder also kommt der Name Soros ins Spiel, und es soll auch mit Blick auf die Trolle nicht das einzige und letzte Mal sein.

Den Berichten zufolge habe sich Ludmilla Sawtschuk im Mai 2015 entschlossen, Anzeige gegen ihren Arbeitgeber zu erstatten. Sie habe die dubiose »Firma« auffliegen lassen wollen, ihre Arbeitsrechte seien verletzt worden, sie hätte nie einen Arbeitsvertrag erhalten, außerdem sei sie stets in bar bezahlt worden, ohne jegliche Dokumentation. Also strengte sie mit Unterstützung des bekannten Petersburger Bürgerrechtlers Iwan Pawlow sowie einer dort ebenfalls ansässigen Menschenrechtsorganisation, die unter dem Namen *Team 29* agiert, eine Lohnklage an. Mit dieser Klage vor dem Sankt Petersburger Bezirksgericht drang Sawtschuk durch, sie erhielt zudem die von ihr geforderte Entschädigung. Nun handelte es sich dabei auch nicht gerade um eine nennenswerte Summe. Sawtschuk fiel durch außerordentliche Bescheidenheit auf – sie forderte lediglich einen Rubel, der dann auch relativ leicht rollte. Um Geld schien es ihr also wirklich nicht zu gehen, lediglich um die öffentliche Aufmerksamkeit und die Bloßstellung der Trolle. Die Entschädigung sollte einzig und allein symbolisch kompensieren, dass sie Texte mit gegen ihre eigene Überzeugung gerichtetem Inhalt verfassen und verbreiten musste. Genau wie über Burkhard ist aber auch über Sawtschuk erstaunlich wenig bekannt – offenbar aber handelte es sich doch um eine liberal denkende Journalistin, die entweder schaffte, zuvor nie aufzufallen und deshalb ins Reich der Trolle aufgenommen wurde, oder aber – ja was? Eine Person, die vielleicht doch einen anderen Hintergrund besitzt und andere Aufgaben hatte. Das scheint nicht hinreichend geklärt.

Am 18. August 2015 wurde die gerichtliche Entscheidung bekannt. Sofort darauf meldete *Team 29* den erzielten Erfolg, um im gleichen Atemzug auf die nächsten Schritte aufmerksam zu machen. Die Gruppe meldete, nun die Herausgabe interner Dokumente anstrengen zu wollen, um auf diesem Wege überprüfen zu können, ob *Internet Research* beziehungsweise die damit verbundene *Internet Research Agency* ihre Abgaben auch ordnungsgemäß tätige.

Um die von den Trollen verbreiteten Inhalte ging es somit überhaupt nicht, die Existenz dieser heimlichen Gruppe war aber offenkundig nachgewiesen. Mit Beteiligung von *Team 29* wurde es allerdings erst richtig interessant. Diese Organisation beruft sich bereits im Namen auf den Artikel 29 der Verfassung der Russischen Föderation, und der legt das Recht auf freien Informationsaustausch fest. Das besagte Team bestand damals erst seit wenigen Monaten, es wurde im Jahr 2015 begründet. Offenbar also ein völlig »unbeschriebenes Blatt«, so hat es zunächst den Anschein. Doch nicht ganz. Denn auf der eigenen Internetpräsenz beschreibt es sich als Nachfolger der Organisation *Freedom of Information Foundation* (FIF).[72] Diese Stiftung zur Informationsfreiheit zählt zu den NGOs und wird vom bereits genannten Bürgerrechtler und Juristen Iwan Pawlow geleitet. Die FIF habe immer darauf abgezielt, sowohl andere Organisationen als auch Einzelpersonen in Russland zu unterstützen, wenn es darum ging, deren Rechte beim Zugriff auf Informationen tatsächlich wahrnehmen zu können. Allerdings habe es dabei in Russland immer wieder Schwierigkeiten gegeben. Menschenrechtsaktivisten seien vielfach Komplikationen ausgesetzt gewesen, und in ihren letzten beiden Jahren habe auch die FIF zunehmenden Druck gespürt. So habe es zwei behördliche Überprüfungen gegeben, Einträge ins Register ausländischer NGOs, Warnungen vom Justizministerium und gerichtliche Auseinandersetzungen. Am Ende seien dann viele der verfügbaren Ressourcen nur noch in die blanke Selbstverteidigung geflossen, und entsprechend gelitten hätten die jeweiligen Programmaktivitäten.

Aufgrund dieses untragbaren Zustands habe man sich dann im Januar 2015 dazu entschlossen, die Stiftung aufzugeben. Andererseits habe man bald mit der Reorganisation begonnen, aus der schlichten Überzeugung heraus, die dringend notwendige Arbeit auch künftig leisten zu müssen. So sei dann in der Folge die FIF in Gestalt von *Team 29* wieder zum Leben erweckt worden.[73] *Team 29* scheint demnach nichts anderes zu sein als die FIF im neuen Gewand. Bemerkenswert ist dabei vor allem, dass die FIF laut eigenen Angaben von den *Open Society Foundations* unterstützt wurde.[74] Als weitere Sponsoren werden auf der nicht mehr aktualisierten FIF-Homepage unter anderem auch die *Oak Foundation* genannt, die *U.S. Agency for International Development* und auch das *National Endowment for Democracy* (NED).

So findet sich Ludmilla Sawtschuk plötzlich eingebettet in das altbekannte Netzwerk von George Soros.[75] Insgesamt scheint es nicht ganz so verwunderlich, dass das NED seit Sommer 2015 nach Maßgabe des Anti-NGO-Gesetzes in Russland als »unerwünscht« eingestuft wurde. Nun kann man natürlich auch die alte Frage stellen, wer eher da war: die Henne oder das Ei. In diesem Falle wäre Ludmilla Sawtschuk die Henne und Soros das Ei – oder eben umgekehrt? Mit anderen Worten: Erhielt Sawtschuk entsprechende Hilfestellung durch die Soros-NGO, nachdem sie die Trollfabrik aufgedeckt hatte und damit auch dem Putin-Gegner Soros einen guten Dienst erwies, oder war es vielmehr umgekehrt, sodass Soros mit der jungen Aktivistin eine glaubwürdige Insiderstimme erhielt, die überzeugend kundtun konnte, dass in Sankt Petersburg eine Hundertschaft an Putin-Trollen arbeite? Hier wird sich ein echter Beweis nur schwer erbringen lassen, der Kontext an sich ist allerdings erstaunlich genug.

Amazonen für die Gerechtigkeit

Soros wurde wiederholt auch mit den Aktivistinnen der *Femen*-Bewegung in Verbindung gebracht, modernen Amazonen, die regelrecht darauf trainiert sind, sich während lautstarker Demonstrationen gegen die Regierung Putin auf direkte Konfrontationen mit der Staatsgewalt einzulassen.[76] Sie erscheinen stets mit entblößtem Oberkörper, bemalt mit deutlichen Parolen und Blumen im Haar. Ihr unerschrockenes, recht eigenwilliges und vor allem spektakuläres Auftreten hat Wirkung und System, es spiegelt zumindest die Vision einer (oben) offenen Gesellschaft, doch eine direkte Verbindung zu Soros konnte in diesem Fall wohl nirgends nachgewiesen werden.

Trotzdem kommen natürlich auch die »Nacktivistinnen« ohne Geld nicht weiter. Sie sind im Ausland aktiv, haben Miet- und Unterhaltskosten, arbeiten aber Berichten zufolge als Vollzeitaktivisten, deren Proteste letztlich vor allem geopolitische Züge tragen, während sie sich wohl eher vordergründig gegen die sexuelle Ausbeutung richten. Und warum sollen sie ihre Ansichten nicht auch offen zum Ausdruck bringen? Jeder sollte das normalerweise ohne Konsequenz tun können,

Abb. 22: *Femen*-Aktivistin vor dem Geheimdienstgebäude in Kiew, August 2010

wobei natürlich Kritiker darauf verweisen, der *Femen*-Aktivismus fiele durch teils äußerst provokante und beleidigende Störaktionen auf, welche einzig der Medienwirksamkeit dienten.[77] Als Finanziers werden verschiedene Personen genannt, darunter auch der US-Millionär Jed Sunden, Gründer der ukrainischen *KP Media*. Allerdings stellte er seine Unterstützung dann im Jahr 2011 ein.[78]

Geht es um die eigentliche *Femen*-Gründerin, die russische Ökonomin Anna Hutsol, wird es wiederum interessant, da sie ein Jahr lang an einem »Leadership Program« der Organisation *Open World* beziehungsweise des *Open World Leadership Center* der US-Kongressbibliothek teilnahm. Dessen Gründer war Bibliotheksleiter Professor James Hadley Billington, bis ins hohe Alter hinein »13th Librarian of Congress«, Inhaber von über 40 Ehrendoktoraten und über lange Zeit auch Mitglied des Beratungsstabs von *Foreign Affairs* als Publikation des *Council on Foreign Relations* (CFR).[79] Natürlich haben auch Begegnungen mit George Soros stattgefunden[80], allerdings lassen sich allein daraus natürlich weder Verbindungen zu *Femen* noch zu Ludmilla Sawtschuk konstruieren. Wesentlicher dürfte aber doch die grundsätzliche Vernetzung sein, wie sie sich erneut abzeichnet.

Cyber-KonTrolle

Doch noch ein abschließender, kurzer Blick auf die Petersburger Trollfabrik. Deren Schilderung durch Sawtschuk und Burkhard wird durch Enthüllungen Edward Snowdens sehr schnell relativiert. Dabei drehte es sich allerdings keineswegs um angebliche Trolle des Wladimir Putin, den Anna Hutsol ihrerseits wohl nicht ganz zu Unrecht als »Megamacho« bezeichnete[81], nein: Es ging ganz konkret um die Existenz der *Joint Threat Research Intelligence Group* (JTRIG) des britischen Nachrichtendienstes *Government Communications Headquarters* (GCHQ). Diese Abteilung manipuliert für etliche britische Behörden Informationen im Internet, beeinflusst Meinungen, betreibt Stimmungsmache. Die Rede ist von Sabotageakten, Störattacken, Accountfälschungen, übler Nachrede, Zensur und inhaltlicher Einflussnahme im digitalen Schriftverkehr von Zielpersonen. Insgesamt finden sich hier nicht nur ähnliche Methoden, die den angeblichen Petersburger Trollen unterstellt werden, hier treiben die Trolle ihr Unwesen noch weit umfangreicher und übler. Beim JTRIG erscheint alles noch perfider, technisch automatisiert und in weitaus größerem Umfang – eine andere Dimension der Einflussnahme.[82]

Was also kann man überhaupt noch glauben? In Deutschland treiben Trolle wie auch Cyberpiraten gleichfalls ihr Unwesen. Auch der Kopp Verlag wurde zum Opfer konzertierter Aktionen gegen die Meinungsfreiheit. So erfolgten über Monate hinweg digitale Angriffe auf den Verlag. Am Sonntag, dem 8. November 2015, kam es dann zu einer massiven Cyberattacke auf die Seiten der hauseigenen Redaktion *Kopp Online,* deren kritisches und unabhängiges Beitragsangebot einigen Kreisen ganz offenkundig ein Dorn im Auge der Kontrolle ist.

Vor allem die Kommentarfunktion wurde ausgiebig und in zunehmendem Maße zum Einfallstor für die Angreifer. Aus anfänglichem Spam entwickelte sich ein regelrechter Cyberkrieg gegen die Webseite. Dann schließlich, an jenem Sonntag, legte eine massive Hackerattacke *Kopp Online* für rund fünf Stunden lahm. So blieb dem Verlag nichts anderes übrig, als die Situation öffentlich zu machen und die Kommentarfunktion zu schließen, um das unabhängige und kostenfreie Angebot weiterhin aufrechterhalten zu können.[83]

Überall herrscht Krieg. Politik ist Krieg, ständig agieren Interessengruppen gegen andere, und dieser Krieg wird heute mit allen zu Gebote stehenden Mitteln auch im Internet geführt. Meinungen werden manipuliert, auch im Westen und gerade auch hier.

Gelenkte Massenproteste – »Philosophie« mit globalen Konsequenzen

Was nun Russland angeht, insbesondere das Verhältnis von Soros zu Putin, so müssen nicht viele Worte darüber verloren werden. Soros hegt keine Sympathien für den russischen Präsidenten. Jeder weiß, dass Putin weder ein Waisenknabe noch zu unterschätzen ist, und das macht die Situation insgesamt gefährlich, wenn er herausgefordert wird. Auch das geschieht in zunehmendem Maße.[84] Dem ukrainischen *Euromaidan* soll ein »russischer Euromaidan« folgen, bekannt als *EuroManezhka*, und wieder zirkulieren Informationen, denen zufolge offenbar erneut die USA in Gestalt der CIA sowie auch von

George Soros die Finger im Spiel haben. Darüber berichtete auch der bereits erwähnte Ex-NSA-Mitarbeiter Wayne Madsen.[85] Im Kontext mit *EuroManezhka* tritt unter anderem der im Dezember 2014 zu dreieinhalb Jahren auf Bewährung verurteilte Alexei A. Nawalny in Erscheinung, ein russischer Anwalt und führender Aktivist, der mit seinen Blogs in Russland seit dem Jahr 2009 einen hohen Bekanntheitsgrad erzielte.[86, 87]

Bei Nawalny fallen durchaus wieder einschlägige Beziehungen auf, die in ihrer Ausrichtung zumindest doch sehr nahe an die Soros-Ideale herankommen. Im Jahr 2010 erhielt Nawalny ein viermonatiges *Yale*-Stipendium, um sich dem »Leadership Program« der *Yale*-Universität in New Haven, Connecticut, anzuschließen. Hier rechnet er zu den *World Fellows* der Eliteuniversität. Die angesehene Hochschule der *Ivy League* unternimmt deutliche Anstrengungen, ein »globales Netzwerk zur internationalen Verständigung« ins Leben zu rufen.[88] Auch das klingt alles andere als nachteilig oder gar verwerflich. Was wäre wünschenswerter als internationale Verständigung und ein friedliches Miteinander aller Kulturen? Wenn Menschen unterschiedlichster Kulturkreise nicht nur in Einzelfällen, sondern ganz allgemein eine höhere Bereitschaft an den Tag legten, aufeinander zuzugehen, würden sich Theorie und Praxis nicht so sehr unterscheiden, dass das Konzept zumindest in der kurzfristigen Umsetzung zwangsläufig zur blanken Illusion geriete. Leider existieren in der realen Welt derzeit zu viele Barrieren, sich dem Ziel zu nähern, auch wenn ehrliche Bemühungen an sich begrüßenswert sind. Doch vielfach erweisen sich die eigentlichen Beweggründe als weniger menschenfreundlich und weniger wünschenswert, wenn »höhere Interessen« mit geostrategischer Ausrichtung und im Sinne von Superspekulanten à la George Soros ins Spiel kommen, der selbst wiederholt zugegeben hat, dass moralische Erwägungen auf den Märkten nicht viel verloren hätten.

Wenn Menschen für die große Politik und im Interesse globalistischer Profiteure in Massen instrumentalisiert und ins Unglück gestürzt werden, all dies unter dem Vorwand einer besseren, zur Einheit verschmelzenden Welt, kann doch von Ehrlichkeit oder Moral keine Spur mehr sein. Spekulanten geben ihre Signale stets im Interesse der Spekulation ab, das dürfte in der Natur der Sache liegen. Sie sprechen spezifische Marktsituationen und politische Aspekte gezielt an, um die öffentliche Meinung möglichst weitgehend in ihrem eigenen Sinne und zu ihrem Gewinn zu beeinflussen. Sie wollen ihre Wetten gewinnen. Für die ganz Großen werden Kriege und Krisen zum Geschäft. Und das ist brandgefährlich, vor allem, wenn alles unter dem Deckmantel friedlicher Absichten geschieht. Angesichts vieler Hintergründe sind dann eben auch all jene globalen Netzwerke zur internationalen Verständigung mit der gebotenen Vorsicht zu betrachten.

Wo man hinblickt, finden sich die *Open Society Foundations* von George Soros. Wie gesagt, sie sind in zahlreichen Ländern der Erde aktiv. Der dadurch ausgeübte Einfluss lässt sich doch wohl schwerlich bestreiten. Und vielfach machte Soros seiner selbst attestierten Eigenschaft als »Herr der Ungleichgewichte« alle Ehren. Zur Erzielung einer offenen, friedlichen Gesellschaft sind stets hohe Opfer erforderlich. Zunächst auf nationaler, dann auf internationaler Ebene. Schließlich geht es um eine globale Philosophie mit entsprechend globalen Konsequenzen. Und vor der Dämmerung ist erst einmal Finsternis, so erklärte einst Soros selbst. Diese Finsternis scheint anzudauern wie der Krieg vor dem ewigen Frieden.

Wenn es um Umbrüche in Europa und eine Verbindung zu den *Open Society Foundations* geht, war vor allem mit Blick auf die Ukraine die Rede. Nun noch ein kurzer Blick nach Mazedonien, wo es 2015 seinerseits zu Massenprotesten kam, die einige Fachleute ebenfalls in Verbindung mit George Soros bringen. Darüber berichtete unter anderem das Onlineformat *pravda.tv*[89], wobei natürlich auch hier Einseitigkeit der Berichterstattung postuliert werden könnte. Dabei geht es weit mehr darum, in unserem systemdominierten Mediendschungel eben doch auch ab und an die andere Seite zu hören, was man hier zu sagen hat. Genau auf die Vermeidung von Einseitigkeit kommt es abseits der Massenberichterstattung schließlich an, wenn bei Leitmedien bereits reihenweise Programmbeschwerden wegen Falschmeldung und Manipulation eingehen.[90]

Wie auch immer, auch zu den Protesten in Mazedonien und deren Hintergründen stehen bemerkenswerte Aussagen im Raum. Als im Mai 2015 Zehntausende im Land demonstrierten und den Rücktritt des Premiers Nikola Gruevski forderten, als die Protestler ihre Zelte vor dem Regierungssitz aufstellten und deutliche Signale setzten, schien hier eine weitere bemerkenswerte Graswurzelaktion schnell um sich zu greifen. Die Botschaft war völlig klar: Die Massen forderten den Rücktritt Gruevskis. Doch von Beginn an waren die Parallelen zur Entwicklung in der Ukraine klar, bald war auch wieder die Rede von den *Open Society Foundations* als Hintergrundkraft, von George Soros, der mit seinem Netzwerk »zivilgesellschaftliche« Aktivitäten in osteuropäischen Ländern finanziert. Natürlich traten schon im Vorfeld vermeintlich unabhängige NGOs wie das Soros-gestützte *Freedom House* auf, die Mazedonien attestierten, eine Pressefreiheit zu besitzen, die lediglich »teilweise frei« sei, um das Land in dieser Hinsicht letztlich allerdings auf den hintersten Plätzen rangieren zu lassen.[91] Wie es allgemein um Meinungs-, Informations- und Pressefreiheit wirklich bestellt ist, und zwar auch in unserer Gesellschaft, wäre in diesem Kontext einmal ein interessanter Vergleich.

Hinsichtlich der Vorgänge 2015 in Mazedonien haben sich Fachleute zu Wort gemeldet, die hier eindeutig geplante Antiregierungsaktionen sehen, wie üblich mit geopolitischer und ökonomischer Motivation. Aktionen, ausgehend von den USA. So erklärt auch der mazedonische Medienanalyst Wladimir Pandowski die Proteste in Skopje als reine »Inszenierung«, mit über soziale Netzwerke angeworbenen Teilnehmern.[92] Während nämlich Gruevski im eigenen Land hohe Popularität genieße, sei hier ein völlig abweichendes Bild erzeugt und vorgeführt worden. So erklärte seinerzeit Slobodan Nikolic, der Vorsitzende der »Russischen Partei«: »Der Westen hat unter US-Führung ein Projekt zur Destabilisierung Mazedoniens begonnen. Das Ziel: den Bau von Turkish Stream durch Mazedonien zu verhindern.«[93] Demnach darf die russische Pipeline um keinen Preis gebaut werden, was leicht nachvollziehbar wäre. Und so erklärt sich auch ein zunächst eigenartiger »Zufall«: Zum Zeitpunkt, als die Regierung in Skopje über eine Annäherung an Russland und China nachzudenken begann, setzten auch die Unruhen und Massenproteste ein. Laut dem serbischen Politologen Drusan Prorokovic waren während jener Demonstrationen sowohl Diplomaten aus den USA als auch der EU zugegen, genau wie in der Ukraine.[94]

Dem ehemaligen US-Präsidenten Franklin D. Roosevelt wird folgender Ausspruch zugeschrieben: »In der Politik geschieht nichts zufällig. Wenn etwas geschieht, dann kann man sicher sein, dass es auch genau auf diese Weise geplant war.« Die entsprechende Zuschreibung ist zwar unbestätigt, der Inhalt dürfte es allerdings doch auf den Punkt bringen. Denn jeder einzelne Tag belegt aufs Neue: Politik ist und bleibt großteils ein schmutziges Geschäft. Im Kleinen wie im Großen wird manipuliert und kein Versuch ausgelassen, die Geschicke zu beeinflussen, ein ständiger sozialdarwinistischer Kampf. Nicht anders auch in Mazedonien. Selbst wenn Gruevski Anfang Mai 2015 in seinem Amt bestätigt wurde oder eben gerade deshalb, legte der Westen zunehmend Wert auf einen Regierungswechsel. Denn allzu ablehnend reagierte Mazedonien auf die Sanktionen gegen Russland, und allzu interessiert zeigte es sich an der russischen Turkstream-Pipeline, die jene Sanktionen unterlaufen und sie damit unwirksam werden ließe, genau wie die Finanzierung des Ukrainekriegs, so erklärt Nikolic.

Auch andere Beobachter sehen in den Antiregierungsaktionen ein klassisches westliches Szenario.[95] Und George Soros spielte diesen Aussagen nach dabei keine unwesentliche Rolle.[96] Im folgenden Kapitel wird es nun um eine ganz andere Pipeline gehen, wie sie laut eines 2008 veröffentlichten Berichts der renommierten *Harvard*-Universität als besondere Form von Waffe beschrieben wird, um massive Veränderungen und Umbrüche zu bewirken.[97] Es ist eine gigantische Menschenpipeline, ein verwerfliches Experiment der Eliten, um ihre großen Ziele umzusetzen. Was derzeit geschieht, offenbart sich in historischer Dimension als Instrumentalisierung von Menschen, deren grundsätzliche Notlage für »höhere Zwecke« missbraucht wird. Auch hier liegen durch unabhängige Recherchen mittlerweile umfangreiche Informationen vor, die eine intensive Beteiligung der *Soros Foundations* nahelegen oder gar nachzeichnen.

10| Gelenkter Tsunami: Die Destabilisierung Europas

Syrien

Genau wie in der Ukraine, so trafen auch in Syrien die beiden Atommächte USA und Russland aufeinander, woraus sich natürlich unmittelbar eine brandgefährliche geopolitische Situation ergab mit dem ultimativen Potenzial einer nuklearen Apokalypse. Gerade im Laufe des Jahres 2015 und der unvorstellbaren Entwicklungen zeichnete sich das mit aller Deutlichkeit ab. Und wieder lassen sich erstaunliche Parallelen zu den bereits beschriebenen Situationen herstellen, die zusammen ein in sich völlig logisches, sehr zielgerichtetes und professionell durchgeplantes Szenario ergeben. Der Syrienkrieg begann gleichfalls im Zuge des Arabischen Frühlings im Jahr 2011. Grundsätzlich war in Syrien auf jeden Fall ausreichend Konfliktpotenzial gegeben. Das Land ist charakterisiert von einer Einparteienherrschaft und einem komplexen Geflecht unterschiedlicher Religionsgemeinschaften. Der Arabische Frühling führte hier nun zunächst zu friedlichen Protesten, die in bewaffnete Auseinandersetzungen und einen verheerenden Krieg mündeten, der seinen Schatten weit über die Grenzen Syriens warf. Präsident Baschar al-Assad verhielt sich schon in den Anfängen des Konflikts nicht indifferent gegenüber der Situation, sondern kündigte ab dem April 2011 durchaus weitreichende Reformen an. Nun hätten dies rein beschwichtigende Versprechungen sein und bleiben können, doch war zu bemerken, dass einige dieser Veränderungen auch tatsächlich umgesetzt wurden. So wurden auch mehrere Tausend Oppositionelle freigelassen. Allerdings erklärte Assad, die Reformen nach Verabschiedung der neuen Verfassung nicht mit dem geforderten Tempo umsetzen zu können. Dies zu verlangen sei illusorisch. Außerdem wurde seine Ansicht bekannt, dass frühere Reformen nicht zu einer Beruhigung beitragen könnten, und dies »aus dem schlichten Grund, dass die Terroristen sich nicht für Reformen interessieren, sondern nur für den Terrorismus«. In dieser Weise äußerte er sich am 20. Mai 2012 in einem Interview im russischen Fernsehen.[1]

Allgemein wird festgestellt, dass unterschiedliche Interessengruppen aus dem Ausland eine zunehmende Rolle im Konflikt zu spielen begannen und die ursprünglich genannten Motive einer Demokratisierung des Landes in den Hintergrund traten, wobei nunmehr verschiedene Organisationen aus ethnischen und religiösen Gründen gegeneinander Krieg führten, bis die in wachsendem Maß undurchsichtige Situation in Einzelkonflikte zerbrach.[2] Immerhin ist interessant, dass der Einfluss ausländischer Interessengruppen genannt wird, außerdem auch der Zustrom von Geld, Waffen und Söldnern aus dem Ausland.[3] Assad selbst behauptete, jeder Protestler erhalte von ausländischen Regierungen zehn bis 50 Dollar für seine Mitwirkung.[4]

Tatsächlich wurden keineswegs effektive Anstrengungen unternommen, den Konflikt zu beruhigen. Im Gegenteil, die ausländische Einflussnahme bestand darin, den Konflikt weiter zu schüren. Unter anderem Sam Muhho stellt fest: Die radikalen Kräfte im Mittleren Osten wurden völlig bewusst gefördert. Die Islamisten sollten sich erheben, um die Region zu destabilisieren. Das Terrorargument geriet seit 9/11 grundsätzlich zum unwidersprochenen operativen Werkzeug und wurde nach Ansicht kritischer Fachleute durchaus in konsequenter, kontrollierter Weise gepflegt.[5] Wenn man so will, entwickelte sich daraus eine schlagkräftige Waffe in den Händen der Globalisierer. So kann auch der *Al-Qaida*-Nachfolger IS verstanden werden. Die USA unterstützten syrische Rebellen und Opposition bis hin zum direkten militärischen Einsatz, Russland engagierte sich auf der Gegenseite, bis hin zum direkten militärischen Einsatz, vor allem gegen die Stellungen des IS, und das ziemlich effektiv.

Wie gesagt, ein brandgefährlicher Konflikt geopolitischer Dimension. Schon im Juni 2012 berichtete die *New York Times* über geheime Aktivitäten der CIA, Waffen in die Hände syrischer Oppositioneller zu kanalisieren. Der Bericht bedient sich zwar einer recht angepassten Sprache und versucht die Aktion mit Blick auf die Herrschaft Assads nachvollziehbar werden zu lassen. Wesentlicher aber die Offenlegung, dass die USA in Waffenlieferungen verwickelt sind und damit den Konflikt weiter anheizten.[6] Dabei habe sich der US-Auslandsgeheimdienst darum gekümmert, dass die Waffen nicht in die falschen Hände gelangten, beispielsweise an die *al-Qaida*. Mehrere Wochen lang hätten sich CIA-Mitarbeiter in der südlichen Türkei aufgehalten, um dies zu vermeiden.

Die Regierung Obama habe erklärt, keine Waffen an Rebellen auszuhändigen. Andererseits war zu vernehmen, dass die kleine CIA-Gruppe den alliierten Kräften dabei helfe zu entscheiden, welche syrischen Oppositionellen Waffen erhalten sollten, um gegen die syrische Regierung zu kämpfen. Dabei ging es um Munition, Automatikgewehre, von Raketen getriebene Granaten und Panzerabwehrwaffen, die über ein schattenhaftes Netzwerk von Vermittlern an der türkischen Grenze eingeschleust wurden. In dieses Netzwerk integriert sei auch Syriens Muslimbruderschaft.[7] Die US-Syrienpolitik konstituiere sich vor allem aus Diplomatie und humanitärer Hilfe, was beides fraglos immer gut klingt. So erklärte das US-Außenministerium, 15 Millionen US-Dollar für »nichtttödliche« Hilfsmittel für die oppositionellen Bürgergruppen zu genehmigen, beispielsweise zur medizinischen Versorgung. Auch von Kommunikationsausrüstung war die Rede, während das Pentagon die Feinabstimmung eines Spektrums militärischer Optionen fortsetze, darunter humanitäre Luftbrücken, aber auch eine Überwachung des syrischen Militärs. Außerdem entwickelte das US-Militär auch Pläne, wie Koalitionstruppen zur Sicherung einzusetzen wären, sollte ein Bürgerkrieg die Lager chemischer und biologischer Waffen bedrohen. 2012 wurde allerdings seitens der USA noch betont, man erwäge »keine aktiven militärischen Optionen.«[8]

Insgesamt zeichnete sich ein verdächtiges Bild ab. Die friedlichen Aufstände des Arabischen Frühlings kamen nicht aus den Graswurzeln, in Syrien entstand die Rebellion ebenfalls nicht spontan aus dem Volk und die Opposition wurde so zügig wie effektiv vom Westen unterstützt. Damit nahm die Tragödie ihren Lauf.

Die versammelte Machtelite

Der britische Journalist Charlie Skelton, der für den *Guardian* auch regelmäßig über die jährlichen *Bilderberg*-Konferenzen zu berichten begann, veröffentlichte im Sommer 2012 einen interessanten Beitrag über die syrische Opposition und die Frage, wer hier eigentlich »die Gespräche führt«.[9] In der Folge gelangt er zu sehr interessanten Ergebnissen, die aufzeigen, dass die führenden »Spieler« und allen voran der Syrische Nationalrat SNC mit wesentlichen Kreisen der westlichen Machteliten in enger Verbindung stehen. Hier findet sich demnach offenbar wirklich alles, was Rang und Einfluss besitzt. So bestünden Kontakte direkt zu *Bilderberg*, ebenso zum *Council on Foreign Relations*, zum *Goldman Sachs*-Imperium und – nicht zuletzt – auch zu George Soros und seinem NGO-Netzwerk. Der amerikanische Journalist Alex Newman greift in der Zeitschrift *The New American* den Bericht seines britischen Kollegen auf und schreibt durchaus bestätigend: »Überdies legt der Bericht nahe, dass ein guter Teil der Kriegspropaganda, die genutzt wird, um eine internationale militärische Intervention und ›Revolution‹ voranzutreiben, in Wirklichkeit aus geschickter Public-Relations-Trickserei besteht, finanziert von großen steuerbefreiten Stiftungen und sogar Regierungen, die gebeten wurden zu intervenieren.«[10] Hinter all diesen Desinformationskampagnen stehe das große Geld, »Big Money«.

Newman verweist exemplarisch auch auf scheinbar nie endende Berichte über »Massaker an Zivilisten«, die dem syrischen Tyrannen zur Last gelegt, allerdings fast immer von »anonymen Aktivisten« verbreitet würden, um sich dann später als übertrieben, erfunden oder von den Rebellen selbst initiiert zu erweisen.[11] Laut Charlie Skelton sei zu den »Aktivisten der Opposition« eher vage die Rede von »offiziellen Sprechern«, »Syrien-Experten« oder »Pro-Demokratie-Aktivisten«, doch dahinter stecke in Wirklichkeit etwas, was Skelton als das angloamerikanische Oppositionserzeugergeschäft bezeichnet.[12] Dabei folgen in seinem bemerkenswerten Report noch viele Enthüllungen, so auch zu Bassma Kodmani, die zur Spitze des bereits erwähnten Syrischen Nationalrats *(Syrian National Council)* zählt. Der SNC operiert vom Ausland aus und gilt als Dachorganisation der verschiedenen oppositionellen Gruppierungen, einschließlich der extremen Muslimbruderschaft, wie auch Newman hervorhebt.[13]

Kodmani, die mehrfach eine internationale Militäraktion forderte, war bereits zweimal auf *Bilderberg*-Konferenzen eingeladen, fand sich auch bei der einflussreichen *Ford Foundation* in Kairo und wirkte als geschäftsführende Direktorin der *Arab Reform Initiative* (ARI), einem Forschungsprogramm, das vom weithin bekannten *Council on Foreign Relations* ins Leben gerufen wurde. Skelton hält fest: »Der wesentliche Punkt ist: Kodmani ist nicht etwa irgendeine ›Pro-Demokratie-Aktivistin‹, die sich zufälligerweise irgendwann vor einem Mikrofon wiederfand. Sie verfügt über einwandfreie internationale diplomatische Referenzen … So entsteht das Bild von Kodmani als verlässlicher

Leutnant der angloamerikanischen Industrie zur Demokratie-Promotion«[14], womit Skelton auf die Regime-Change-Aktionen in den verschiedensten Ländern anspielt. Und er nennt auch etliche weitere Namen. Auch George Soros, dessen *Open Society Foundations* er als hauptsächliche Finanzquelle des 2007 ins Leben gerufenen ECFR vorstellt, nämlich des *European Council on Foreign Relations* als »paneuropäische Denkfabrik« und Pendant zum US-amerikanischen CFR, wenn auch nach öffentlicher Darstellung institutionell nicht an ihn gebunden. Nebenbei bemerkt: Zu den Gründungsmitgliedern zählt neben George Soros auch Ex-Bundesaußenminister Joschka Fischer. Aus Deutschland ebenfalls vertreten sind hier Karl-Theodor zu Guttenberg sowie Cem Özdemir. Wie kann George Soros als Amerikaner hier überhaupt auftreten? Nun, er erscheint in der Mitgliederliste einfach unter der Rubrik »Ungarn« in Klammern (Hungary/USA).[15]

Wie Skelton ausführt, verschmelzen auf dieser Ebene all jene Welten miteinander, die der Banken, der Diplomatie, der Industrie, der

Abb. 23: Karl-Theodor zu Guttenberg bei George Soros

Geheimdienste sowie diverser politischer Institute und Stiftungen.[16] In Syrien ist auch die Soros-gestützte *Avaaz* tätig, die eine Rolle bei der Evakuierung des britischen Fotojournalisten Paul Conroy aus Syrien gespielt habe.[17]

Agentenrettung?

Am 28. Februar 2012 berichtete der britische *Independent* von der geglückten Rettung von Paul Conroy, nachdem im belagerten Homs ein Medienzentrum mit Granaten Assads beschossen worden sei, in dem sich zu dem Zeitpunkt auch Conroy aufhielt.[18] Der freiberufliche Fotograf und Filmemacher sei von syrischen Rebellen aus Homs herausgeschmuggelt und schnellstmöglich über die Grenze in den Libanon gebracht worden. Die oppositionelle Gruppe *Local Co-ordination Committees* (LCC) sowie *Avaaz* berichteten der *Associated Press*, Conroy sei in der Operation herausgeschmuggelt worden, unter Beteiligung einer Gruppe von 35 syrischen Armeedeserteuren. Laut *Avaaz* seien drei Rebellen durch Granatenbeschuss der Regierung bereits getötet worden, als sie Conroy durch den betreffenden Stadtteil von Homs schleusten, zehn weitere seien dann umgebracht worden, als sie versucht hätten, Hilfe zu holen, während sich der Journalist auf dem Weg nach draußen befunden habe.[19]

Demnach hatte die Rettungsaktion für Conroy insgesamt 13 Menschenleben durch Waffeneinsatz der syrischen Regierung gefordert. Der britische Botschafter im Libanon twitterte daraufhin, sein Konsulat kümmere sich um Conroy. »Pauls Erfahrung ist ein schauriges Zeugnis dessen, was Familien in Homs erleben. Benötigen neuerlichen Fokus auf humanitäre Unterstützung und Ende der Gewalt«.[20] Auch von anderer Seite wurde an das syrische Regime appelliert, ein Ende der Gewalt gegenüber Zivilisten sicherzustellen und humanitären Organisationen Zugang zu verschaffen. Das war natürlich vor allem auf die Tätigkeit der verschiedensten NGOs bezogen.

Die internationale gemeinnützige Organisation *Réseau Voltaire* – das Voltaire-Netzwerk – des französischen Journalisten und politischen Aktivisten Thierry Meyssan sprach 2012 davon, Paul Conroy sei von der britischen *Sunday Times* zwar als Fotojournalist beschrieben worden, er stuft ihn allerdings vielmehr als Agenten des britischen

Auslandsgeheimdienstes MI6 ein.[21] Das Netzwerk gibt auf seiner Homepage ein Foto wieder, auf dem Conroy mit einer blauen kugelsicheren Weste zusammen mit zwei führenden Köpfen der *al-Qaida* zu sehen ist: Mahdi al-Harati sowie Abdelhakim Belhaj als »rechter Hand« des Bin-Laden-Nachfolgers Ayman al-Zawahiri, deren Hintergrund in dem Voltaire-Beitrag etwas genauer beleuchtet wird. Die Gruppe posiert im Schulterschluss vor der Kamera. Gute Freunde oder gute Miene zum bösen Spiel? Wie auch immer, die Szene wirkt mehr als befremdlich, ein britischer Journalist findet sich hier im Kreis der meistgesuchten Terroristen, er hätte damit normalerweise in den USA wie auch in Großbritannien denkbar schlechte Karten. Sofern er nicht Immunität als Agent der Krone geltend machte, drohten ihm 15 Jahre Gefängnishaft, so stellt der Voltaire-Bericht abschließend fest. Und die daraus gezogene Schlussfolgerung: Conroy kann eigentlich nur für den britischen Geheimdienst tätig sein.[22]

Auch wenn der Fall Conroy sicherlich nicht restlos geklärt ist, die *Avaaz*-Involvierung sowie der gesamte übrige Kontext stimmen nachdenklich. So stellt die deutsche Autorin Friederike Beck lapidar fest: »*Avaaz* hat gelinde gesagt recht seltsame Freunde und Mitarbeiter in Syrien!«[23]

Vor allem erscheint in Syrien mit *Avaaz* auch eine bereits recht vertraute Organisation, insgesamt finden sich CIA-Aktivitäten, US-Unterstützung der Opposition, federführende Institutionen der Machteliten und deren Repräsentanten, NGOs und Interessengruppen im Land, was insgesamt wieder in eine einzige Richtung deutet – dass hier ganz gezielt und ganz nach Art des Arabischen Frühlings eine Graswurzelrevolution vorgetäuscht wurde.

Massenflucht

Wenn auch George Soros gewiss nicht der einzige Faktor ist, darf sein spezifisches Engagement an Brandherden wie Syrien wohl nicht unterschätzt werden. Ausländische Regierungen und NGOs sorgten trotz ihrer Appelle nicht etwa dafür, vor Ort etwas zu tun und den Konflikt durch ihre Mitwirkung einzudämmen, sie schürten ihn unter anderem vielmehr durch Kanalisierung von Waffentransporten (CIA) sowie auch eine einseitige Medienberichterstattung weiter. Damit

Abb. 24: Flüchtlingsstrom in Slowenien, in Begleitung von Polizei und Militär

wandelt sich das allgemeine Bild. Assads Rolle wird dadurch relativiert, wenn es um das Leid der Bevölkerung und die Verwüstung des Landes geht. Die Gründe dafür, warum vor allem seit dem Jahr 2015 riesige Menschenmassen nach Europa fluten, wandeln sich damit natürlich ebenfalls.

Offiziell werden mehrere Ursachen angeführt, warum die Fluchtbewegung aus Syrien vor allem ab Juli 2015 eine deutliche Intensivierung erfuhr – wobei längst nicht immer klar ist, ob sämtliche Flüchtlinge, die sich als Syrer ausgeben, auch wirklich von dort stammen. Die verwirrende Situation wird auch von »etablierten Medien« beschrieben.[24, 25] Laut Angabe der Vereinten Nationen habe man zum Juli 2015 insgesamt 4,6 Millionen Syrer gezählt, die seit Beginn des Bürgerkriegs geflohen seien.[26]

Was nun die verstärkten Fluchtgründe anbelangt, so habe es an Signalen für ein baldiges Kriegsende gefehlt, zudem hätten Flüchtlinge in der Türkei als einem der Hauptaufnahmeländer über keinerlei Perspektiven verfügt. Die UN habe die Versorgung in den Lagern nicht gewährleisten können, die Syrer hätten dort nicht legal arbeiten können, die Türkei sei selbst in den Konflikt verwickelt, und nicht zuletzt habe es gedauert, bis die Menschen überhaupt das Geld für die Fortsetzung ihrer Flucht organisieren und sich über sichere Fluchtrouten informieren konnten.[27]

Nur scheint daran doch wieder einiges seltsam. Die genannten Gründe sind sehr unterschiedlicher Natur, sie können wohl nur schwerlich allesamt zum gleichen Zeitpunkt zum beobachteten Effekt führen. Fraglich ist überdies, wie es sein kann, dass die Menschen, die nicht legal arbeiten konnten, dennoch in der Lage waren, das Geld für den nächsten großen Schritt ihrer Flucht zu organisieren und warum das offenbar ungefähr zur gleichen Zeit der Fall war. Wie funktionierte die Geldbeschaffung? Selbst wenn sie all ihre Habe veräußerten, dürfte dies im Kriegsgebiet extrem problematisch gewesen sein, gerade auch angesichts der Massenflucht. Wem sollten sie etwas verkaufen, und warum sollten zudem so viele junge Männer ihre Familien in der Hölle zurücklassen? Wie überhaupt kann die Kommunikation mit der Heimat noch funktionieren?

Fragen dieser Art werden oft gestellt und scheinen bis heute nicht befriedigend beantwortet zu sein. Viele dieser Menschen hatten ihr Land nie zuvor verlassen, waren nicht auf die Herausforderungen eingestellt. Woher wussten sie überhaupt, damit fertigzuwerden? Allein solche Fragen lassen eher vermuten, dass hier im Hintergrund sehr gezielt, sehr organisiert vorgegangen wurde und dass eine »höhere Instanz« agierte, um die Menschenflut in Bewegung zu setzen. Alles in allem überrascht jedenfalls die Organisiertheit, nicht zuletzt auch die Organisiertheit der Flüchtlinge. Schließlich ging auch das Gerücht um, in den türkischen Lagern habe man verbreitet: »Es gibt da ein Land, da könnt ihr hin, und es wird euch viel besser gehen.« Man erwarte die Flüchtlinge dort und wolle helfen. So wird auch von der *New York Times* bestätigt, dass zumindest eine weitere Auswanderungswelle aus dem Irak im Spätsommer 2015 durch positive Berichterstattung über die Aufnahme von Flüchtlingen in Europa und insbesondere Deutschland ausgelöst wurde. Die Rede sei vom guten Gesundheits- und Sozialsystem, von einem ebenso vorteilhaften Bildungswesen und von Chancen auf eine gesicherte Zukunft gewesen.[28]

Ein bemerkenswertes Handbuch

Dass im Hintergrund tatsächlich Koordinatoren tätig sind, dürfte ein Zufallsfund vom September 2015 belegen: An einem Strandabschnitt auf der griechischen Insel Lesbos fanden Reporter des 24-Stunden-Nachrichtensenders *Sky News* zwischen Gummibooten und Schutzwesten ein etwas zerschlissenes »Handbuch« für Migranten auf dem Weg nach Europa.[29] Dieser auf Arabisch verfasste Leitfaden enthält die verschiedensten Informationen für die Flüchtlinge – Karten, hilfreiche Tipps, wichtige Telefonnummern und geeignete Organisationen. Das Cover zeigt einen jungen Mann, der sehnsüchtig aufs weite Meer hinausblickt, zu seinen Füßen liegen Bootspaddel. Die Botschaft ist deutlich. Wer aber hat die Broschüre herausgegeben?

Sky News nennt hier als eine Organisation *w2eu*. Das Kürzel bedeutet »Welcome to Europe«, das wird spätestens beim Blick auf die Internetpräsenz der offenbar noch recht jungen Organisation klar, die den nach Europa kommenden Flüchtlingen und Migranten unabhängige Informationen vermitteln will, so die kurze Selbstdarstellung.[30] *Sky News* traf auf eine freiwillige, für *w2eu* arbeitende Helferin und berichtet von einem kurzen Gespräch mit ihr. Sie erklärte: »Aktivisten unseres Netzwerks verteilen diese Führer in der Türkei kostenlos.«[31] War es das, worauf die oben erwähnten Gerüchte anspielten? Dass »jemand« in die türkischen Lager gekommen sei und gleichsam den Startschuss für den Massenexodus gegeben habe?

Die aus Österreich stammende, arabisch sprechende Helferin, die ihren Nachnamen lieber nicht nennen will und sich lediglich als »Sonia« ansprechen lässt, erklärt den Reportern, ein Ziel der Broschüre sei es, Menschen zu helfen, die auf dem Wasser in Schwierigkeiten gerieten. Sie könnten dann eine im Buch genannte 24-Stunden-Hotline anrufen. »Das ist eine lebensrettende Dienstleistung, die wir den Flüchtlingen bieten. [...] Wir sind eine große Gruppe von ungefähr 100 Leuten. Wir sind in ganz Europa und Nordafrika ansässig.«[32] Euphorische Helfer engagieren sich hier also in umfangreichem Maß, die Flucht nach Europa zu erleichtern. Sie nehmen sich als Lebensretter wahr, was auch der Fall ist. Tatsächlich werden in den einschlägigen Hilfsorganisationen zahllose freiwillige und hoch idealistische Menschen beschäftigt, die in ehrlicher Überzeugung helfen wollen und sich dabei häufig bis ans Limit ihrer Kräfte oder sogar darüber hinaus verausgaben. Auch diese Menschen werden von den Eliten für ihre großen Ziele instrumentalisiert.

Doch was ist von der Organisation *w2eu* zu halten? Wer steckt dahinter? Der Slogan »Willkommen in Europa« weckt wohl doch eine ganze Reihe falscher Vorstellungen, außerdem wird die Organisation über die verantwortlichen Regierungen hinweg aktiv und erklärt auf ihrer Webseite: »Wir heißen alle Reisenden auf ihrer schwierigen Fahrt willkommen und wünschen ihnen allen eine gute Reise – weil Bewegungsfreiheit jedermanns Recht ist!«[33] Abgesehen davon, dass traumatisierte Menschen, die gerade aus einem verwüsteten Kriegsgebiet kommen, weder »Reisende« sind noch ihre eigene Flucht mit einem »Recht auf Bewegungsfreiheit« in Verbindung bringen dürften, was eher nach einem völlig unangebrachten Slogan zweckentfremdeter Werbeleute wirkt, erinnert die Sprache deutlich an jene, wie sie auch typischerweise bei verschiedensten NGOs nach Art des Soros-Netzwerks anzutreffen ist.

Tatsächlich wird bereits vor allem im Internet vielerorts konstatiert, *w2eu* werde von Soros und seinen OSFs finanziert. Allerdings konnte der Nachweis hierfür zum gegebenen Stand der Dinge nicht einwandfrei erbracht werden. Doch wieder liegt der Verdacht relativ nahe sowie zumindest eine »verwandtschaftliche« Verbindung zwischen *w2eu* und den OSFs. Die bereits erwähnte Politologin und Autorin Friederike Beck hat sich auf die Netzwerke von Machteliten spezialisiert und dabei in einer dreiteiligen Serie sehr umfassender Beiträge auf *Kopp Online* auch detailliert aufgedeckt, in welchem Umfang die *Open Society Foundations* die Migration nach Europa unterstützen.

Empfehlungen im Befehlston

Anstatt vor Ort, direkt in den Krisengebieten aktiv zu werden und den Flüchtlingsstrom einzudämmen, werden sämtliche nur möglichen Erleichterungen geschaffen, um den Migrations-Tsunami stabil und am Laufen zu halten.[34]

Beck beginnt ihren Rechercheberich mit den Worten: »Während die Flüchtlingskrise Europa in Atem hält, gehen Gerüchte um: Es stecke jemand dahinter, einer der reichsten Männer unseres Planeten hätte seine Finger in diesem üblen ›Spiel‹: George Soros, der als György Schwartz in Budapest geborene Multimilliardär … und Großsponsor im Sinne multipler edler Ziele … Ein besonderes Augenmerk legte Soros schon immer auf Europa«[35], wobei Beck nun vor allem seine umfangreiche finanzielle Unterstützung diverser Pro-Migranten-Gruppen untersucht. Das führt gleichsam in ein riesiges Gespinst aus Organisationen hinein, die eine massive Einwanderung nach Europa im Visier haben. Bemerkenswert sei dabei auch ein von Soros geradezu im Befehlston vorgetragenes Konzept zur Neuordnung des Asylsystems, das der Megaspekulant am 26. September auf der Webseite des ebenfalls schon erwähnten und von ihm gestützten *Project Syndicate* publizierte.[36] Hier erklärt Soros in einem wirklich kategorischen Ton unter anderem: »Als Erstes hat die EU für absehbare Zeit eine Million Asylsucher pro Jahr zu akzeptieren … Entscheidend ist eine angemessene Finanzierung.«[37] Dann empfiehlt er nachdrücklich: »Die EU sollte in jedem der ersten beiden Jahre 15 000 Euro (16 800 Dollar) pro Asylsucher zur Verfügung stellen, um Unterbringung, Gesundheitsversorgung sowie Ausbildungskosten abdecken zu helfen – und um die Aufnahme von Flüchtlingen für die Mitgliedstaaten attraktiver zu gestalten …«[38] Es sei gleichermaßen wichtig, sowohl den Staaten als auch den Asylsuchenden zu gestatten, ihre Präferenzen zum Ausdruck zu bringen.

Flüchtlinge dorthin gehen zu lassen, wohin sie gehen wollten und wo sie gewollt seien, bezeichnet Soros in seinem Artikel als unabdingbar für den Erfolg. Außerdem müsse die EU die globalen Bemühungen anführen, angemessene finanzielle Mittel im Libanon, Jordanien sowie der Türkei zur Verfügung zu stellen, um die gegenwärtig in diesen Ländern lebenden Flüchtlinge zu unterstützen.

In seinen Ausführungen empfiehlt Soros, dass sich Europa wegen der Migranten noch weiter verschuldet und »mit Schuldenmachen das Wirtschaftswachstum in der EU künstlich ankurbelt«[39], so Beck, die dazu kommentiert: »Deutschland wird nicht eigens genannt, ist aber bei der geforderten völligen Freizügigkeit sicherlich Hauptaufnahmeland, wenn man von den derzeitigen Realitäten ausgeht. Acht bis zehn Milliarden Euro müssten darüber hinaus jährlich an die Länder der EU-Außengrenzen fließen, wozu man ebenfalls die Anleihebonds verwenden solle. Soros denkt jedoch nicht nur an ein gigantisches EU-Verschuldungsprogramm zugunsten der Immigranten, sondern auch an die Festigung von zentralistischen EU-Strukturen im Zuge der Krise: Eine einheitliche EU-Asyl- und Migrationsagentur müsse her und ein einheitlicher EU-Grenzschutz. Diese Asylagentur übernehme dann in Zukunft alle Entscheidungen zur Lenkung und zum Schutz der Migranten. Mit anderen Worten: Den EU-Mitgliedstaaten soll endgültig die souveräne Bestimmung über ihre Grenzen und wer diese überqueren darf aus der Hand genommen und an eine zentrale Brüsseler Asyl- beziehungsweise Immigrationsagentur übergeben werden.«[40] Damit wird bereits vieles deutlich. Die Zielsetzungen decken sich mit den Absichten der globalen Elite, wie sie beispielsweise gleichfalls durch die *Bilderberg*-Gruppe repräsentiert werden. Auch hier verfolgt man schon sehr lange vergleichbare Absichten mit der Schaffung immer größerer Einheiten und der Auflösung von Nationalstaaten. Deren Bewahrung sollte allerdings nicht mit Nationalismus verwechselt werden, was leider bereits öfter der Fall ist. Es geht dabei vielmehr um die sehr ausgeprägten Identitäten der verschiedenen EU-Staaten, die allein schon sprachlich stark diversifiziert sind. Die Charakteristika jeder Nation zu erhalten, entspricht höchstens der Wahrung multipler, vielseitiger kultureller Traditionen und einer historischen Aufgabe, die gerade im Verschiedensein einen wesentlichen Vorzug und auch Motor erkennt. Diese Aufgabe entspricht weiter mehr dem vielzitierten multikulturellen Gedanken als eine Verwischung und Gleichmachung. Der wiederum zitierte verbindende Aspekt scheint gerade hinsichtlich der Situation in Europa eher ein Vorwand. Um aber Europa letztlich zwingend zu verschmelzen, musste wohl ein einzigartiger Vorgang ausgelöst werden, dessen Bewältigung nicht die Aufgabe eines einzigen Staates sein kann, selbst wenn, wie auch Friederike Beck folgert, Deutschland offenkundig die Hauptlast tragen soll.[41] Die ihrerseits multiple Spekulation des Ganzen liefe darauf hinaus, durch Destabilisierung eine europäische Krise zu schaffen, die nur gemeinsam gelöst werden kann und zu einem größeren Wirtschaftsraum führt, natürlich auch im Interesse des Freihandelsabkommens. In jedem Falle darf wohl hinter dem riesigen »Experiment« in letzter Konsequenz gleichfalls wieder die gewaltige Spekulation eines Mannes gesehen werden, der gar nicht anders kann als zu spekulieren, im allergrößten denkbaren, interkontinentalen Stil.

Instrumentalisierte Flüchtlinge

Alles Gesagte deutet doch darauf hin, dass der »Mann der Ungleichgewichte«, George Soros, kein Interesse daran hegt, sein philanthropisches Potenzial für Stabilität und Frieden innerhalb der von Krieg betroffenen Länder in die Waagschale zu werfen, sondern ganz im Gegenteil weit mehr selbst aktiv für die Umwälzungen zu sorgen – was Soros zum Teil, wenn auch unter anderer Prämisse, selbst offen sagt. Das wäre die eine Komponente. Die andere wäre dann konsequenterweise ein wiederum rein humanitärer Beitrag zur Fluchterleichterung inklusive einer Verpflichtung der EU-Staaten, sich trotz aller bereits bestehenden Schwierigkeiten weiter zu verschulden.

Soros fordert sichere Fluchtkanäle, »safe channels«, um den sicheren Transfer in die Zielländer zu gewährleisten.[42] In ihrer Bestandsaufnahme zieht Beck eine erste Zwischenbilanz: »Soros möchte somit eine Pipeline nach Europa installieren, die nicht Öl oder Erdgas, sondern Menschen nach Europa pumpt. Er will für Europa umgekehrt nichts anderes, als dass es direkt Flüchtlinge aus den Konfliktregionen Nordafrikas und des Nahen und Mittleren Ostens und darüber hinaus ›absaugt‹. Eine Strategie zur Ausblutung beziehungsweise Destabilisierung der Entsender-, aber auch der Aufnahmeländer, die – früher oder später – zum Kollaps Europas führen wird, je nachdem, wie viel von der Umsetzung dieser Pläne gelingt.«[43]

Die Autorin legt in ihren anschließenden Ausführungen das riesige Netz offen, das sich der Migration verschrieben hat. Nicht zu verwechseln: Die Migranten sind nicht an der Misere schuld. Die meisten von ihnen wurden zu Instrumenten der eigentlich Verantwortlichen. Wie im *Harvard*-Beitrag von 2008 dargestellt[44], entpuppt sich der Massenexodus zunehmend als Waffe zur Umsetzung unterschwelliger Ziele.

Abb. 25: Flüchtlinge im Mittelmeer werden von einem irischen Kriegsschiff an Bord genommen.

Die EU-Länder sind Ende 2015 weitgehend überfordert, der Situation Herr zu werden. Immer mehr Bürger sorgen sich um die Zukunft, sehen massive Veränderungen auf sich zukommen, doch wer sich dergestalt äußert, mutiert in der Medienmaschinerie sofort zum Rechtspopulisten. Echte Angst und Sorge gelten demnach lediglich als Vorwand, dahinter lauert dieser Denkweise zufolge blanke Fremdenfeindlichkeit. Natürlich gibt es schrecklicherweise auch sie. Radikale sehen ihre Stunde als gekommen an. Doch die Flüchtlinge selbst, jene, die hier nach einer Odyssee eintreffen, trifft wie gesagt keinerlei Schuld. Sie suchen aus sicherlich unterschiedlichen und auch individuell zu bewertenden Gründen ein besseres Leben, wie das alle Menschen auf dieser Welt normalerweise tun. Bietet sich die Gelegenheit, so wird sie jeder auf seine Weise ergreifen. Niemand sollte ihnen verdenken, dafür den beschwerlichen, sogar möglicherweise tödlichen Weg dorthin einzuschlagen. Kein Mensch verlässt seine Heimat ohne Not, niemand begibt sich einfach so ins Ungewisse. Ohne Frage kommen aber auch nicht alle in guter Absicht. Das zu postulieren wäre schon reichlich naiv, und mittlerweile gibt es genügend Belege dafür, dass die Realität anders aussieht.

Die USA richten sich strikt nach ihren Antiterrorgesetzen, die eine sehr gründliche Überprüfung vorschreiben, wenn Flüchtlinge aus Regionen eintreffen, in denen islamistische Terrorgruppen aktiv sind. Anfang Oktober 2015 berichtete beispielsweise die große italienische Tageszeitung *La Repubblica* über einen aufgegriffenen tunesischen Terroristen, der per Flüchtlingsboot eingetroffen war. Der 38-Jährige sei Anführer einer Terrorzelle des Islamischen Staates und 2008 in Italien bereits zu sieben Jahren Haft verurteilt gewesen. Die Nachricht sei über einen Monat lang geheim gehalten worden, um keine Panik zu verursachen.[45] Mittlerweile sickerte durch, dass der Mann, ein Sprengstoffexperte, ganz offenbar am 7. Oktober 2015 an Bord eines Flüchtlingsboots erneut nach Italien übergesetzt sei, um dann aber im sizilianischen Agrigent zusammen mit anderen Verdächtigen festgenommen zu werden. Kein Einzelfall. Ein IS-Kommandant aus dem syrischen Rakka soll über die Balkanroute nach Europa gelangt sein. Und im November 2015 warnte der ehemalige österreichische Geheimdienstchef Gert Polli in einem Gespräch mit der Zeitschrift *Compact,* IS-Kämpfer hätten geäußert, dass »bereits mehrere Tausend solcher

Kämpfer« nach Europa geschleust worden seien. »Wir haben es mit einem sicherheitspolitischen Blindflug bisher unbekannten Ausmaßes zu tun«, so fügte Polli hinzu.[46] Spätestens seit dem 13. November 2015 sollten selbst die trägsten Gemüter erahnen können, was das bedeuten kann. Aber das alles wäre schon wieder eine eigene Diskussion, die hier nicht mehr zu führen ist.

Die Behörden waren jedenfalls sehr schnell hoffnungslos überfordert. Zum ausgehenden Jahr 2015 konnte die Bundesregierung nicht einmal Auskunft darüber geben, wie viele Flüchtlinge sich in den deutschen Erstaufnahmeeinrichtungen befinden.[47] Mitarbeiter solcher Aufnahmelager bestätigen eher hinter vorgehaltener Hand das herrschende Chaos und die völlige Überlastung. Im Gegensatz zu den Medienberichten, die meist englischsprachige »Vorzeigeflüchtlinge« präsentieren, gebe es in der Praxis selten Verständigungsmöglichkeiten. Allerdings müssen die Beschäftigten der Einrichtungen eine Verpflichtung unterschreiben, nicht über ihre Arbeit zu sprechen – vorgeblich zu ihrem eigenen Schutz vor Rechtsradikalen. Erwähnt werden dürfe demnach nur, was bereits in den Medien veröffentlicht wurde.[48] Über die Monate hinweg wurde die angespannte Situation natürlich immer deutlicher.

Anfang November 2015 tauchten in mehreren Bundesländern einige Transparente mit bedrohlichen Botschaften auf, so an einer Autobahnbrücke bei Sindelfingen. Darauf stand dann in mangelhaftem Deutsch: »Euer Kinder werden Allah beten oder sterben.«[49] Der Staatsschutz leitete Ermittlungen ein. Handelte es sich bei den Unbekannten möglicherweise um islamistische Radikale oder aber um eine gezielte Hetze *gegen* Flüchtlinge? In jedem Falle erreichte die Aktion sicherlich ihr Ziel und weckte verständliche Ängste in der Bevölkerung. Allein diese Beispiele belegen die durch die Masseneinwanderung entstandene enorme Spannung. Und die Bestätigung folgte bald darauf in blutiger Weise in Paris.

Was wir hier erleben, entspricht doch weitgehend dem, was der Politologe und Berater des US-Außenministeriums Samuel Phillips Huntington bereits vor über 20 Jahren, 1993 im CFR-Magazin *Foreign Affairs*[50] sowie in seinem 1996 erschienenen, heftig umstrittenen Buch *Kampf der Kulturen – Die Neugestaltung der Weltpolitik*[51], prognostiziert hat: nämlich dass in diesem Jahrhundert nicht vorrangig na-

Abb. 26: Die Orte der koordinierten Terrorattacken von Paris am Freitag, dem 13. November 2015

tionalstaatliche Auseinandersetzungen erfolgen oder Ideologien bekämpft, sondern gleich verschiedene Kulturräume in Konflikt miteinander geraten würden, gerade eben auch die westliche Zivilisation mit China und dem Islam.

Konfliktpotenzial ist durch die Flüchtlingskrise nun wahrlich genügend geboten, auch unter den Flüchtlingen selbst. Dafür gibt es leider reichlich Beispiele.

In der schwäbischen Stadt Ellwangen (rund 23 500 Einwohner) waren zum fraglichen Zeitpunkt im Frühsommer 2015 laut offiziellen

Angaben insgesamt rund 1300 Flüchtlinge in der dortigen ehemaligen Kaserne untergebracht. Diese Landeserstaufnahmestelle (LEA) war in den folgenden Monaten dann bald mehrfach überbelegt. Am 18. Juni 2015 kam es schließlich zu einem Streit zwischen zwei Männern, der eine aus Algerien, der andere aus Syrien. Vom Gebäudedach begannen mehrere Menschen mit Steinen zu werfen, andere eilten herbei, am Ende drohte die Situation in eine Massenschlägerei zweier rivalisierender Flüchtlingsgruppen auszuarten, an der über 100 Menschen beteiligt waren. Einige Dutzend Polizisten waren schließlich in der Lage, wieder für Ruhe zu sorgen. Die Integrationsministerin Bilkay Öney von der SPD stellte zur Sachlage fest: »Aggressionen und Konflikte im zwischenmenschlichen Bereich können überall und jederzeit auftreten, ohne dass es mit Ethnie oder Migrationshintergrund zu tun hat.«[52] Schließlich seien auch die Verhältnisse in den Aufnahmestellen sehr beengt. Damit hat sie natürlich grundsätzlich recht. Dennoch kann die Aussage nicht gänzlich unkommentiert stehenbleiben. Beispiele wie dieses belegen, wie schnell sich eine Auseinandersetzung aufschaukelt und wie hoch die Gefahr für alle Beteiligten ist. Immerhin handelt es sich um ein bisher nicht existentes, also zusätzliches Konfliktpotenzial in unserer Gesellschaft, zudem nimmt die Unzufriedenheit auch bei den Flüchtlingen ständig zu, abgesehen von der deutlichen Gefahr, dass im Zuge der Flüchtlingskrise eben auch Islamisten nach Europa eingeschleust werden.

Pauschalurteile und Feindseligkeiten gegen Unschuldige sind natürlich in keinem Fall angebracht. Dass, genau wie in völlig anderen Situationen auch, unter den Flüchtlingen wenige genügen, um Unruhe zu stiften und das Gros in Verruf zu bringen, muss nicht extra erwähnt werden. Wer hier also gegenüber Flüchtlingen mit kategorischer Ablehnung oder gar Gewalt antwortet, hat nicht das Geringste verstanden. Er hat vor allem nicht verstanden, dass diese Menschen für die Gesamtsituation überhaupt nichts können und dass ganz andere Kräfte im Hintergrund die volle Verantwortung für die absichtlich ausgelöste dramatische Situation tragen. Sie haben nicht verstanden, dass die Flüchtlinge von diesen Kräften instrumentalisiert und somit missbraucht werden, um geopolitischen Zielen und Spekulationen auf höchster Ebene zu dienen. Das kann eigentlich nicht oft genug hervorgehoben werden.

Denn Menschen sind den Führungs-»Eliten« im Grunde immer schon gleichgültig gewesen. Sie hätten sonst nicht immer und überall auf der Welt blutigste Kriege angezettelt, unter teils fadenscheinigsten Lügen, die der Weltöffentlichkeit mit Unterstützung der federführenden Medien aufgetischt wurden.

Die Flüchtlingskrise weist insgesamt genügend Elemente auf, einem großen, strategisch perfekt durchstrukturierten Plan zu folgen. Und sie begann schon bald, offenbar genau die gewünschte Wirkung zu zeitigen. Ende August 2015 titelte die *Welt* mit Bezug auf den Nachrichtensender *N24*: »Flüchtlingskrise beginnt, Europa zu destabilisieren«.[53] Das Blatt zitiert damit Josh Earnest, Sprecher des Weißen Hauses, der mitteilte, US-Präsident Obama habe mit Bundeskanzlerin Merkel über das Flüchtlingsthema gesprochen. Wie Earnest in diesem Kontext erklärte, lieferten die aktuellen Geschehnisse einen Beweis dafür, »dass die Folgen der Gewalt im Norden Afrikas und im Nahen Osten [...] nicht nur die unmittelbar betroffenen Regionen destabilisierten. ›Sie beginnen auch einen destabilisierenden Einfluss auf andere Weltgegenden zu haben – auch auf Europa‹.«[54] Wenn Earnest nun feststellt, dass »skrupellose Verbrecher«[55] Profit aus der Flucht verzweifelter Menschen schlügen, so könnte man dahinter mehr als nur die Schlepper vermuten. Was auch immer Earnest vielleicht noch gemeint haben könnte – ohne nun in seine Worte zu viel hineininterpretieren zu wollen –, die USA forderten dem Bericht zufolge die EU auf, effektiv gegen die Schleuser vorzugehen. Andererseits soll ein namentlich natürlich nicht genannter Mitarbeiter aus österreichischen Geheimdienstkreisen Anfang August 2015 einen unglaublichen Vorwurf erhoben und erklärt haben, es gebe Erkenntnisse, denen zufolge US-Organisationen die Schlepper bezahlen. Diese Schlepper verlangten extrem hohe Summen für den illegalen Transfer nach Europa – zwischen 7000 und 14 000 Euro. Nun werden hier offenbar als »Zahlmeister« eben nicht Regierungsinstitutionen, sondern US-Organisationen genannt. Die Aussage steht im Raum: »Es gibt Erkenntnisse darüber, dass die Organisationen aus den USA ein Co-Finanzierungsmodell geschaffen haben und erhebliche Anteile der Schlepperkosten tragen. Nicht jeder Flüchtling aus Nordafrika hat 11 000 Euro in cash. Fragt sich niemand, woher das Geld kommt?[56] Der betreffenden Darstellung zufolge herrscht eine strikte Nachrichtensperre im betreffenden Kontext, und so heißt es weiter: »Auch das HNaA (Anm.: Heeresnachrichtenamt) hat keine Informationen bekommen oder darf sie nicht weitergeben. Es muss aber an die Öffentlichkeit. Es sind dieselben

Brandstifter am Werk, die vor einem Jahr die Ukraine ins Chaos gestürzt haben.«[57]

Wie zuverlässig diese anonyme Quelle ist, mag dahingestellt sein. Man könnte auch vorhalten, dass im Internet aus den »US-Organisationen« sehr schnell die USA selbst wurden, wobei diese Gleichsetzung natürlich so nicht ganz korrekt ist, selbst wenn viele große US-NGOs eigentlich »GOs« sind, wie das einmal der kritische Autor William Blum feststellte. Doch auf die Originalquelle kommt es dabei an. Entscheidend ist, dass die großen Strippenzieher in dieser Angelegenheit wirklich an einem Strang ziehen.

Fluchthilfe statt Ursachenbekämpfung

Die Schwächung europäischer Nationalstaaten und insbesondere Deutschlands liegt im Interesse der Globalisierer. Das Experiment mit der Migrationswaffe erweist sich als sehr erfolgreich, und die Beteiligung der *Open Society Foundations* an den aktuellen Geschehnissen lässt sich relativ gut nachzeichnen. Der ungarische Premier Viktor Orbán sprach Soros und dessen OSF als die verantwortlichen Kräfte für die Flüchtlingskrise an. Orbáns kontroverse Flüchtlingspolitik wird nachvollziehbarer angesichts der Landesgeschichte sowie der Tatsache, dass Ungarn den Schengenraum nach Süden begrenzt und die Geografie hier die Vorgehensweise mitbestimmt. Natürlich galt er spätestens ab jenem Zeitpunkt als Verschwörungstheoretiker.[58] Es sind die ewig gleichen Terminologien und Schemata, mit denen operiert wird, sobald unbequeme Meinungen und Thesen geäußert werden. Nachgeprüft wird aber nichts, um zumindest einmal die Indizienlage zu untersuchen. Und von George Soros selbst wird man wohl kaum erwarten dürfen, dass er seine wahren Absichten offenlegt. In Reaktion auf den Vorwurf von Orbán reagierte Soros in einer E-Mail an *Bloomberg Business* und bestätigte zumindest, dass er einen Sechspunkteplan[59] verfolge, der von Orbán unterminiert werde. Er befürworte tatsächlich den Sturz der Grenzen, da sie bei der Hilfe für die Flüchtlinge im Wege seien: Orbáns »Plan behandelt den Schutz der nationalen Grenzen als das Ziel und die Flüchtlinge als ein Hindernis. Unser Plan behandelt den Schutz der Flüchtlinge als das Ziel und die nationalen Grenzen als das Hindernis«, so erklärt Soros.[60]

Der mit Soros und den OSF verbundene Machtfaktor einschließlich vieler Einzelfacetten würde jeden normal denkenden Menschen zu einer gewissen Vorsicht hinsichtlich der tatsächlichen Zielsetzungen raten lassen. Die gesamte Entwicklung lässt jedenfalls einen deutlichen Schluss zu: Europa wird durch die sich entfaltenden Ereignisse gleich von mehreren Seiten in die Zange genommen, der Arabische Frühling und die Ukrainekrise belegen das. Die 2015 massiv ausgebrochene Flüchtlingswelle wird durch die Soros-gestützten Migrationsnetzwerke gleichsam superfluid gemacht, anstatt in den Krisengebieten selbst lindernd einzugreifen, so gibt Friederike Beck zu bedenken: »Mit seinem milliardenschweren Vermögen könnte Soros nicht nur die Infrastruktur Syriens, sondern die des Irak gleich mit wiederaufbauen und damit Fluchtursachen bekämpfen, Verlust von Heimat abstellen und Zukunft vor Ort wiederherstellen und sichern helfen. Denn jeder in Deutschland und Europa für Refugees ausgegebene Euro ist in deren Heimatländern mindestens das Zehnfache wert!«[61]

Am Ende solle Europa in einen EU-Superstaat übergehen, die europäische Einigung mit der Flüchtlingskrise als Katalysator auf allen Ebenen erreicht und Ordnung aus dem Chaos geschaffen werden, so fasst Beck zusammen, die über viele Seiten hinweg die verschiedenen Verflechtungen von Soros-Initiativen zur Migration aufzeigt. So ist seine *International Migration Initiative* mit Sitz in den USA besonders in Europa aktiv. Und schnell wird wieder klar, dass nicht das naheliegende Ziel einer Ursachenbekämpfung auf deren Agenda steht, sondern die Migration selbst zu einem schützenswerten Gut erhoben wird. Für Beck verbindet sich die Argumentation mit einer bemerkenswert unangebrachten Wortwahl: »Soros' Internationale Migrationsinitiative hat es sich zur Aufgabe gemacht, ›Ausbeutung, Diskriminierung und Gewalt gegen Migranten auf jeder Etappe ihrer Migrationsreise (›migration journey‹) zu verhindern‹«[62], so zitiert sie und kommentiert weiter: »Soros verwendet tatsächlich den Begriff ›Reise‹. Diese Rhetorik ist klassisch orwellsch: Die Heimat zu verlieren und/oder vertrieben zu werden ist eines der schrecklichsten vorstellbaren Ereignisse für Menschen. Entweder handelt es sich um Flucht vor Krieg oder um eine Reise … Diese pseudohumanitäre Rhetorik hat unter sogenannten ›Stars‹ und ihren Initiativen erschreckende Popularität gewonnen. So setzen sich nicht wenige an der Seite von einschlägig bekannten NGOs beispielsweise gegen die Vergewaltigung von Frauen in Kriegs- und Krisengebieten ein und lassen damit vergessen, dass der Krieg an sich eine einzige Vergewaltigung aller betroffenen Menschen ist.«[63]

Das Netzwerk der Migrationshilfe ist professionell organisiert, es scheint an alles gedacht. Migrationskorridore und die Steuerung der internationalen Migration sollen verbessert werden, es geht um möglichst ungehinderte Flucht nach Europa. Die Initiative will Migranten juristisch begleiten sowie sie auch durch Trainings- und Orientierungsseminare vorbereiten. Diese Absichten decken sich doch mit der Aktion, entsprechende Broschüren zu verteilen, wie dies durch die Initiative *w2eu* geschieht.

Noch immer nicht ist dabei die zuvor gestellte Frage beantwortet, wie das *w2eu* und das Soros-Netzwerk möglicherweise in Verbindung stehen. Dass die OSF und andere NGOs der schwerreichen Weltelite vielfach pro Migration sind und entsprechende Initiativen finanzieren, steht fest. Nun wurde unter der Schirmherrschaft der Soros-OSFs bereits im Jahr 2005 das *European Programme for Integration and Migration* (EPIM) gegründet, um – ausgestattet mit einer unglaublichen Finanzkraft – Europa wohl gleichsam in ein monumentales Auffanglager umzuwandeln. Es dürfte wahrscheinlich genügen zu erfahren, dass EPIM sich aus über 450 Organisationen in 45 europäischen und außereuropäischen Staaten konstituiert, um dessen Bedeutung und Potenzial einigermaßen abschätzen zu können.[64] Aus dem Gesagten geht hervor, dass Soros EPIM unterstützt; EPIM wiederum fördere seinerseits die deutsche Menschenrechtsorganisation PRO ASYL, die *w2eu* unterstütze.[65]

Eine (absichtliche) Verwechslungstragödie

Es ist bemerkenswert, dass *w2eu* sich als antirassistisches Netzwerk beschreibt.[66] Das scheint dann allerdings doch auf eine nicht zulässige Vermischung von Begrifflichkeiten hinauszulaufen. Wer Bedenken an einer Massen-*Migration* äußert, die nicht ganz von ungefähr sogar von einer *Harvard*-Forscherin als potenzielle Waffe beschrieben wurde[67], muss noch längst kein *Rassist* sein. Jeder, der sich kritisch zu den Vorgängen äußert, gerät damit allerdings beinahe schon vollautomatisch in diesen Verdacht beziehungsweise fällt in eine entsprechende

Kategorie. Wie verhielte es sich dann mit Bundesfinanzminister Wolfgang Schäuble, wenn er erklärt, die Flüchtlingskrise könne zur Lawine werden; den Druck der Migration könne Europa nur gemeinsam lösen, andernfalls kann es »ziemlich schlecht für uns alle werden«.[68] Wären das ebenfalls bedenkliche, gar rassistische Aussagen oder zurückhaltend geäußerte Sorgen? Immerhin wird hier die Flüchtlingskrise mit Negativem verbunden. Erkennbar an der Pauschalisierung ist jedenfalls die gezielte Pflege des Stereotyps. Dabei forderte Bundespräsident Joachim Gauck beim Besuch einer Flüchtlingsunterkunft in Bergisch Gladbach die Deutschen mit klaren Worten dazu auf, ihre Sorgen zu benennen und das Feld nicht »rechten Scharfmachern« zu überlassen. Stattdessen sollten die Bürger auch mal »das Maul aufmachen«.[69] Dann muss nur derjenige kommen, der das Kunststück vollbringt, dies zu schaffen: das Maul aufzumachen, die Sorgen zu benennen und dennoch nicht als rechter Scharfmacher hingestellt zu werden.

So kann die gigantische Maschinerie der NGOs ihre Arbeit fortsetzen, mit unzähligen Initiativen, Extrafonds, Managementtraining, Freiwilligen und einem funktionierenden Medienapparat, vom Werbefilm bis zu den Systemmedien. Die sofort erhobenen Vorwürfe des Populismus dienen nicht zuletzt auch als geeigneter Schild, sich nicht unangenehmen Fragen aussetzen zu müssen, die Verhältnisse umzudrehen und den »Gutmenschen«, sprich: Opportunisten, hervorzukehren, auf dass es manchmal schon abstoßend wird.

Um noch einmal Friederike Beck und ihre umfangreiche Darstellung zu bemühen: »Mit falschen oder zumindest stark übertriebenen Anklagen ist eine leichtere Existenzbegründung hergestellt, als der Öffentlichkeit die schwierige Frage zu beantworten, warum ausgerechnet George Soros & Friends ihr Herz für Migranten entdeckt haben. Denn Migranten sind Menschen, und Menschen interessieren Soros nicht.«[70] Er hätte sonst »in Osteuropa nicht den Schockkapitalismus nach 1989 mitgeplant oder hätte nicht Wetten gegen das britische Pfund und die thailändische Währung getätigt, wodurch Millionen von Menschen verarmten beziehungsweise wenigstens ärmer wurden«.[71] Und es wäre ihm dann wohl mehr daran gelegen, die Ursachen der Flucht zu bekämpfen als die Flucht selbst zu fördern.

Eine synthetische Krise und ihre Ziele

Wahrscheinlich scheren sich die superreichen Philanthropen auch wenig darum, wenn mit der Rückkehr zum Dubliner Übereinkommen, was eine Rücküberstellung von Asylsuchenden nach Ungarn oder Kroatien bedeutet, für die eintreffenden Flüchtlinge, aber auch für unsere Gesellschaft, eine weitere untragbare Situation geschaffen wird. »Dublin III« regelt die Zuständigkeiten. Das Asylverfahren muss vom Staat der Ersteinreise übernommen werden. Dass die überforderten europäischen Behörden, darunter auch diejenigen im bezüglich der Situation zunächst sehr offenen Schweden, einen Riegel vorschieben müssen, weil einfach alle überfordert sind, zeichnete sich mit der Zeit immer deutlicher ab und nimmt sich nicht als großes Wunder aus.

So werden also die instrumentalisierten Flüchtlinge hin und her geschoben, aber auch dies würde einer Destabilisierung Europas und Deutschlands dienen. Für Deutschland wurden Ende 2015 die Abschätzungen der zu erwartenden Gesamtkosten der Krise erneut nach oben korrigiert – besser gesagt: verdoppelt. Laut Angaben des Ifo-Instituts im November 2015 durfte demnach allein für das Jahr 2015 unter der Annahme von 1,1 Millionen bis zum Jahresende nach Deutschland flüchtenden Menschen nunmehr von 21,1 Milliarden Euro ausgegangen werden. Nicht ganz das geschätzte Vermögen von George Soros, aber doch in dieser Größenordnung und somit selbst für eine Nation eine sehr beachtliche Geldsumme.[72] Das *Handelsblatt* zeigt dazu ein Foto von der deutsch-österreichischen Grenze mit einem Wegweiser im Vordergrund: »Germany« mit Richtungspfeil und Flagge. Dazu schreibt das *Handelsblatt*: »Der Flüchtlingszustrom nach Deutschland wird für den Staat zum Kostenrisiko.«[73] Davon darf wohl ausgegangen werden. Und das scheint im zentralen Interesse der Erfinder zu liegen. Die Ziele sind eigentlich klar umrissen, sie wurden teils sogar explizit geäußert, wenn auch in euphemistischen Worten einer Chance, Europa zu einen, wo es eigentlich darum geht, Nationen mit Flüchtlingen im Interesse der größeren »Einheit« aufzulösen. Natürlich sprechen auch die Politiker davon, die neuen Mitglieder der Gemeinschaft müssten sich unserer Kultur anpassen, und viele sind sicherlich auch bereit dazu. So manchen aber käme dies wohl schlichtweg überhaupt nicht in den Sinn. Und einige Beobachter glauben, dies scheint ohnehin niemand wirklich fördern zu wollen. Zumindest sieht das der konservative holländische Jurist, Historiker und Autor Thierry Baudet so, der in seinem Buch *Der Angriff auf den Nationalstaat* betont: »Es ist nicht die massenhafte Zuwanderung an sich, die unsere Nationalstaaten zersetzt. Es käme darauf an, Neuankömmlinge aus anderen Ländern auf unsere Werte einzuschwören und ihnen eine gewisse Anpassung abzuverlangen. Doch dies geschieht nicht. Im Gegenteil: Europas Mächtige betrachten die unterschiedlichen Kulturen als gleichwertig. Und sie verherrlichen die Andersartigkeit.«[74]

Nun zählt es zur Natur des Menschen, allem Fremden zunächst mit Vorsicht zu begegnen. Fremdenfeindlichkeit ist sicher auch keine intelligente und akzeptable Position, aber ebenso dürfen bestehende Gleichgewichte nicht um jeden Preis aufs Spiel gesetzt werden.

Die Flüchtlingskrise hat bereits 2015 ihre Macht und ihr destabilisierendes Potenzial bewiesen. Dass sie gesteuert ist und dass die OSF von George Soros eine entscheidende, wenn auch nicht die einzige Rolle in diesem gigantischen Spiel spielen, dürfte sich allmählich deutlicher herauskristallisieren, denn viele Indizien sprechen dafür. Grundsätzlich macht die Sache aus der globalistischen Perspektive einigen Sinn: Europa und insbesondere Deutschland schwächen, die europäischen Nationalstaaten auflösen, die Globalisierung über alles hinweg realisieren, einen riesigen Markt erschließen.

Genau deshalb fanden unfassbare Einzelspekulationen auf Kosten vieler Menschen statt, deshalb wurde die Ukraine in den Ruin getrieben, billig eingekauft und ein Milliardengewinn gemacht, genau deshalb protestieren Menschen in Mazedonien und fand der Arabische Frühling statt, um geopolitische und geschäftliche Ziele über ein einzigartiges Experiment zu erreichen. George Soros war in der einen oder anderen Weise an vielen dieser Entwicklungen beteiligt, und ihm gelang, dabei, sich ein Denkmal als der größte Menschenfreund aller Zeiten zu setzen. Das wäre schon ein Geniestreich ersten Ranges. Das »Experiment« scheint soweit gelungen. Die nächsten Flüchtlingswellen sind im Anmarsch, das Ende der Umgestaltung ist noch nicht in Sicht. Deutschland muss die Hauptlast tragen, das scheint den globalen Spekulanten nur recht zu sein. Schon 2012 erklärte George Soros vor dem Hintergrund der Eurokrise in einem Interview gegenüber dem *Spiegel*-Magazin, dass sich Deutschland heute in einer ähnlichen Position wie die USA seinerzeit nach dem Zweiten Weltkrieg befinde doch sei Deutschland eben nicht bereit, sich auf etwas wie den Marshall-Plan einzulassen. Vielmehr stelle es sich gegen jede Art von Transferunion in Europa. Auf den Einwand, dass der Marshall-Plan doch nur einen kleinen Anteil des US-Bruttosozialprodukts ausgemacht habe, während die möglichen aktuellen Verpflichtungen für Deutschland zur Überforderung des Landes führen könnten, erwiderte Soros knapp: »Unsinn«, und erklärte dann: »Je umfassender und überzeugender ein Programm zur Schuldenreduzierung ist, desto geringer ist die Gefahr, dass es scheitert … Es ist ein tragischer und historischer Fehler, dass Deutschland diese Möglichkeiten nicht erkennt.«[75]

Soros spricht auch davon, Deutschland werde letztlich als Imperialmacht in Europa betrachtet und gehasst werden, andere Länder würden die Deutschen als Unterdrücker betrachten und Widerstand leisten.[76]

Deutschland sei doch sehr wohlhabend. Und die Angst um den Wohlstand sei eine sehr kurzsichtige Position – denn ohne eine sehr umgehende Lösung der Eurokrise werde auch Deutschland den globalen Abschwung zu spüren bekommen.[77] Nun prophezeit eine Studie von 2010 ohnehin einen massiven Abschwung für Deutschland. Bis zum Jahr 2040 soll Deutschland ärmer als Polen sein.[78] Das war das Ergebnis einer Untersuchung, durchgeführt vom *Center for European Policy Studies* (CEPS), eine Brüsseler Denkfabrik. Reformscheue und mangelnde Investitionen in die Bildung werden in dem Papier der Wirtschaftsexperten als Gründe genannt. Das CEPS steht in guter Verbindung zum *Open Society Institute.* So führten CEPS und OSI am 16. Dezember 2009 eine gemeinschaftliche Doppelveranstaltung über Europas Muslimgemeinschaften durch.[79] So scheint man sich geistig und in der Zielsetzung doch relativ einig. Soros hat das Gewicht seiner Worte immer in die Waagschale gelegt, um Einfluss zu nehmen, wie sich das für einen Megaspekulanten gebührt.

George Soros wurde immer wieder auch als Antiamerikaner dargestellt, ebenso als Antieuropäer, als Antideutscher. Er wurde von Rechten wie von Linken kritisiert und angegriffen, gleichzeitig hat er die widersprüchlichsten Aktionen in seiner Person zu kombinieren verstanden. Er hat unglaublichste Transaktionen vom Zaun gebrochen und sich je nachdem auf die eine oder andere Seite gestellt, legitimiert durch seine Haupttätigkeit. Immer wieder stellen Kritiker erstaunliche Paradoxien fest und erklären: Er zieht mit den USA an einer Strippe, wenn er gegen Russland steht und Europa schwächen will, er spricht dennoch für China und hier von der am besten funktionierenden Regierung, obwohl sich die Zeichen mehren, dass Soros wiederum seine eigenen Pläne mit China hat. Denn auch hier gilt es noch eine offene Gesellschaft einzurichten und einen riesigen Wirtschaftsraum für sich zu erschließen. Soros warnt außerdem vor den Gefahren eines Dritten Weltkriegs. Wer die aktuellere Entwicklung berücksichtigt, wird ihm darin durchaus recht geben. Der Megaspekulant dürfte allerdings auch in diesem Szenario und seiner Interpretation der Geschichte selbst wieder effektiv eingreifen, um möglichst diesen Krieg »für sich« zu gewinnen.

Wie gesagt, der »Mann der Ungleichgewichte« hat nach allem, was feststellbar ist, sein Kapital nicht unbedingt dazu eingesetzt, für eine Ordnung in den betroffenen Ländern zu sorgen, sondern wohl weit mehr dafür, Unruhen auszulösen und Menschen zur Flucht zu zwingen, die er ihnen dann mit allen Mitteln der Kunst erleichtert. Denn schließlich geht es um den nächsten Schritt im großen Konzept, um das nächste Ungleichgewicht. Und die folgenden Schritte scheinen ebenfalls bereits auf der Agenda zu stehen. Das Finanzgenie Soros warnt: »Wenn es zwischen China und einem militärischen Alliierten der Vereinigten Staaten, beispielsweise Japan, einen Konflikt gibt, so ist es keine Übertreibung zu sagen, dass wir uns an der Schwelle eines Dritten Weltkriegs befinden.«[80] Das erklärte er in Bretton Woods, wo bereits 1944 das Weltfinanzsystem neu geordnet wurde. Und die nächste Runde ist eingeläutet. Soros weiß, wie man den Dritten Weltkrieg vermeidet. Er rief die USA zu einem großen Zugeständnis auf, der Währung Chinas nun den Anschluss an den IWF-Währungspool zu gestatten. Dadurch würde der Yuan zum potenziellen Dollarrivalen als globale Reservewährung. Im Gegenzug müsste China ähnlich umfassende Zugeständnisse machen, seine Wirtschaft zu reformieren, und somit die geltenden Gesetze anerkennen. Mit dem Yuan als Marktwährung wäre ein »Bindeglied« beider Systeme geschaffen. Es werde zwar schwierig, hier zu einer Übereinkunft zu gelangen, doch die Alternative sei so unerfreulich: »Ohne diese [Übereinkunft] besteht die reale Gefahr, dass China sich politisch und militärisch mit Russland arrangiert, und damit wird die Gefahr eines Dritten Weltkriegs so real, dass es einen Versuch wert ist«[81], so Soros, der nun wirklich die Geschicke der Welt in der Hand zu halten scheint.

Es gäbe noch ungezählte Beispiele für die Paradoxien des »Mannes mit den tausend Gesichtern«. Eine schier unendliche Geschichte. All diese Widersprüche lösen sich schnell auf, sobald eines klar ist: Soros ist im Wesentlichen ganz offenbar weder für oder gegen die USA noch für oder gegen Deutschland, sondern verfolgt ganz eigene Interessen. Und dazu münzt er auch alle seine politischen Kontakte – und sicher auch jene zu Geheimdiensten wie die CIA oder den MI6 – in persönliche Geschäfte um. So dürfte Soros eben vor allem Pro-Soros sein. Und allein darauf kommt es an!

Bildquellen

Abb. 1: http://mek.oszk.hu/01500/01559/html/nagykep.jpg
Abb. 2: https://commons.wikimedia.org/wiki/File:George_Soros_-_World_ Economic_Forum_Annual_Meeting_Davos_2010.jpg
Lizenz: Creative Commons Attribution-Share Alike 2.0 Generic license
Abb. 3: https://commons.wikimedia.org/wiki/File:Karl_Popper.jpg
Abb. 4: © picture alliance / dpa | Ho
Abb. 5: https://commons.wikimedia.org/wiki/File:Bloch-SermonOnTheMount.jpg Lizenz: PD
Abb. 6: © picture alliance / AP Photo | GEORGE ABDALADZE
Abb. 7: https://commons.wikimedia.org/wiki/File:Msc_2008-Saturday,_14.00_-_16.00_Uhr-Moerk026_Roth.jpg
Lizenz: This file is licensed under the Creative Commons Attribution 3.0 Germany license
Attribution: Kai Mörk
Abb. 8: https://commons.wikimedia.org/wiki/File:MSC_2014_Brzezinski_Kleinschmidt_MSC2014.jpg
Abb. 9: https://commons.wikimedia.org/wiki/File:Harold_Pratt_House_004.JPG
Lizenz: Creative Commons Attribution-Share Alike 3.0 Unported license
Lizenz: This file is licensed under the Creative Commons Attribution 3.0 Germany license. Attribution: Kleinschmidt/MSC
Abb. 10: https://de.wikipedia.org/wiki/Datei:PresidentPutin.JPG
Abb. 11: https://commons.wikimedia.org/wiki/File:Gershman.jpg
Lizenz: Creative Commons Attribution-Share Alike 2.0 Generic license
Abb. 12: © picture alliance / AP Photo | MICHEL EULER
Abb. 13: https://commons.wikimedia.org/wiki/File:Defense.gov_News_Photo_010917-D-9880W-034.jpg
Lizenz: PD
Abb. 14: © picture alliance / dpa | Ray Stubblebine
Abb. 15: https://en.wikipedia.org/wiki/George_Orwell#/media/File: George-orwell-BBC.jpg Lizenz: PD
Abb. 16: Eigene Aufnahme Andreas von Rétyi
Abb. 17: © picture alliance / AP Photo | Mykola Lazarenko
Abb. 18: https://commons.wikimedia.org/wiki/File:General_Wesley_Clark_official_photograph,_edited.jpg
Lizenz: PD
Abb. 19: https://commons.wikimedia.org/wiki/File:Euromaidan_Kyiv_1-12-13_by_Gnatoush_005.jpg
Lizenz: Creative Commons Attribution 2.0 Generic license
Nesse Gnatoush
Abb. 20: https://commons.wikimedia.org/wiki/File:Yulia_Tymoshenko_addressing_Euromaidan_with_a_speech._Kyiv,_Ukraine._Events_of_February_22,_2014..jpg
Lizenz: Creative Commons Attribution-Share Alike 3.0 Unported license

Abb. 21: © picture-alliance/ dpa | epa Lajos Soos
Abb. 22: https://commons.wikimedia.org/wiki/File:FEMEN_Activist_poses_topless_with_a_hammer.jpg
Lizenz: Creative Commons Attribution-Share Alike 2.0 Generic license
Abb. 23: © picture-alliance/ dpa | Gero Breloer
Abb. 24: https://upload.wikimedia.org/wikipedia/commons/e/e4/Slovenska_vojska_pri_re%C5%A1evanju_migrantske_situacije_z_ve%C4%8D_zmogljivostmi_01.jpg
Lizenz: Creative Commons Attribution 3.0 Unported license
MO RS
Abb. 25: https://commons.wikimedia.org/wiki/File:LE_Eithne_Operation_Triton.jpg
Lizenz: Creative Commons Attribution 2.0 Generic license
Irish Defence Forces
Abb. 26: https://commons.wikimedia.org/wiki/File:Karte_der_Terroranschl%C3%A4ge_vom_13._November_2015_in_Paris.jpg
Lizenz: Creative Commons Attribution-Share Alike 2.0 Generic license
Maximilian Dörrbecker (Chumwa)

Titelbild: World Economic Forum

Endnoten

1 I Macht und Manipulation

1 *https://www.youtube.com/watch?v=k2d6hyi8SLw*
2 *https://www.youtube.com/watch?v=yB-jdeDHK7M* (v. a. ab ca. 2:10)
3 Bényi, Magdolna, Mihály Zichy (1827–1906) - Zum 50. Todestag eines großen ungarischen Malers, 1956
4 Csicsery-Rónay, István: *Mihály Zichy* – Informationsbroschüre des Zichy-Gedenkmuseums Zala
5 Ebd.
6 Fränkel, Ludwig: »Zichy, Edmund Graf«, in: Allgemeine Deutsche Biographie 45 (1900), S. 148–150 [Onlinefassung]; online: *http://www.deutsche-biographie.de/pnd116986050.html?anchor=adb*
7 *https://de.wikipedia.org/wiki/Antisemitismus_(bis_1945)*
8 Csicsery-Rónay, István: *Mihály-Zichy*– Informationsbroschüre des Zichy-Gedenkmuseums Zala
9 Farah, Joseph: letter from the publisher. The Most Dangerous Man in the World?, *Whistleblower*, Vol. 19, No. 12, December 2010, p. 4

2 I Ungarische Rhapsodie: Die Soros-Chronik

1 Schmitz, Gregor Peter: *George Soros im Gespräch mit Gregor Peter Schmitz: Wetten auf Europa – Warum Deutschland den Euro retten muss, um sich selbst zu retten,* Deutsche Verlagsanstalt, München 2014
2 Ebd.
3 Ebd.
4 Ebd.
5 Ebd.
6 Ebd.
7 Ebd.
8 Koenen, Krisztina: *George Soros im Gespräch mit Krisztina Koenen,* Eichborn, Frankfurt/Main
9 Schmitz, Gregor Peter: George Soros im Gespräch mit Gregor Peter Schmitz: Wetten auf Europa – Warum Deutschland den Euro retten muss, um sich selbst zu retten, Deutsche Verlagsanstalt, München 2014
10 Moore, Art: *Soros: This is »when my character was made«, WorldNetDaily.com Inc.,* 2010
11 Soros, George: *Soros über Soros - Börsenguru und Mäzen,* Eichborn, Franfurt/Main 1996, S. 35
12 Ebd.
13 Ebd.
14 Ebd.
15 Ebd.
16 Ebd.
17 Ebd.

18 Ebd.
19 Koenen, Krisztina: *George Soros im Gespräch mit Krisztina Koenen,* Eichborn, Frankfurt/Main
20 Soros, George: *Das Ende der Finanzmärkte und deren Zukunft,* Finanzbuch, München 2008
21 Ebd.
22 Ebd.
23 Ebd.
24 Woods, Tom: *George Soros: Not Just Sinister; Also Stupid, tomwoods.com,* 29. April 2011
25 Rothbard, Murray N.: *Hayek and the Nobel Prize, mises.org,* 1. Februar 2010

3 | Finger im ganz großen Spiel: »Der Mann, der die Bank von England sprengte«

1 Soros, George: Soros über Soros – Börsenguru und Mäzen, Eichborn, Frankfurt/Main 1996, S. 44
2 Ebd.
3 Kaufman, Michael T.: *Soros: The Life and Times of a Messianic Billionaire,* Kapitel 8
4 Soros, George: *Das Ende der Finanzmärkte und deren Zukunft,* Finanzbuch, München 2008, S. 25
5 Soros, George: *Soros über Soros – Börsenguru und Mäzen,* Eichborn, Frankfurt/Main 1996, S. 49
6 Soros, George: *Das Ende der Finanzmärkte und deren Zukunft,* Finanzbuch, München 2008, S. 40
7 Ebd.
8 Soros, George: *Soros über Soros – Börsenguru und Mäzen,* Eichborn, Frankfurt/Main 1996, S. 51
9 Koenen, Krisztina: *George Soros im Gespräch mit Krisztina Koenen,* Eichborn, Frankfurt/Main, S. 69
10 *http://hb.betterregulation.com/external/Hedge%20Fund%20Survey%20-%2024%20Mar%2014.pdf* (Survey 2015: *http://www.fca.org.uk/static/documents/hedge-fund-survey.pdf*)
11 Harnischmacher, Robert F. J.: Internationale Geldwäsche am Beispiel von Offshore-Zentren, *Die Kriminalpolizei,* Zeitschrift der Gewerkschaft der Polizei, Dezember 2008, online: *http://www.kriminalpolizei.de/ausgaben/2008/dezember/detailansicht-dezember/artikel/internationale-geldwaesche-am-beispiel-von-offshore-zentren.html*
12 Loomis, Carol J.: The Jones Nobody Keeps Up With, *Fortune,* April 1966, online: *http://www.awjones.com/images/* Fortune_-_The_Jones_Nobody_Keeps_Up_With.pdf
13 Engdahl, F. William: *Die Denkfabriken – Wie eine unsichtbare Macht Politik und Mainstream-Medien manipuliert,* Kopp, Rottenburg 2015, S. 147
14 Finenews.ch: UBP holt Ex-Rothschild-Banker an Bord, 24. September 2009
15 *www.ubp.com/de/private-bank/swiss-bank/Corporate-Bodies/Board-of-Directors*

16 *www.independent.co.uk/voices/letters/letter-soros-and-quantum-fund-1370584.html*
17 *insideparadeplatz.ch/2015/03/27/wolf-of-wallstreet-banker-reissen-die-coutts/*
18 Ebd.
19 Andromidas, Dean: Geneva bank at the center of money-laundering ring. *Executive Intelligence Review,* Vol. 21, No. 50, December 16, 1994 – online: *http://larouchepub.com/eiw/public/1994/eirv21n50-19941216/eirv21n50-19941216_047-geneva_bank_at_the_center_of_mon.pdf*
20 Gerber, S./Baumann, Claude: Der alte Mann und das Mehr. *Handelszeitung,* 25. August 2011, online: *http://www.pwc.ch/user_content/editor/files/interviews11/pwc_20110825_haz_hofstetter.pdf*
21 Obituary, Sir James Goldsmith, in: *The Independent,* 21. Juli 1997
22 Schmitz, Gregor Peter: *George Soros im Gespräch mit Gregor Peter Schmitz: Wetten auf Europa – Warum Deutschland den Euro retten muss, um sich selbst zu retten,* Deutsche Verlagsanstalt, München 2014, S. 61
23 Schmitt, Thomas: Gegen alle wetten. *Frankfurter Allgemeine Zeitung,* 5. September 2006, online: *http://www.faz.net/aktuell/george-soros-gegen-alle-wetten-1353587.html*
24 Di Mento, Maria; Preston, Caroline: *A Slow Year for Big Gifts Spurs Wealthy Donors to Creativity, The Chronicle of Philanthropy,* XXII. (6): 25–26, 11. Februar 2010.
25 Clark, Nicola: Soros Loses Challenge to Insider Trading Conviction, *The New York Times,* 6. Oktober 2011, online: *http://dealbook.nytimes.com/2011/10/06/soros-loses-challenge-to-insider-trading-conviction/?_r=0*
26 Mallaby, Sebastian: *Mehr Geld als Gott: Hedgefonds und ihre Allmachtsfantasien,* FinanzBuch, München 2011
27 Koenen, Krisztina: *George Soros im Gespräch mit Krisztina Koenen,* Eichborn, Frankfurt/Main, S. 82
28 Ebd., S. 53
29 Ebd., S. 83
30 Engdahl, F. William: Hunting Asian Tigers: Washington and the 1997-98 Asia Shock, *Studien von Zeitfragen,* 34. Jahrgang, Internetausgabe 2000, online: *http://www.jahrbuch2000.studien-von-zeitfragen.net/Weltfinanz/Hedge_Funds/hedge_funds.html*
31 Eckert, Daniel: Die anmaßende Mission des Multimilliardärs Soros, *Die Welt,* 13. April 2013, online: *http://www.welt.de/debatte/kommentare/article115244783/Die-anmassende-Mission-des-Multimilliardaers-Soros.html*
32 Schmitz, Gregor Peter: *George Soros im Gespräch mit Gregor Peter Schmitz: Wetten auf Europa – Warum Deutschland den Euro retten muss, um sich selbst zu retten,* Deutsche Verlagsanstalt, München 2014, S. 134
33 Soros, George: *Soros über Soros – Börsenguru und Mäzen,* Eichborn, Frankfurt/Main 1996, S. 111
34 Soros, George: *Soros über Soros – Börsenguru und Mäzen,* Eichborn, Frankfurt/Main 1996, S. 83
35 *http://allenwestrepublic.com/2015/04/30/george-soros-tax-the-wealthy-karma-bus-is-arriving-and-its-epic/*

36 Weiss, Miles: George Soros May Face a Monster Tax Bill – Deferring income helped the billionaire hedge fund manager build his fortune, *Bloomberg Businessweek,* 30. April 2015, online: *http://www.bloomberg.com/news/articles/2015-04-30/george-soros-s-tax-bill*

37 *http://www.handelsblatt.com/finanzen/anlagestrategie/trends/starinvestor-george-soros-droht-eine-milliarden-steuernachzahlung/11723954.html*

4 | Open Society Foundations: Die »Schattenregierung« des George Soros

1 Soros, George: *Die Krise des globalen Kapitalismus – Offene Gesellschaft in Gefahr,* Fest 1998, S. 244

2 Ebd.

3 Schmitz, Gregor Peter: *George Soros im Gespräch mit Gregor Peter Schmitz: Wetten auf Europa – Warum Deutschland den Euro retten muss, um sich selbst zu retten,* Deutsche Verlagsanstalt, München 2014, S. 135

4 *BBC News: The Economy Russia Faces Meltdown,* 13. August 1998, online: *http://news.bbc.co.uk/2/hi/business/150197.stm*

5 Morgenson, Gretchen: International Business; Soros's Quantum Fund Losses in Russia Put at $ 2 Billion, *New York Times,* 27. August 1998, online: *http://www.nytimes.com/1998/08/27/business/international-business-soros-s-quantum-fund-losses-in-russia-put-at-2-billion.html*

6 *wikipedia.org/wiki/Russlandkrise*

7 Eckert, Daniel: Die anmaßende Mission des Multimilliardärs Soros, *Die Welt,* 13. April 2013, online: *http://www.welt.de/debatte/kommentare/article115244783/Die-anmassende-Mission-des-Multimilliardaers-Soros.html*

8 Schmitz, Gregor Peter: *George Soros im Gespräch mit Gregor Peter Schmitz: Wetten auf Europa – Warum Deutschland den Euro retten muss, um sich selbst zu retten,* Deutsche Verlagsanstalt, München 2014, S. 152 f.

9 Koenen, Krisztina: *George Soros im Gespräch mit Krisztina Koenen,* Eichborn, Frankfurt/Main, S. 95

10 Open Society Foundations: Building Open Society in the Western Balkans, 1991 – 2011 – The Story of the Open Society Foundations' Activities during a time of transformation in Bosnia and Herzegowina, Croatia, Kosovo, Macedonia, Montenegro, Serbia, and Slovenia, OSF 2011, online: *https://www.opensocietyfoundations.org/sites/default/files/open-society-western-balkans-20111004.pdf*

11 Engdahl, F. William: *Die Denkfabriken – Wie eine unsichtbare Macht Politik und Mainstream-Medien manipuliert,* Kopp, Rottenburg 2015, S. 150

12 Parenti, Michael: The Demonization of Slobodan Milosevic, 2003, online: *http://www.michaelparenti.org/Milosevic.html*

13 Ebd.

14 Ebd.

15 McKinnon, M.: Georgia Revolt Carried Mark of Soros, Globe & Mail, 26. November 2003, online: *http://www.theglobeandmail.com/news/world/georgia-revolt-carried-mark-of-soros/article18437463/*

16 Pope, Hugh: Pro-West Leaders in Georgia Push Shevardnadze Out, *Wall Street Journal*, 24. November 2003
17 Freedom House – Website: *https://freedomhouse.org/content/our-supporters*
18 Neef, Ch./Preuß, J.: Das Volk wird mich schützen, *Spiegel* 20/2004, online: *http://www.spiegel.de/spiegel/print/d-30833336.html*
19 Ebd.
20 Russia ›used cluster bombs‹ in Georgia, *ABC News*, 15. August 2008, online: *http://www.abc.net.au/news/2008-08-15/russia-used-cluster-bombs-in-georgia/478330*
21 Tran, Mark: Georgia admits dropping cluster bombs, says rights group, *The Guardian*, 1. September 2008, online: *http://www.theguardian.com/world/2008/sep/01/georgia.russia*
22 Soros to Give $100 million to Human Rights Watch, Mitteilung der *Human Rights Watch*, 7. September 2010, online: *https://www.hrw.org/de/news/2010/09/07/george-soros-spendet-100-millionen-us-human-rights-watch*
23 *http://www.alternet.org/world/nobel-peace-laureates-human-rights-watch-close-your-revolving-door-us-government*
24 *http://www.alternet.org/world/nobel-peace-laureates-slam-human-rights-watchs-refusal-cut-ties-us-government*

5 | Der Krake: Ein gigantisches Netzwerk im Visier

1 Rottwilm, Christoph: Der Reichtum des Wladimir Putin, *Weltwoche*, 16. Februar 2015 online: *http://www.manager-magazin.de/finanzen/artikel/200-milliarden-dollar-vermoegen-wie-reich-ist-putin-wirklich-a-1018696.html*
2 Dolan, Kerry A.: The Richest Women in the World 2015, *Forbes*, 2. März 2015, online: *http://www.forbes.com/sites/kerryadolan/2015/03/02/the-richest-women-in-the-world-2015/*
3 Clark, Neil: NS Profile - George Soros, *New Statesman*, 2. Juni 2003, online: *http://www.newstatesman.com/economics/economics/2014/04/ns-profile-george-soros*
4 Ebd.
5 Ebd.
6 *https://en.wikipedia.org/wiki/International_Crisis_Group*
7 Clark, Neil: NS Profile - George Soros, *New Statesman*, 2. Juni 2003, online: *http://www.newstatesman.com/economics/economics/2014/04/ns-profile-george-soros*
8 Piper, Nikolaus: Schattenbanken – Das 71-Billionen-Dollar-Problem, *Süddeutsche Zeitung*, 24. Juni 2014, online: *http://www.sueddeutsche.de/wirtschaft/schattenbanken-das-billionen-dollar-problem-1.2004254*
9 *https://de.wikipedia.org/wiki/Carlyle_Group*
10 Powell: Schandfleck meiner Karriere - FAZ, 9. September 2005, online: *http://www.faz.net/aktuell/politik/europaeische-union/irak-krieg-powell-schandfleck-meiner-karriere-1255325.html*
11 ONeill, Jim: Soros: Public Enemy #1, *Canada Free Press*, 15. September 2009, online: *http://canadafreepress.com/article/14700*

12 Clark, Neil: NS Profile – George Soros, *New Statesman,* 2. Juni 2003, online: *http://www.newstatesman.com/economics/economics/2014/04/ns-profile-george-soros*
13 Engdahl, F. William: *Die Denkfabriken – Wie eine unsichtbare Macht Politik und Mainstream-Medien manipuliert,* Kopp, Rottenburg 2015, S. 150
14 *http://info.kopp-verlag.de/hintergruende/enthuellungen/wayne-madsen/soros-unterstuetzte-cia-operationen-auf-dem-balkan-und-in-moldawien.html*
15 Clark, Neil: NS Profile – George Soros, *New Statesman,* 2. Juni 2003, online: *http://www.newstatesman.com/economics/economics/2014/04/ns-profile-george-soros*
16 Ebd.
17 Ebd.
18 Beck, Friederike: Wie ein Zusammenschluss von Stiftungen der superreichen Weltelite und durch sie finanzierte und mit Steuergeldern geförderten NGOs die Migration nach Europa fördert, *Kopp Online, 10. Oktober 2015, http://info.kopp-verlag.de/hintergruende/geostrategie/friederike-beck/wie-das-big-money-die-migrationskorridore-nach-europa-steuert-teil-i-die-international-migration.html*
19 Ebd.
20 Ebd.
21 Soros, George: Rebuilding the Asylum System, Project Syndicate, 26. September 2015, *online: https://www.project-syndicate.org/commentary/rebuilding-refugee-asylum-system-by-george-soros-2015-09*
22 *https://www.opensocietyfoundations.org/about/programs/international-migration-initiative*
23 *http://www.discoverthenetworks.org/viewSubCategory.asp?id=1237*
24 *http://www.undueinfluence.com/open_society_institute.htm*
25 Beck, Friederike: Wie ein Zusammenschluss von Stiftungen der superreichen Weltelite und durch sie finanzierte und mit Steuergeldern geförderten NGOs die Migration nach Europa fördert, *Kopp Online, 10. Oktober 2015, http://info.kopp-verlag.de/hintergruende/geostrategie/friederike-beck/wie-das-big-money-die-migrationskorridore-nach-europa-steuert-teil-i-die-international-migration.html*
26 *https://www.opensocietyfoundations.org/about/mission-values*
27 Ebd.
28 Beck, Friederike: Wie ein Zusammenschluss von Stiftungen der superreichen Weltelite und durch sie finanzierte und mit Steuergeldern geförderten NGOs die Migration nach Europa fördert, *Kopp Online, 10. Oktober 2015, http://info.kopp-verlag.de/hintergruende/geostrategie/friederike-beck/wie-das-big-money-die-migrationskorridore-nach-europa-steuert-teil-i-die-international-migration.html*
29 Ebd.
30 Weisberg, Jacob (Hrsg.): *Voll daneben, Mr. President – Wahre Worte von George W. Bush,* Rowohlt, Hamburg, 4. Aufl. April 2003, S. 95
31 Engdahl, F. William: *Die Denkfabriken – Wie eine unsichtbare Macht Politik und Mainstream-Medien manipuliert,* Kopp, Rottenburg 2015, S. 154 f.

32 Ebd.
33 Nimmo, Kurt: Soros NGO Fakes Casualties After Russia Strikes CIA Terrorists in Syria, *InfoWars,* 2. Oktober 2015, *http://www.infowars.com/soros-ngo-fakes-casualties-after-russia-strikes-cia-terrorists-in-syria/*
34 https://www.whitehelmets.org/
35 Soros-Sponsored NGO in Syria Aims at Ousting Assad Not Saving Civilians, *Sputnik,* 8. September 2015, online: *http://sputniknews.com/politics/20150908/1026752193/ngo-rescue-civilians-western-propaganda.html*
36 Nimmo, Kurt: Soros NGO Fakes Casualties After Russia Strikes CIA Terrorists in Syria, *InfoWars,* 2. Oktober 2015, online: *http://www.infowars.com/soros-ngo-fakes-casualties-after-russia-strikes-cia-terrorists-in-syria/print/*
37 Ebd.
38 von Bülow, Andreas: *Die CIA und der 11. September,* Piper, München 2003, S. 11
39 Ebd.
40 Ulfkotte, Udo: *Gekaufte Journalisten – Wie Politiker, Geheimdienste und Hochfinanz Deutschlands Massenmedien lenken,* Kopp, Rottenburg 2014
41 Ulfkotte, Udo: Deutschland: Pressefreiheit wird nur noch simuliert, online: *http://www.wissensmanufaktur.net/pressefreiheit-wird-nur-noch-simuliert*
42 Ebd.
43 Ebd.
44 von Bülow, Andreas: *Die CIA und der 11. September,* Piper, München, 2003, S. 42
45 von Rétyi, Andreas: *Die Terror-(F)Lüge – Der 11. September 2001 und die besten Beweise, dass wirklich alles anders war,* Kopp, Rottenburg 2007, S. 119 ff
46 Schmidli, Falk: Flüchtlingskatastrophe – Das Narrenschiff mit Kurs aufs Riff, online: *http://info.kopp-verlag.de/hintergruende/geostrategie/falk-schmidli/fluechtlingskatastrophe-das-narrenschiff-mit-kurs-aufs-riff.html*
47 Libya Important Model for Regime Behavior Change, Rice Says, *GlobalSecurity.org,* 15. Mai 2006, online: *http://www.globalsecurity.org/wmd/library/news/libya/2006/libya-060515-usia01.htm*
48 Roberts, Hannah: ISIS threatens to send 500 000 migrants to Europe as a »psychological weapon« in chilling echo of Gaddafi's prophecy that the Mediterranean »will become a sea of chaos«, *Daily Mail,* 18. Februar 2015, online: *http://www.dailymail.co.uk/news/article-2958517/The-Mediterranean-sea-chaos-Gaddafi-s-chilling-prophecy-interview-ISIS-threatens-send-500-000-migrants-Europe-psychological-weapon-bombed.html*
49 Schlamp, Hans-Jürgen: Flüchtlinge: Libyen – Lampedusa – Europa, *Spiegel online,* 30.03.2014, online: *http://www.spiegel.de/politik/ausland/lampedusa-tausende-fluechtlinge-aus-syrien-und-libyen-erwartet-a-960913.html*
50 Fliess, L. / Rühle, O.: Das Tor zur Hölle, BILD-Zeitung, 21. April 2015, online: *http://www.bild.de/politik/ausland/fluechtling/nach-gaddafis-sturz-wurde-libyen-das-tor-zur-hoelle-40620668.bild.html*
51 Rothenberg, Christian: Die EU sucht einen neuen Gaddafi, *n-tv,* 21. April 2015, *online: http://www.n-tv.de/politik/Die-EU-sucht-einen-neuen-Gaddafi-article14945921.html*

6 | Intermezzo: Mittel und Zweck

1 Burton, Katherine: Soros to Invest $1 Billion in Clean Energy, Form Advisory Group, *Bloomberg*, 10. Oktober 2009, online: *http://www.bloomberg.com/apps/news?pid=newsarchive&sid=aMU3BkV3yqPU*

2 Ebd.

3 Porter, Anna: Buying a Better World. George Soros and Billionaire Philanthropy, Thomas Allen, Markham (Kanada), 2015, S. 181 ff.

4 Burton, Katherine: Soros to Invest $1 Billion in Clean Energy, Form Advisory Group, *Bloomberg*, 10. Oktober 2009, online: *http://www.businessweek.com/investing/green_business/archives/2009/10/george_soros_to_1.html*

5 Ebd.

6 *http://climatepolicyinitiative.org/*

7 Lipton, E./Williams, B./Confessore, N.: Foreign Powers Buy Influence at Think Tanks, *New York Times*, 6. September 2014, online: *http://www.nytimes.com/2014/09/07/us/politics/foreign-powers-buy-influence-at-think-tanks.html?_r=0*

8 Ebd.

9 Ebd.

10 *http://climatepolicyinitiative.org/about-cpi/mission-history/*

11 Guzun, Gene: George Soros Bets on Mining Stocks Like Peabody Energy Corporation (BTU), Arch Coal Inc. (ACI) & Berrick Gold Corporation (ABX), *Insider Monkey*, 20. August 2015, online: *http://www.insidermonkey.com/blog/george-soros-likes-mining-stocks-like-peabody-energy-corporation-btu-arch-coal-inc-aci-barrick-gold-corporation-abx-367167/*

12 Zimmerman, Malia: Billionaire George Soros warms up to coal as stock prices hit bottom, *FoxNews*, 19. August 2015, online: *http://www.foxnews.com/us/2015/08/19/billionaire-george-soros-warms-up-to-coal-as-stock-prices-hit-bottom.html*

13 Pan, Jing: George Soros Bought Shares of Arch Coal (NYSE: ACI) & Peabody Energy (NYSE:BTU), *Profit Confidential*, 20. August 2015, online: *http://www.profitconfidential.com/stock-market/george-soros-bought-shares-of-arch-coal-nyse-aci-peabody-energy-nyse-btu/*

14 o. N.: Soros Aligns With Obama Policy in Massive Consol Energy Buy, *Washington Free Beacon*, 15. August 2014, online: *http://freebeacon.com/issues/soros-aligns-with-obama-policy-in-massive-consol-energy-buy/*

15 Chumley, Cheryl: Anti-Coal King George Soros Snaps Up Coal Stocks, WND, 19. August 2015, online: *http://www.wnd.com/2015/08/anti-coal-king-george-soros-snaps-up-coal-stocks/#sthash.Pl9Uke1I.dpuf*

7 | Arabischer Frühling: Künstliche Revolutionen

1 Bauchmüller, M.: Alle reden vom Wetter – PR-Skandal bei der Bahn, *Süddeutsche Zeitung*, 17. Mai 2010, online: *http://www.sueddeutsche.de/wirtschaft/pr-skandal-bei-der-bahn-alle-reden-vom-wetter-1.466109*

2 Greenwald, Glenn: How Covert Agents Infiltrate the Internet to Manipulate, Deceive, And Destroy Reputations, *The Intercept*, 25. Februar 2014, online: *https://theintercept.com/2014/02/24/jtrig-manipulation/*

3 Ebd.
4 Cartalucci, Tony: Soros Criminal Conviction Exposes »Human Rights« Scam, *Land Destroyer,* 28. März 2012, online: *http://landdestroyer.blogspot.de/2012/03/surpise-soros-is-convicted-criminal.html*
5 Ebd.
6 Ignatius, David: Openness is the Secret to Democracy, *Washington Post National Weekly Edition,* 30. September bis 6. Oktober 1991, S. 24 f.
7 Ebd.
8 Office of Inspector General: Management Assistance Report: Oversight of Grants to the National Endowment for Democracy, Office of Audits, US Department of State, AUD-SI-15-34, Juni 2015, deklassifiziert, online: *https://oig.state.gov/system/files/aud-si-15-34.pdf*
9 Ebd.
10 Ebd.
11 Franklin, Ben A.: Democracy Project Facing New Criticisms, *New York Times,* 4. Dezember 1985, online: *http://www.nytimes.com/1985/12/04/us/democracy-project-facing-new-criticisms.html*
12 Congressional Record – House, 20. Juli 2005, H6169, online: *https://www.congress.gov/crec/2005/07/20/CREC-2005-07-20.pdf*
13 Paul, Ron: Speech of Hon. Ron Paul of Texas in the House of Representatives, 7. Oktober 2003, *Congressional Record, Extensions of Remarks,* 8. Oktober 2003, E2007, online: *http://www.gpo.gov/fdsys/pkg/CREC-2003-10-08/pdf/CREC-2003-10-08-pt1-PgE2007-3.pdf#page=1*, zitiert nach *Wikipedia: https://de.wikipedia.org/wiki/National_Endowment_for_Democracy#cite_note-8*
14 *http://www.ned.org/about/*
15 *http://pasos.org/about-pasos/*
16 *http://www.ned.org/region/central-and-eastern-europe/ukraine-2014/*
17 Engdahl, F. William: *Die Denkfabriken – Wie eine unsichtbare Macht Politik und Mainstream-Medien manipuliert,* Kopp, Rottenburg 2015, S. 152
18 Ebd.
19 Ebd.
20 Cartalucci, Tony: Soros Criminal Conviction Exposes »Human Rights« Scam, *Land Destroyer,* 28. März 2012, online: *http://landdestroyer.blogspot.de/2012/03/surpise-soros-is-convicted-criminal.html*
21 Nixon, Ron: U.S. Groups Helped Nurture Arab Uprisings, *New York Times,* 14. April 2011, online: *http://www.nytimes.com/2011/04/15/world/15aid.html?_r=0*
22 Ebd.
23 Cartalucci, Tony: Soros Criminal Conviction Exposes »Human Rights« Scam, *Land Destroyer,* 28. März 2012, online: *http://landdestroyer.blogspot.de/2012/03/surpise-soros-is-convicted-criminal.html*
24 Ebd.
25 Effenberger, Wolfgang: George Soros – eine Bereicherung für die »Münchner Sicherheitskonferenz 2011«? Teil 2: Soros und die »Farbige Revolution«, *Kopp Online,* 2. Februar 2011, online: *http://info.kopp-verlag.de/hintergruende/geostrategie/wolfgang-effenberger/george-soros-eine-bereicherung-fuer-die-muenchener-sicherheitskonferenz-2-11-teil-2-soros-und.html*

26 Ebd.
27 Ebd.
28 Ebd.
29 Ebd.
30 Ebd.
31 Ebd.
32 Ogden, Matthew: Die »Twitter«-Revolution des George Soros, *Neue Solidarität,* Nr. 18., 29. April 2009, online: *http://www.solidaritaet.com/neuesol/2009/18/twitter.htm*
33 Muhho, Sam: Color Revolutions. Getting Our Facts Straight on the »Arab Spring«, *Global Research,* 28. April 2014, online: *http://www.globalresearch.ca/color-revolutions-getting-our-facts-straight-on-the-arab-spring/5379479*
34 Ebd.
35 Posner, Sarah: How the Conspirational American Right is Spinning the Egypt Protests, *Religion Dispatches,* 31. Januar 2011, online: *http://religiondispatches.org/how-the-conspiratorial-american-right-is-spinning-the-egypt-protests/*
36 Muhho, Sam: Color Revolutions. Getting Our Facts Straight on the »Arab Spring«, *Global Research,* 28. April 2014, online: *http://www.globalresearch.ca/color-revolutions-getting-our-facts-straight-on-the-arab-spring/5379479*
37 Cartalucci, Tony: Google's revolution Factory – Alliance of Youth Movements: Color Revolution 2.0, *Land Destroyer,* o. J., online: *http://landdestroyer.blogspot.de/2011/02/googles-revolution-factory.html*
38 Cartalucci, Tony: Egypt's ElBaradei: Con-man in Chief? *Land Destroyer,* o. J., online: *http://landdestroyer.blogspot.de/2011/03/egypts-elbaradei-con-man-in-chief.html*
39 Muhho, Sam: Color Revolutions. Getting Our Facts Straight on the »Arab Spring«, *Global Research,* 28. April 2014, online: *http://www.globalresearch.ca/color-revolutions-getting-our-facts-straight-on-the-arab-spring/5379479*
40 *https://2.bp.blogspot.com/-wzzWT3nppng/TYAbKwYEQlI/AAAAAAAAASg/GDDKvQeLhbo/s1600/elbaradeiICG.jpg*
41 Muhho, Sam: Color Revolutions. Getting Our Facts Straight on the »Arab Spring«, *Global Research,* 28. April 2014, online: *http://www.globalresearch.ca/color-revolutions-getting-our-facts-straight-on-the-arab-spring/5379479*
42 Ebd.
43 Rosenberg, Matthew: C.I.A. Cash Ended Up in Coffers of Al Qaeda, *New York Times,* 14. März 2015, online: *http://www.nytimes.com/2015/03/15/world/asia/cia-funds-found-their-way-into-al-qaeda-coffers.html?_r=1*
44 Nimmo, Kurt: *New York Times:* USA zahlten *al-Qaida* Millionen von Dollar, *Kopp online,* 19. März 2015, online: *http://info.kopp-verlag.de/hintergruende/geostrategie/kurt-nimmo/new-york-times-usa-zahlten-al-qaida-millionen-von-dollar.html*
45 Daunt, Tina: Written In Pain, *Los Angeles Times,* 16. März 2005, online: *http://articles.latimes.com/2005/mar/16/entertainment/et-webb16*
46 Siehe u. a. *http://exampleproblems.com/wiki/index.php/George_Soros*
47 Ebd.

48 *Hamburger Abendblatt,* 27. Oktober 2010, online: *http://www.abendblatt.de/politik/ausland/article107874907/Finanzhai-Soros-spendet-Million-fuer-Marihuana-Legalisierung.html*

49 Soros, George: Why I Support Legal Marihuana, *The Wall Street Journal,* 26. Oktober 2010, online: *http://www.wsj.com/articles/SB10001424052702303467004575574450703567656*

50 U.S. Trains Activists To Evade Security Forces, 8. April 2011, online: *http://www.activistpost.com/2011/04/us-trains-activists-to-evade-security.html*

51 Beaudine, Robert: The Engineers of »Leaderless« Arab Spring & Occupy Wallstreet, *Gulag Bound,* 13. September 2012, online: *http://gulagbound.com/22740/the-neo-marxist-globalist-engineers-of-leaderless-ows/*

52 Ebd.

53 Schmid, Thomas: Ein rätselhafter Selbstmord, der die Welt veränderte. *Welt,* 17. Dezember 2011, online: *http://www.welt.de/politik/ausland/article13772200/Ein-raetselhafter-Selbstmord-der-die-Welt-veraenderte.html*

54 Ebd.

55 Muhammod, Salem: Is El Baradei An Insider? *Middle East Newswire,* 2. Februar 2011, online: *http://www.mideastnewswire.com/is-el-baradei-an-insider*

56 Klein, Aaron: Look Who Smuggled Soros Into »Arab Spring« Country – Billionaire activist set to profit from revolution he helped ignite, WND, 10. Juni 2015, »With additional research« by Brenda J. Elliot, online: *http://www.wnd.com/2015/06/look-who-smuggled-soros-into-arab-spring-country/*

57 Tarpley, Webster G.: Aus dem manipulierten »arabischen Frühling« der CIA wird ein langer, heißer Kriegssommer, *Kopp Online,* 25. Juni 2011, online: *http://info.kopp-verlag.de/hintergruende/geostrategie/webster-g-tarpley/aus-dem-manipulierten-arabischen-fruehling-der-cia-wird-ein-langer-heisser-kriegssommer-das-obam.htmlhttps://de.wikipedia.org/wiki/Brutkastenlüge*

58 *https://www.opensocietyfoundations.org/about/programs/us-programs/grantees/amnesty-international-usa-0*

59 Stauber, J./Rampton, S.: How PR Sold the War in the Persian Gulf, in: *Toxic Sludge Is Good For You: Lies, Damn Lies and the Public Relations Industry* (Kapitel 10), *PRwatch.org,* 1991, online: *http://www.prwatch.org/books/tsigfy10.html*

60 Rowse, Ted: Kuwaitgate – killing of Kuwaiti babies by Iraqi soldiers exaggerated, Washington Monthly, September 1992, retrieved – online: *https://archive.is/oZMm*

61 *https://de.wikipedia.org/wiki/Brutkastenlüge*

62 Ebd.

63 Davies, Catriona: Will gays be »sacrificial lambs« in Arab Spring?, CNN, 13. Juni 2011, online: *http://edition.cnn.com/2011/WORLD/meast/05/27/gay.rights.arab.spring/index.html.* Anmerkung: In einem dem Text vorangestellten Update wird mitgeteilt, dass es sich bei »Amina« um eine fiktive Person handelte.

64 Marsh, Katherine (Pseudonym): A Gay Girl in Damascus becomes a heroine of the Syrian revolt – Blog by half-American »ultimate outsider« describes dangers of political and sexual dissident, *The Guardian,* 6. Mai 2011, online: *http://www.theguardian.com/world/2011/may/06/gay-girl-damascus-syria-blog*

65 Syrian mystery of Amina Arraf: »A gay girl in Damascus«, *BBC News*, 9. Juni 2011, online: *http://www.bbc.com/news/world-middle-east-13719131*
66 Sendung BBC-Newsnight vom 8. Juni 2011, online: *https://www.youtube.com/watch?v=gGL5rXTwKmc*
67 Abunimah, Ali: New Evidence about Amina, the »Gay Girl in Damascus« hoax, *Electronic Intifada*, 12. Juni 2011, online: *https://electronicintifada.net/blogs/ali-abunimah/new-evidence-about-amina-gay-girl-damascus-hoax*
68 »Amina A.«: A Gay Girl in Damascus: Apology to readers, Onlineblog, entfernt
69 Tarpley, Webster G.: Aus dem manipulierten »arabischen Frühling« der CIA wird ein langer, heißer Kriegssommer, *Kopp Online*, 25. Juni 2011, online: *http://info.kopp-verlag.de/hintergruende/geostrategie/webster-g-tarpley/aus-dem-manipulierten-arabischen-fruehling-der-cia-wird-ein-langer-heisser-kriegs-sommer-das-obam.htmlhttps://de.wikipedia.org/wiki/Brutkastenlüge*
70 Siehe u. a. *http://heathen-hub.com/blog.php?b=1174*
71 *https://www.opensocietyfoundations.org/about/programs/us-programs/grantees/american-friends-service-committee-1*
72 Scherer, Klaus: Alles Lüge oder was? Wenn Nachrichten zur Waffe werden, Fernsehdokumentation, *Das Erste*, 26. Oktober 2015, 22.45 Uhr
73 Siehe u. a. *http://www.barackobama.ir/en/news/5336*
74 v. Rétyi, Andreas, *Unzensiert 2013 – Was die Massenmedien Ihnen verschweigen*, Kapitel Juni: Syrien und falsche Flaggen, S. 189–200
75 v. Rétyi, Andreas: *Unzensiert 2012 – Was die Massenmedien Ihnen verschweigen*, Kapitel Januar – Der »Arabische Frühling«: Wurzeln und Wirkungen, S. 11–31
76 Soros: World Financial System on Brink of Collapse, *Newsmax Finance*, 1. Dezember 2011, online: *https://www.newsmax.com/finance/StreetTalk/soros-economy-euro-crisis/2011/12/01/id/419719/*
77 Ebd.
78 Saleh, Yasmine: Rewrite constitution from scratch, say critics, *Reuters*, 16. Februar 2011, online: *http://af.reuters.com/article/topNews/idAFJOE71F0N620110216?sp=true*
79 Maher, Hatam: Hisham El-Bastawisi, *ahramonline*, 2. April 2012, online: *http://english.ahram.org.eg/NewsContent/36/124/36821/Presidential-elections-/Meet-the-candidates/Hisham-ElBastawisi.aspx*, sowie *Wikipedia: https://nl.wikipedia.org/wiki/Hisham_Bastawisi*
80 Saleh, Yasmine: Rewrite constitution from scratch, say critics, *Reuters*, 16. Februar 2011, online: *http://af.reuters.com/article/topNews/idAFJOE71F0N620110216?sp=true*
81 *http://www.anhri.net/en/reports/net2004/thank.shtml*
82 *http://www.discoverthenetworks.org/viewSubCategory.asp?id=1237*
83 Cartalucci, Tony: George Soros & Egypt's New Constitution – For Egyptians, the nightmare is just beginning, *Land Destroyer*, 18. Februar 2011, online: *http://landdestroyer.blogspot.de/2011/02/george-soros-egypts-new-constitution.html*
84 *http://www.ned.org/publications/annual-reports/2005-annual-report/middle-east-and-north-africa/description-of-2005-gra-2*

85 Cartalucci, Tony: George Soros & Egypt's New Constitution – For Egyptians, the nightmare is just beginning, *Land Destroyer,* 18. Februar 2011, online: *http://landdestroyer.blogspot.de/2011/02/george-soros-egypts-new-constitution.html*

8 | Welt im Wandel: Ursachen und Wirkungen

1 Müller von Blumencorn, M./Schmitz, G. P./Steingart, G.: Ich spiele immer nach den Regeln, *Der Spiegel,* 24. November 2008, online: *http://www.spiegel.de/spiegel/a-592304.html*
2 Siehe: *http://forex-marathon.de/category/risikomanagement/page/3*
3 Soros, George: The Alchemy of Finance, *Wiley,* Hoboken, NJ, 1994, S. 362
4 Soros, George: Underwriting Democracy, *Free Press,* New York, 1991, S. 3
5 Siehe u. a. *http://www.getnetworth.com/tag/george-soros-atheist/*
6 Siehe: *http://www.npr.org/templates/story/story.php?storyId=4635465*
7 *http://www.esperanto.net/info/detala/dat/de_esperanto.pdf*
8 Vidal, Gore: *Ewiger Krieg für ewigen Frieden – Wie Amerika den Hass erntet, den es gesät hat,* Europäische Verlagsanstalt, Hamburg 2002
9 Sinclair, S./Mertins-Kirkwood, H.: PSI-Special: Das Abkommen zum Handel mit Dienstleistungen (TiSA) und die Agenda der Konzerne. TiSA contra öffentliche Dienste. Internationale der Öffentlichen Dienste, 28. April 2014, online: *http://www.world-psi.org/sites/default/files/documents/research/de_tisapaper_final_web.pdf*
10 *https://en.wikipedia.org/wiki/George_Soros_conspiracy_theories*
11 Wolraich, Michael: Beck's bizarre, dangerous hit at Soros, CCN Report, 14. November 2010, online: *http://edition.cnn.com/2010/OPINION/11/13/wolraich.beck.soros/index.html*
12 *http://www.npr.org/templates/story/story.php?storyId=4635465*
13 Soros, George: *Die Vorherrschaft der USA – eine Seifenblase,* 2. Aufl., Karl Blessing, Random House, München 2004
14 Ebd., S. 23f
15 Ebd., S. 63
16 Ebd., S. 25
17 Ebd., S. 17
18 Poe, Richard: George Soros' Coup: Soros Vows to »Puncture« American Supremacy, *NewsMax Magazin,* Mai 2004, online: *http://www.richardpoe.com/2006/08/10/george-soros-coup/*
19 Ebd.
20 Ebd.
21 Ebd.
22 Ebd.
23 Democrats Forming Parallel Campaign, Teil 2, *Washington Post,* 2004, online: *https://www.washingtonpost.com/wp-dyn/articles/A44513-2004Mar9_2.html* – Anmerkung: Teil 1 nicht mehr zugänglich
24 *https://de.glosbe.com/de/ru/together*
25 Poe, Richard: George Soros' Coup: Soros Vows to »Puncture« American Supremacy, *NewsMax Magazin,* Mai 2004, online: *http://www.richardpoe.com/2006/08/10/george-soros-coup/*

26 Ebd.
27 Nizza, Mike: Petraeus on »Betray Us« and »If«, *New York Times,* 12. September 2007, online: *http://thelede.blogs.nytimes.com/2007/09/12/petraeus-on-betray-us-and-if/comment-page-7/?_r=0*
28 Petraeus, David H.: Report to Congress on the Situation in Iraq, Washington D.C., 10. September 2007, online: *http://news.bbc.co.uk/2/shared/bsp/hi/pdfs/10_09_07_petraeus_text.pdf*
29 Bershad, Jon: MoveOn.org Removes »General Betray US« Ad In Response To Petraeus Appointment, *Mediate,* 24. Juni 2010, online: *http://www.mediaite.com/online/moveon-org-removes-general-betray-us-ad-in-response-to-petraeus-appointment/*
30 *http://sorosfiles.com/soros/2013/12/soros-funded-center-for-american-progress-lists-corporate-donors.html*; Anmerkung: diese Liste ist beim angegebenen Link bzw. auf den Seiten des Centers nicht mehr zu finden, stattdessen existiert folgender Link: *https://www.americanprogressaction.org/about/c4-our-supporters/*
31 *http://www.laureate.net/AboutLaureate/~/media/Files/LGG/Documents/Media%20Kit/2%20Pager/Laureate%202%20Pager.ashx*
32 Ebd.
33 Owens, Eric: Why are the Clintons hawking a seedy, Soros-backed for-profit college corporation?, *The Daily Caller,* 13. Januar 2014, online: *http://dailycaller.com/2014/01/13/why-are-the-clintons-hawking-a-seedy-soros-backed-for-profit-college-corporation/*
34 Kimes, M./Smith, M.: Clinton Pitches KKR Backed College Chain Amid Controversy, *Bloomberg,* 4. Februar 2014, online: *http://www.bloomberg.com/news/articles/2014-01-06/clinton-pitches-kkr-backed-college-chain-amid-controversy*
35 *Soros International House,* Vilnius, Lithuania: *http://www.integra-project.eu/*
36 Beutner, Detlev: Ihr werdet's nicht vermuten – »Avaaz« sind nicht »Die Guten«, *graswurzelrevolution 361,* September 2011, online: *http://www.graswurzel.net/361/avaaz.shtml*
37 Ebd.
38 Bacon, jr., Perry: MoveOn Unmoved By Furor Over Ad Targeting Petraeus, *Washington Post,* 21. September 2007, online: *https://www.washingtonpost.com/wp-dyn/content/article/2007/09/20/AR2007092001005.html?nav=hcmodule*
39 De Cock, Christian: Liberalist Fantasies: Žižek and the Impossibiliy of the Open Society, *Sage journals, organization,* online: *http://org.sagepub.com/content/14/6/815*
40 Engdahl, F. William: The Secret Financial Network Behind »Wizard« George Soros, EIR Investigation, Executive Intelligence Review, online: *http://politicalvelcraft.org/soros-ii/*
41 Heffer, Simon: Rise of the Fourth Reich, how Germany is using the financial crisis to conquer Europe, *The Daily Mail,* 17. August 2011, online: *http://www.dailymail.co.uk/news/article-2026840/European-debt-summit-Germany-using-financial-crisis-conquer-Europe.html*

42 Soros, George: Underwriting Democracy. Encouraging Free Enterprise and Democratic Reform Among the Soviets and in Eastern Europe, *Public Affairs*, New York 2004

43 Poe, Richard: George Soros' Coup: Soros Vows to »Puncture« American Supremacy, *NewsMax Magazin*, Mai 2004, online: *http://www.richardpoe.com/2006/08/10/george-soros-coup/*

44 Ebd.

45 Bruck, Connie: The World According to Soros, *The New Yorker*, 23. Januar 1995, online: *http://www.newyorker.com/magazine/1995/01/23/the-world-according-to-soros*

46 *https://www.youtube.com/watch?v=pPLm0-uAZbs*

47 Hertzberg, Hendrik: Puppetry, *The New Yorker*, 29. November 2010, online: *http://www.newyorker.com/magazine/2010/11/29/puppetry*

48 Soros, George: *Der Globalisierungsreport – Weltwirtschaft auf dem Prüfstand*, Fest, Berlin 2002

49 Soros, George: *Die Vorherrschaft der USA – eine Seifenblase*, 2. Aufl., Karl Blessing, Random House, München 2004

50 Soros, George: *Der Globalisierungsreport – Weltwirtschaft auf dem Prüfstand*, Fest, Berlin 2002, S. 9

51 *http://www.cc.com/shows/the-colbert-report*

52 Smith, Devona: Stephen King »Satan« triad with Glenn Beck & Bill O'Reilly, Examiner.com, 7. August 2010, online: *http://www.examiner.com/article/stephen-king-satan-triad-with-glenn-beck-bill-o-reilly-video*

53 Wolraich, Michael: Beck's bizarre, dangerous hit at Soros, CNN Report, 14. November 2010, online: *http://edition.cnn.com/2010/OPINION/11/13/wolraich.beck.soros/index.html*

54 Ebd.

55 Pitzke, Marc: TV-Demagoge Glenn Beck: Fox feuert Endzeit-Prediger, *Spiegel online*, 8. April 2011, online: *http://www.spiegel.de/politik/ausland/tv-demagoge-glenn-beck-fox-feuert-endzeit-prediger-a-755761.html*

56 Kurtz, Howard: Roger Ailes Plays Nice, *Newsweek*, 5. Juni 2011, online: *http://www.newsweek.com/roger-ailes-plays-nice-67955*

57 Finocchiaro, Peter: George Soros laughs off Glenn Beck's »Puppet Master« theory, *Salon*, 19. Februar 2011, online: *http://www.salon.com/2011/02/19/soros_responds_to_beck_accusations/* – Anmerkung: Diese Internetseite beinhaltet eine Aufzeichnung des Gesprächs von CNN-Moderator Fareed Zakaria mit George Soros, siehe auch dieses Kapitel, Anmerkung 65

58 Siehe u. a. *http://magazine.orf.at/alpha/programm/2005/051010_soros.htm*

59 Engdahl, F. William: George Soros' lächerlicher Auftritt in München, *Kopp Online*, 14. Februar 2015, online: *http://info.kopp-verlag.de/hintergruende/geostrategie/f-william-engdahl/george-soros-laecherlicher-auftritt-in-muenchen.html*

60 *http://www.bravenewfilms.org/outfoxed*

61 Schön, Gerti: *Fox News* sendet Murdoch-Propaganda – US-Nachrichtensender in der Kritik, *Deutschlandfunk*, 12. Januar 2008, online: *http://www.deutschlandfunk.de/fox-news-sendet-murdoch-propaganda.761.de.html?dram:article_id=114012*

62 *https://www.avaaz.org/de/highlights--media-and-internet.php*
63 Mark NC (Posthinweis): Murdoch Confesses To Propaganda On Iraq, *News Corpse,* 3. Februar 2007, online: *http://www.newscorpse.com/ncWP/?p=341*
64 FOX News Channel Statement on »Outfoxed«, *FoxNews.com,* 13. Juli 2004, online: *http://www.foxnews.com/story/2004/07/13/fox-news-channel-statement-on-outfoxed.html*
65 Lambert, Joseph: Making sense of the »George Soros« frame: It turn out George Soros is being »framed« for Rupert Murdoch's actions, STOP framing »us«, 20. März 2012, online: *http://stopframingus.com/2012/03/20/making-sense-of-the-george-soros-frame-it-turn-out-george-soros-is-being-framed-for-rupert-murdochs-actions/* – Anmerkung: Diese Internetseite beinhaltet eine Aufzeichnung des Gesprächs von CNN-Moderator Fareed Zakaria mit George Soros, s.a. dieses Kapitel, Anmerkung 57
66 Joffe, Josef: Political Correctness – Neusprech und Gutdenk, *Zeit Online,* 15. April 2010, online: *http://www.zeit.de/2010/16/Sprache-Tabu/komplettansicht*
67 *http://www.message-online.com/wp-content/uploads/Artikel_Krueger_Die_Naehe_zur_Macht_Message_1_2013.pdf*
68 »ms«: OLG Hamburg entscheidet gegen ZDF: Kabarettsendung muss genauer darstellen, *LTO Legal Tribune Online,* 10. September 2015, online: *http://www.lto.de/recht/nachrichten/n/olg-hamburg-urteil-7u12012114-zeit-zdf-die-anstalt-aussage-untersagt/*
69 Weichert, S. A./Zabel, C.: *Die Alpha-Journalisten: Deutschlands Wortführer im Porträt,* Herbert von Halem, Köln 2007, S. 193
70 Joffe, Josef: Political Correctness – Neusprech und Gutdenk, *Zeit Online,* 15. April 2010, online: *http://www.zeit.de/2010/16/Sprache-Tabu/komplettansicht*

9 | Umbrüche: Osteuropa im Fokus

1 Kummerfeld, Claudio: Ukraine gelenkt durch George Soros? Hacker veröffentlichen Emails, *finanzmarktwelt.de,* 2. Juni 2015, online: *http://finanzmarktwelt.de/ukraine-gelenkt-durch-george-soros-hacker-veroeffentlichen-emails-12991/*
2 Hacktivisten-Gruppe *CyberBerkut* steckt hinter Angriffen auf deutsche Regierungs-Websites, o. J., online: *http://blog.trendmicro.de/hacktivisten-gruppe-cyberberkut-steckt-hinter-angriffen-auf-deutsche-regierungs-websites/*
3 *http://cyber-berkut.org/docs/ukraine_letter_to_potus_draft.pdf*
4 Cushing, Tim: General Wesley Clark: Some WWII-Style Internment Camps Are Just The Thing We Need To Fight Domestic Radicalization, 20. Juli 2015, online: *https://www.techdirt.com/articles/20150718/19520631685/general-wesley-clark-some-wwii-style-internment-camps-are-just-thing-we-need-to-fight-domestic-radicalization.shtml*
5 Durden, Tyler: Puppet Masters – *CyberBerkut* hacks emails exposing George Soros as Ukraine's arch-pupeteer, *Zero Hedge,* 1. Juni 2015, online: *http://www.sott.net/article/297311-CyberBerkut-hacks-emails-exposing-George-Soros-as-Ukraines-arch-pupeteer*
6 *http://cyber-berkut.org/docs/Soros_Ukraine_March_non-paper%20_2015_v14.pdf* – S.2, Abschnitt B.2.

7 *http://cyber-berkut.org/docs/Poroshenko,_Petro_and_Yatsenyuk,_Arseniy_23DEC14.pdf*
8 Harrison, Virginia: Ruble jumps as Russia moves to support banks, CNN *Money,* 17. Dezember 2014, online: *http://money.cnn.com/2014/12/17/news/economy/russia-ruble-stabilizes/*
9 *https://de.wikipedia.org/wiki/Russlandkrise*
10 *http://cyber-berkut.org/docs/Poroshenko,_Petro_and_Yatsenyuk,_Arseniy_23DEC14.pdf*
11 *http://www.zoominfo.com/p/Chris-Canavan/1220760542*
12 *http://globalhumanrights.org/who-we-are/our-leadership/*
13 Kummerfeld, Claudio: Ukraine gelenkt durch George Soros? Hacker veröffentlichen Emails, *finanzmarktwelt.de,* 2. Juni 2015, online: *http://finanzmarktwelt.de/ukraine-gelenkt-durch-george-soros-hacker-veroeffentlichen-emails-12991/*
14 Krause, Joshua: George Soros Prepared To Invest $1 Billion In The Country He Helped Destroy, *Activist Post,* 2. April 2015, online: *http://www.activistpost.com/2015/04/george-soros-prepared-to-invest-1.html*; zitiert nach dt. Übersetzung unter: *http://02elf.net/headlines/world-headlines/ukraine-bekommt-von-soros-foundation-1-mrd-dollar-948145*
15 Zakaria, Fareed: Interview with George Soros, 25. Mai 2014, CNN, Transkript online: *http://transcripts.cnn.com/TRANSCRIPTS/1405/25/fzgps.01.html*
16 Gorshenin Institute: Ukraine today, 3. Dezember 2013, online: *http://gorshenin.eu/researches/40_ukraine_today.html*
17 *http://www.laender-analysen.de/ukraine/pdf/UkraineAnalysen125.pdf*
18 Traynor, Ian: US campaigns behind the turmoil in Kiev, *The Guardian,* 26. November 2004, online: *http://www.theguardian.com/world/2004/nov/26/ukraine.usa*
19 Associated Press: U.S. Spent $65M To Aid Ukrainian Groups, 10. Dezember 2004, online: *http://www.foxnews.com/story/2004/12/10/us-spent-65m-to-aid-ukrainian-groups.html*
20 *Die Zeit* Nr. 50 vom 2. Dezember 2004, S. 4: »Amerikas unsichtbare Hände«
21 Flottau, R./Follath, E./Klussmann, U./Mascolo, G./Mayr, W./Neef, C.: Die Revolutions-GmbH, *Der Spiegel,* Nr. 46/2005, S. 178–199, online: *https://magazin.spiegel.de/EpubDelivery/spiegel/pdf/43103188*
22 Ebd.
23 Nimmo, Kurt: George Soros finanzierte das »libysche Szenario«, das nun in der Ukraine Gestalt annimmt, *Kopp Online,* 25. Februar 2014, online: *http://info.kopp-verlag.de/hintergruende/europa/kurt-nimmo/george-soros-finanzierte-das-libysche-szenario-das-nun-in-der-ukraine-gestalt-annimmt.html*
24 Ebd.
25 Ebd.
26 Ebd.
27 Ebd.

28 Khabyuk, Olexiy: Die Einführung eines staatsfernen öffentlichen Rundfunks in der Ukraine: Sisyphos kurz vor dem Gipfel? – in: *Ukraine-Analysen,* Nr. 96 vom 27. Oktober 2011, S. 2, online: *http://www.laender-analysen.de/ukraine/pdf/UkraineAnalysen96.pdf*
29 *http://de.academic.ru/dic.nsf/dewiki/243565*
30 *http://www.irf.ua/en/knowledgebase/news/mizhnarodniy_fond_vidrodzhennya_otrimav_evropeysku_premiyu_vidkrite_suspilstvo_2015/*
31 *http://www.ceu.edu/article/2015-06-24/ceu-honors-over-600-graduates-nearly-80-countries-awards-ceu-open-society-prize*
32 von Pax, Wilhelm: George Soros über die ukrainische Regierung, *NEOPresse,* 5. Juni 2015, online: *http://www.neopresse.com/europa/george-soros-macht-ueber-die-ukrainische-regierung/*
33 Ebd.
34 Applebaum, L.: ZDF-Skandal: Berichte im Auftrag Kiews? *Der Freitag,* 7. April 2014, online: *https://www.freitag.de/autoren/lapple08m214/zdf-skandal-berichte-im-auftrag-kiews*
35 Ebd.
36 Ebd.
37 *http://uacrisis.org/de/about-box*
38 *http://dip21.bundestag.de/dip21/btd/18/012/1801274.pdf*
39 *https://www.bundestag.de/presse/hib/2014_05/-/276700*
40 *https://www.youtube.com/watch?v=jxoOO_vEIsM*
41 *https://www.youtube.com/watch?v=6nVYgcki0W0*
42 Redaktion: Krise in der Ukraine: USAID unterstützt die Destabilisierung Russlands, *Kopp Online,* 24. Januar 2014, online: *http://info.kopp-verlag.de/hintergruende/geostrategie/redaktion/krise-in-der-ukraine-usaid-unterstuetzt-die-destabilisierung-russlands.html*
43 loe/AFP: NGOs in Russland: Putin erlässt Gesetz gegen »unerwünschte« Organisationen, *Spiegel online,* 23. Mai 2015, online: *http://www.spiegel.de/politik/ausland/putin-erlaesst-gesetz-gegen-unerwuenschte-organisationen-a-1035324.html*
44 Koenen, K./Reimer, H.: George Soros: Der dubiose Super-Spekulant, *Wirtschaftswoche,* 8. Juli 2010, online: *http://www.wiwo.de/finanzen/80ster-geburtstag-george-soros-der-dubiose-super-spekulant/5249876.html*
45 Ebd.
46 Ebd.
47 Ebd.
48 Ebd.
49 Ebd.
50 Ebd.
51 Mayer, Robert: Die Deutschen treiben Europa in eine Deflation – US-Investor George Soros übt heftige Kritik an der Berliner Sparpolitik und sieht den Euro in Gefahr, *Der Bund,* 24. Juni 2010, online: *http://www.derbund.ch/wirtschaft/geld/Die-Deutschen-treiben-Europa-in-eine-Deflation/story/21752453* mit Bezug auf *Zeit Online:* Geil, Karin: Soros sieht deutsche Sparpolitik als Gefahr für Europa, *Zeit Online,* 23. Juni 2010, online: *http://www.zeit.de/wirtschaft/2010-06/soros-europa-kollaps-deutschland*

52 Schröter, Miriam: Großspekulant Soros: »Deutschland gefährdet den Euro«, *Der Tagesspiegel,* 23. Juni 2010, online: *http://www.tagesspiegel.de/politik/finanzpolitik-grossspekulant-soros-deutschland-gefaehrdet-den-euro/1866322.html* mit Bezug auf *Zeit Online:* Geil, Karin: Soros sieht deutsche Sparpolitik als Gefahr für Europa, *Zeit Online,* 23. Juni 2010, online: *http://www.zeit.de/wirtschaft/2010-06/soros-europa-kollaps-deutschland*
53 gm/stj/Reuters/dpa: Appell des US-Groß-Investors: George Soros: Deutschland soll Euro-Raum führen oder verlassen, *Focus Money Online,* 9. September 2012, online: *http://www.focus.de/finanzen/news/staatsverschuldung/konsequenzen-der-fuehrungsposition-uebernehmen-soros-deutschland-soll-euro-raum-fuehren-oder-gehen_aid_816143.html*
54 Mody, Ashoka: Euro-Zone: Deutschland muss raus, *Handelsblatt Research* Institute-Analyse, online: *http://research.handelsblatt.com/assets/uploads/files/chefoekonom/Newsletter%20PDFs/Ausgabe%2024-07-15%20Analyse%20Euro-Austritt%20Deutschland.pdf*
55 Ebd.
56 o. N.: Soros soll aus dem Euro austreten, *Deutsche Wirtschafts Nachrichten,* 10. April 2013, online: *http://deutsche-wirtschafts-nachrichten.de/2013/04/10/soros-deutschland-soll-aus-dem-euro-austreten/*
57 Ebd.
58 Koenen, K./Reimer, H.: George Soros: Der dubiose Super-Spekulant, *Wirtschaftswoche,* 8. Juli 2010, online: *http://www.wiwo.de/finanzen/80ster-geburtstag-george-soros-der-dubiose-super-spekulant/5249876.html*
59 Soros, George: *Soros über Soros – Börsenguru und Mäzen,* Eichborn, Frankfurt/Main 1996, S. 83
60 Soros, George: *Die Vorherrschaft der USA – eine Seifenblase,* 2. Aufl., Karl Blessing, Random House, München 2004, S. 163f
61 *http://www.daserste.de/information/wissen-kultur/ttt/sendung/mdr/sendung-vom-26072015-104.html*
62 informnapalm.org: Stadtgattung: Blogger-Propagandist. Wie funktioniert eine Trollfabrik?, online: *http://www.ukraineforum.net/t28p220-meldungen-von-euromaidanpressinformnapaln-und-co#4644* mit Bezug auf: *https://informnapalm.org/*
63 Walker, Shaun: Salutin' Putin: inside a Russian troll house, *The Guardian,* 2. April 2015, online: *http://www.theguardian.com/world/2015/apr/02/putin-kremlin-inside-russian-troll-house*
64 Siehe u. a. »Liberty by Logic«: Anonymous Group Leaks Russian TV's Propaganda Instructions, 29. März 2014, online: *http://www.newmediacentral.net/tag/anonymous-international/*
65 o. N.: Sie führte für Putin Krieg im Internet – In Foren, Newsgroups und Blogs sollte sie Stimmung gegen die Ukraine machen, BILD, 7. April 2015, online: *http://www.bild.de/politik/ausland/wladimir-putin/putin-troll-outet-sich-40443734.bild.html*
66 Rescheto, Juri: Sawtschuk: Putins »Internet-Trolle« ohne Grenzen, *Deutsche Welle,* 8. August 2015, online: *http://www.dw.com/de/sawtschuk-putins-internet-trolle-ohne-grenzen/a-18631803*

67 Bidder, Benjamin: Russische Troll-Bekämpferin: »Diese Scheusale an die Öffentlichkeit zerren«, *Spiegel Online Netzwelt,* 29. Mai 2015, online: *http://www.spiegel.de/netzwelt/netzpolitik/russische-trollfabrik-insiderin-ludmilla-sawtschuk-im-interview-a-1036286.html*

68 Ebd.

69 Rey, Roman: Insiderin packt aus – so läuft es in Putins Troll-Fabrik wirklich, *Watson,* 9. April 2015, aktualisiert: 10. April 2015, online: *https://www.watson.ch/Best%20of%20watson/International/446716692-Insiderin-packt-aus-%E2%80%93-so-l%C3%A4uft-es-in-Putins-Troll-Fabrik-wirklich*

70 Seibt, Constantin: Putins Troll, *Tagesanzeiger,* 27. März 2015, online: *http://www.tagesanzeiger.ch/ausland/europa/Putins-Troll/story/28883655*

71 Clark, Neil: NS Profile – George Soros, *New Statesman,* 2. Juni 2003, online: *http://www.newstatesman.com/economics/economics/2014/04/ns-profile-george-soros*

72 *http://team29.org/en/about/our-goals*

73 Ebd.

74 *http://old.svobodainfo.org/en/node/1811*

75 o. N.: Angebliche »Putin-Troll-Aussteigerin« Ludmilla finanziert von Soros-Stiftung und der CIA-nahen NED, *RT Deutsch,* 20. August 2015, online: *https://deutsch.rt.com/29524/international/angebliche-putin-troll-aussteigerin-ludmilla-finanziert-von-soros-stiftung-und-der-cia-nahen-ned/*

76 *http://femen.org/*

77 Schlueter, Nadja: Die Covergirls des Protests, jetzt.de, *Süddeutsche Zeitung,* 19. Februar 2012, online: *http://jetzt.sueddeutsche.de/texte/anzeigen/540048/Die-Covergirls-des-Protests*

78 Beck, Friederike: Femen – Sextrem gegen alle Werte, *Compact,* Juni 2013, Auszüge online: *https://juergenelsaesser.wordpress.com/2013/06/03/wer-finanziert-femen/*

79 *http://www.openworld.gov/about-us/founding-chairman*

80 *http://www.loc.gov/today/pr/2001/01-002.html*

81 Shigaev, Dmitry: Sexismus gegen Sexismus, *taz.lab 2015,* online: *https://www.taz.de/!156746/*

82 Greenwald, Glenn: How Covert Agents Infiltrate the Internet to Manipulate, Deceive, and Destroy Reputations, *The Intercept,* 25. Februar 2014, online: *https://theintercept.com/2014/02/24/jtrig-manipulation/*

83 Mähler, Markus: Warum wir die Kommentarfunktion abschalten, *Kopp Online,* 9. November 2015, online: *http://info.kopp-verlag.de/hintergruende/deutschland/markus-maehler/warum-wir-die-kommentarfunktion-abschalten.html*

84 Springstein, Hans: Regimewechsler haben Putin im Visier (Blogbeitrag), *der Freitag – politik* – 28. Dezember 2014, online: *https://www.freitag.de/autoren/hans-springstein/regimewechsler-haben-putin-im-visier*

85 *http://www.waynemadsenreport.com/articles/20150104*

86 Maier, Marco: *EuroManezhka:* US-gelenkter Versuch, Russland zu destabilisieren? *Contra-Spezial,* Dossier Russland, 30. Dezember 2014, online: *http://www.contra-magazin.com/2014/12/euromanezhka-us-gelenkter-versuch-russland-zu-destabilisieren/*

87 *http://russiapedia.rt.com/prominent-russians/politics-and-society/aleksey-navalny/*
88 *https://web.archive.org/web/20110707100956/http://www.yale.edu/worldfellows/fellows/navalny.html*
89 *Open Society Foundation:* Organisation von George Soros hinter Massenprotesten in Mazedonien (Video), *pravda.tv,* 21. Mai 2015, online: *http://www.pravda-tv.com/2015/05/open-society-foundation-organisationen-von-george-soros-hinter-massenprotesten-in-mazedonien-video/*
90 Russlandberichterstattung von ARD *aktuell* – Eine Untersuchung, *RT Deutsch,* 3. November 2011, online: *https://deutsch.rt.com/inland/35442-russlandberichterstattung-von-ard-aktuell-/* sowie (exemplarisch): o. N.: Programmbeschwerde wegen kritikloser Übernahme von »US-Kriegspropaganda« auf *tagesschau.de, RT Deutsch,* 12. Oktober 2015, online: *https://deutsch.rt.com/34060/inland/programmbeschwerde-wegen-kritikloser-uebernahme-von-us-kriegspropaganda-auf-tagesschau-de/*
91 *https://freedomhouse.org/report/freedom-press/2014/macedonia#.VUDBps55ld1*
92 o. N.: »Russische Pipeline stoppen«: Experten sehen USA hinter Protesten in Mazedonien, *Sputniknews,* 19. Mai 2015, online: *http://de.sputniknews.com/politik/20150519/302394834.html*
93 Ebd.
94 Ebd.
95 Ebd.
96 *Open Society Foundation:* Organisation von George Soros hinter Massenprotesten in Mazedonien (Video), *pravda.tv,* 21. Mai 2015, online: *http://www.pravda-tv.com/2015/05/open-society-foundation-organisationen-von-george-soros-hinter-massenprotesten-in-mazedonien-video/*
97 Greenhill, Kelly M.: Strategic Engineered Migration as a Weapon of War, Belfer Center Programs or Projects: International Security; Intrastate Conflict Program, Journal Article *Civil Wars,* Band 10, Ausgabe 1, S. 6–21, März 2008, Abstract online: *http://belfercenter.hks.harvard.edu/publication/18120/strategic_engineered_migration_as_a_weapon_of_war.html?breadcrumb=%2Findex*

10 | Gelenkter Tsunami: Die Destabilisierung Europas

1 *https://urs1798.wordpress.com/2012/05/20/interview-des-syrischen-prasidenten-bashar-al-assad-im-russischen-fernsehen-ubersetzt-von-barbara-syrien-syria/*
2 *https://de.wikipedia.org/wiki/B%C3%BCrgerkrieg_in_Syrien*
3 Ebd.
4 Weaver, M./Whitaker, B.: Syria: top-level defection reported, *The Guardian,* 5. Juli 2012, aktualisiert am 4. Oktober 2014, online: *http://www.theguardian.com/world/middle-east-live/2012/jul/05/syrians-paid-to-protests-assad-live*
5 Muhho, Sam: Color Revolutions. Getting Our Facts Straight on the »Arab Spring«, *Global Research,* 28. April 2014, online: *http://www.globalresearch.ca/color-revolutions-getting-our-facts-straight-on-the-arab-spring/5379479*

6 Schmitt, Eric: C.I.A. Said to Aid in Steering Arms to Syrian Opposition, *New York Times,* 21. Juni 2012, online: *http://www.nytimes.com/2012/06/21/world/middleeast/cia-said-to-aid-in-steering-arms-to-syrian-rebels.html?_r=0*
7 Ebd.
8 Ebd.
9 Skelton, Charlie: The Syrian Opposition: who's doing the talking, *The Guardian,* 12. Juli 2012, online: *http://www.theguardian.com/commentisfree/2012/jul/12/syrian-opposition-doing-the-talking*
10 Newman, Alex: U.S.-backed Syrian Opposition Linked to *Bilderberg,* CFR, *Goldman Sachs & George Soros, The New American,* 16. Juli 2012, online: *http://www.thenewamerican.com/world-news/asia/item/12084-us-backed-syrian-opposition-linked-to-bilderberg-cfr-goldman-sachs-george-soros*
11 Ebd.
12 Skelton, Charlie: The Syrian Opposition: who's doing the talking, *The Guardian,* 12. Juli 2012, online: *http://www.theguardian.com/commentisfree/2012/jul/12/syrian-opposition-doing-the-talking*
13 Newman, Alex: U.S.-backed Syrian Opposition Linked to *Bilderberg,* CFR, *Goldman Sachs & George Soros, The New American,* 16. Juli 2012, online: *http://www.thenewamerican.com/world-news/asia/item/12084-us-backed-syrian-opposition-linked-to-bilderberg-cfr-goldman-sachs-george-soros*
14 Skelton, Charlie: The Syrian Opposition: who's doing the talking, *The Guardian,* 12. Juli 2012, online: *http://www.theguardian.com/commentisfree/2012/jul/12/syrian-opposition-doing-the-talking*
15 *http://www.ecfr.eu/about/council*
16 Skelton, Charlie: The Syrian Opposition: who's doing the talking, *The Guardian,* 12. Juli 2012, online: *http://www.theguardian.com/commentisfree/2012/jul/12/syrian-opposition-doing-the-talking*
17 Beck, Friederike: *Avaaz.org* und der geheime Informationskrieg um Syrien, *balkanblog.org,* 29. April 2012, online: *http://balkanblog.org/2012/04/29/die-deutsche-politik-mafia-mit-georg-soros-und-als-kriegs-treiber-mit-dem-kriminellen-georg-soros/*
18 o. N. *(Press Association)*: Journalist Paul Conroy »in good spirits« after Syria rescue, *Independent,* 28. Februar 2012, online: *http://www.independent.co.uk/news/world/middle-east/journalist-paul-conroy-in-good-spirits-after-syria-rescue-7452753.html*
19 Ebd.
20 Ebd.
21 »Journalist« Paul Conroy is MI6 operative, *Voltaire Network,* 7. März 2012, online: *http://www.voltairenet.org/article173025.html*
22 Ebd.
23 Beck, Friederike: *Avaaz.org* und der geheime Informationskrieg um Syrien, *balkanblog.org,* 29. April 2012, online: *http://balkanblog.org/2012/04/29/die-deutsche-politik-mafia-mit-georg-soros-und-als-kriegs-treiber-mit-dem-kriminellen-georg-soros/*
24 Sarovic, Alexander: Gefälschte Pässe: Alle wollen Syrer sein, *Spiegel Online,* 24. September 2015, online: *http://www.spiegel.de/politik/ausland/fluechtlingskrise-geschaeft-mit-den-gefaelschten-paessen-a-1053720.html*

25 *http://mobil.n-tv.de/mediathek/videos/politik/Gefaelschte-Paesse-kursieren-unter-Fluechtlingen-article16088506.html*
26 Zavis, Alexandra: More than 4 million refugees have fled Syria's civil war, UN says, *Los Angeles Times,* 9. Juli 2015, online: *http://www.latimes.com/world/middleeast/la-fg-syria-refugees-20150709-story.html*
27 *https://de.wikipedia.org/wiki/Fl%C3%BCchtlingskrise_in_Europa_2015*
28 Arango, Tim: A New Wave of Migrants Flees Iraq, Yearning for Europe, *The New York Times,* 8. September 2015, online: *http://www.nytimes.com/2015/09/09/world/middleeast/iraq-migrants-refugees-europe.html*
29 Samuels, Jonathan: Sky Find »Handbook« For EU-Bound Migrants (VIDEO), *Sky News,* 13. September 2015, online: *http://elicit.wix.com/the-watchdog#!Sky-Finds-Handbook-For-EUBound-Migrants-VIDEO/c193z/55f5dc730cf23d0ff002eea9*
30 *http://w2eu.info/about.en.html*
31 Samuels, Jonathan: Sky Find »Handbook« For EU-Bound Migrants (VIDEO), *Sky News,* 13. September 2015, online: *http://elicit.wix.com/the-watchdog#!Sky-Finds-Handbook-For-EU-Bound-Migrants-VIDEO/c193z/55f5dc730cf23d0ff002eea9*
32 Ebd.
33 Ebd.
34 Beck, Friederike: Wie ein Zusammenschluss von Stiftungen der superreichen Weltelite und durch die finanzierte und mit Steuergeldern geförderten NGOs die Migration nach Europa fördert – Teil II: Das Netzwerk für Migration, *Kopp Online,* 1. November 2015, online: *http://info.kopp-verlag.de/hintergruende/deutschland/friederike-beck/das-netzwerk-fuer-migration.html*
35 Beck, Friederike: Wie ein Zusammenschluss von Stiftungen der superreichen Weltelite und durch die finanzierte und mit Steuergeldern geförderten NGOs die Migration nach Europa fördert – Teil I: Die »International Migration Initiative« der Zwölf, *Kopp Online,* 10. Oktober 2015, online: *http://info.kopp-verlag.de/hintergruende/geostrategie/friederike-beck/wie-das-big-money-die-migrationskorridore-nach-europa-steuert-teil-i-die-international-migration.html*
36 Soros, George: Rebuilding the Asylum System, Project Syndicate, 26. September 2015, online: *http://www.project-syndicate.org/print/rebuilding-refugee-asylum-system-by-george-soros-2015-09*
37 Ebd.
38 Ebd.
39 Beck, Friederike: Wie ein Zusammenschluss von Stiftungen der superreichen Weltelite und durch die finanzierte und mit Steuergeldern geförderten NGOs die Migration nach Europa fördert – Teil I: Die »International Migration Initiative« der Zwölf, *Kopp Online,* 10. Oktober 2015, online: *http://info.kopp-verlag.de/hintergruende/geostrategie/friederike-beck/wie-das-big-money-die-migrationskorridore-nach-europa-steuert-teil-i-die-international-migration.html*
40 Ebd.
41 Ebd.

42 Soros, George: Rebuilding the Asylum System, Project Syndicate, 26. September 2015, online: *http://www.project-syndicate.org/print/rebuilding-refugee-asylum-system-by-george-soros-2015-09*
43 Beck, Friederike: Wie ein Zusammenschluss von Stiftungen der superreichen Weltelite und durch die finanzierte und mit Steuergeldern geförderten NGOs die Migration nach Europa fördert – Teil I: Die »International Migration Initiative« der Zwölf, *Kopp Online*, 10. Oktober 2015, online: *http://info.kopp-verlag.de/hintergruende/geostrategie/friederike-beck/wie-das-big-money-die-migrationskorridore-nach-europa-steuert-teil-i-die-international-migration.html*
44 Greenhill, Kelly M.: Strategic Engineered Migration as a Weapon of War, Belfer Center Programs or Projects: International Security; Intrastate Conflict Program, Journal Article *Civil Wars*, Band 10, Ausgabe 1, S. 6–21, März 2008, Abstract online: *http://belfercenter.hks.harvard.edu/publication/18120/strategic_engineered_migration_as_a_weapon_of_war.html?breadcrumb=%2Findex*
45 Viviano, Francesco: Lampedusa, su un barcone terrorista di ritorno – Arrestato Ben Nasr Mehdi, tornato in Italia dopo sette anni die reclusione e l'espulsione in Tunisia, *La Repubblica*, 8. November 2015, online: *http://www.repubblica.it/cronaca/2015/11/08/news/lampedusa_su_un_barcone_terrorista_di_ritorno-126872333/*
46 Orzechowski, Peter: IS in Deutschland – weitere Hinweise, *Kopp Online*, 11. November 2015, online: *http://info.kopp-verlag.de/hintergruende/deutschland/peter-orzechowski/is-in-deutschland-weitere-hinweise.html*
47 Reuter, B./Asche, C./Kosch, Lea: »Erhöhtes Gefährdungspotenzial«: Vereinfachte Asylverfahren könnten Terroristen einladen, *Huffington Post*, 3. September 2015, aktualisiert, online: *http://www.huffingtonpost.de/2015/10/09/budapest-polizei-offnet-bahnhof-fur-fluchtlinge_n_8080832.html?utm_hp_ref=germany&icid=maing-grid7%7Cgermany%7Cdl1%7Csec1_lnk3%26pLid%3D401365*, Originalbeitrag entfernt
48 Privates Gespräch, 7. September 2015
49 (cis:) Hilden: »Allah«-Plakat über der A46: Staatsschutz ermittelt, RP, 4. November 2015, online: *http://www.rp-online.de/nrw/staedte/hilden/allah-transparent-ueber-a-46-in-hilden-staatsschutz-ermittelt-aid-1.5531394*
50 Huntington, Samuel P.: The Clash of Civilizations?, *Foreign Affairs*, Ausgabe Sommer 1993, online: *https://www.foreignaffairs.com/articles/united-states/1993-06-01/clash-civilizations*
51 Huntington, Samuel P.: *Kampf der Kulturen. Die Neugestaltung der Weltpolitik im 21. Jahrhundert*, Europa, München/Wien 1996
52 SIR/dpa (o. N.): Flüchtlinge in Ellwangen: Polizei verhindert Massenschlägerei, *Stuttgarter Nachrichten*, 19. Juni 2015, online: *http://www.stuttgarter-nachrichten.de/inhalt.fluechtlinge-in-ellwangen-polizei-verhindert-massenschlaegerei.f061ca77-07a3-4a4d-bd05-7851da8ae371.html*
53 o. N.: Flüchtlingskrise beginnt, Europa zu destabilisieren, *Die Welt*, 29. August 2015, online: *http://www.welt.de/politik/ausland/article145772143/Fluechtlingskrise-beginnt-Europa-zu-destabilisieren.html*

54 Ebd.

55 Ebd.

56 o. N.: Insider: US-Organisationen bezahlen die Schlepper nach Europa!, *pravda.tv,* 6. August 2015, online: *http://www.pravda-tv.com/2015/08/insider-die-us-organisationen-bezahlen-die-schlepper-nach-europa/*

57 Ebd.

58 Mayer, Gregor: Orbán profiliert sich als Verschwörungstheoretiker, *Der Standard,* 1. November 2015, online: *http://derstandard.at/2000024890401/Orban-profiliert-sich-als-Verschwoerungstheoretiker*

59 Soros, George: Rebuilding the Asylum System, Project Syndicate, 26. September 2015, online: *https://www.project-syndicate.org/commentary/rebuilding-refugee-asylum-system-by-george-soros-2015-09*

60 Gergely, Andras: Orban Accuses Soros of Stoking Refugee Wave to Weaken Europe, *BloombergBusiness,* 30. Oktober 2015, online: *http://www.bloomberg.com/news/articles/2015-10-30/orban-accuses-soros-of-stoking-refugee-wave-to-weaken-europe*

61 Beck, Friederike: Wie ein Zusammenschluss von Stiftungen der superreichen Weltelite und durch die finanzierte und mit Steuergeldern geförderten NGOs die Migration nach Europa fördert – Teil I: Die »International Migration Initiative« der Zwölf, *Kopp Online,* 10. Oktober 2015, online: *http://info.kopp-verlag.de/hintergruende/geostrategie/friederike-beck/wie-das-big-money-die-migrationskorridore-nach-europa-steuert-teil-i-die-international-migration.html*

62 Ebd.

63 Ebd.

64 Ebd.

65 Ebd.

66 *http://w2eu.net/*

67 *http://www.kopp-verlag.de/Massenmigration-als-Waffe.htm?websale8=kopp-verlag&pi=949700&ci=000338*

68 »wen/dpa« (o. N.): Finanzminister Schäuble warnt – Flüchtlingskrise kann zur Lawine werden: »Deutschland kann das nicht alleine lösen«, *Focus Online,* 12. November 2015, online: *http://www.focus.de/politik/videos/bedrohliches-szenario-finanzminister-schaeuble-warnt-fluechtlingskrise-kann-zur-lawine-werden_id_5081434.html*

69 beb/pk (o. N.): Gauck fordert: Bürger sollen auch mal »das Maul aufmachen«, *Focus Online,* 12. November 2015, online: *http://www.focus.de/politik/videos/in-der-fluechtlingsdebatte-gauck-fordert-buerger-sollen-auch-mal-das-maul-aufmachen_id_5083742.html*

70 Beck, Friederike: Wie ein Zusammenschluss von Stiftungen der superreichen Weltelite und durch die finanzierte und mit Steuergeldern geförderten NGOs die Migration nach Europa fördert – Teil I: Die »International Migration Initiative« der Zwölf, *Kopp Online,* 10. Oktober 2015, online: *http://info.kopp-verlag.de/hintergruende/geostrategie/friederike-beck/wie-das-big-money-die-migrationskorridore-nach-europa-steuert-teil-i-die-international-migration.html*

71 Ebd.

72 dne – dpa – Reuters: Flüchtlingskrise und Ifo-Institut: Kosten dürften sich auf 20 Milliarden Euro verdoppeln, *Handelsblatt*, 10. November 2015, online: *http://www.handelsblatt.com/politik/deutschland/fluechtlingskrise-und-ifo-institut-kosten-duerften-sich-auf-20-milliarden-euro-verdoppeln/12566832.html*

73 Ebd.

74 Redaktion: Die Zerstörung der Nationalstaaten und die Bedeutung von Grenzen, *Kopp Online*, 5. Juli 2015, online: *http://info.kopp-verlag.de/hintergruende/deutschland/redaktion/die-zerstoerung-der-nationalstaaten-und-die-bedeutung-von-grenzen.html*

75 Müller von Blumencron, M./Kaiser, S./Schmitz, G. P.: Interview mit George Soros: Star-Investor prophezeit Hass auf Deutschland, *Spiegel Online*, 26. Juni 2012, online: *http://www.spiegel.de/wirtschaft/interview-mit-george-soros-zu-deutschland-und-zur-euro-krise-a-841021.html*

76 Ebd.

77 Ebd.

78 o. N.: Deutschland 2040 ärmer als Polen, *Express*, 22. Februar 2010, online: *http://www.express.de/politik-wirtschaft/duestere-studie-deutschland-2040-aermer-als-polen,2184,1190194.html*

79 *https://www.opensocietyfoundations.org/events/europes-muslim-communities*

80 Greg Robb: Soros sees risk of another world war, *Market Watch*, 19. Mai 2015, online: *http://www.marketwatch.com/story/soros-sees-risk-of-another-world-war-2015-05-19*

81 Ebd.